心の専門家養成講座④

狐塚貴博・田附紘平 編
Takahiro Kozuka & Kohei Tazuke

●シリーズ監修
森田美弥子
松本真理子
金井篤子

心理支援の理論と方法

Professional Psychologist Training Series 4
Theory and Method of
Psychological Support

ナカニシヤ出版

まえがき

　本書『心理支援の理論と方法』は，森田美弥子・松本真理子・金井篤子監修『心の専門家養成講座（全12巻）』の第4巻にあたり，心理臨床実践の領域や支援対象を貫く心理支援の理論と方法を取り上げ，将来，「心の専門家」として心理臨床実践の担い手になることを目指す大学院生への入門書として企画した。

　こころの問題は，個人の発達や家族，社会の変化の過程で，さまざまなライフイベントと関連しながら，人間が生きていくライフステージすべてで生起する。よって，心理支援の対象は，人の生涯にわたるすべての事象であり，医療や教育，福祉，産業，司法等の領域を横断し，定型化して捉えることができない人の生き方や価値と深く関わる多様なものである。これに起因するかのように，心理支援の理論や方法もまた，対象，領域別で複雑かつ多岐にわたり発展し，心理支援とは何かといった共通のコンセンサスが得られにくい現状があるのではないだろうか。さらに直近の社会情勢に目を向ければ，新型コロナウイルス感染症（COVID-19）の感染拡大や国際社会の不穏な動きによってもたらされる人々の行動様式や生活，社会の目まぐるしい変化も相まって，家族や人間関係，コミュニティといった個人を取り巻く環境もまた捉えどころがなく不確実で変わりやすく曖昧なものとなっている。このような現状や流れの中で，心の専門家とは何か，心理支援とはいかなるものか，というこころを扱う専門家のアイデンティティが問われているように思われる。この本質的ともいえる問いに立ち止まり，各自の答えを見出すため，あるいは複雑なこころの問題を紐解くためには，先人が切り開いた理論と方法に回帰した上で，領域や対象を貫く心理支援のあり方について再考することが必要なのではないだろうか。それは，単に古典を知ることにとどまらず，その知見の発展可能性を含めて再び吟味することであり，現代のこころの問題を紐解く鍵を見つけることにもつながる。よって本書は，心理支援の主題となるこころ，あるいはこころの問題といった複雑で混沌としたものに対して，ある視点に基づき一定の角度から切りとったオリエンテーションのいくつかを示し，曖昧模糊とした心理支援の関わりに一定の枠組みを提供する。第Ⅰ部では，心理支援とは何か，どのような営みであるかについて，心理支援の共通性と多様性，関わるということはいかなるものかを踏まえて説明した。第Ⅱ部では，精神分析，分析心理学，遊戯療法，ヒューマニスティック心理学，認知行動療法，システミック・アプローチという主要なオリエンテーションを取り上げ説明した。第Ⅲ部では，事例を取り上げ，一つの事例に真摯に向き合い，妥当と思える見方を紡いでいく重要性を示した。本書全体を通して，各オリエンテーションの理論と方法，実践が具体的，かつ体系的に学べる構成となっている。本書が心理支援の理論と方法の基礎を提供し，読者が心理支援に携わるときの一つの指針となれば望外の幸せである。

　本書の完成に際して，ナカニシヤ出版編集部の由浅啓吾氏に大変お世話になった。末筆ながら改めてこころよりお礼を申し上げたい。

2022年6月　編者　狐塚貴博・田附紘平

本書で用いる用語について

　本書の執筆にあたっては，心理学を基盤とした「心の専門家」のためのものであることから，心理臨床学研究論文執筆ガイド（日本心理臨床学会学会誌編集委員会編，2012）を参考にしながら，原則として以下のように用語を統一することを心掛けた。

　○医学用語である「診断」「治療（者）」「患者」「症例」などは可能な限り避け，「アセスメント／心理査定／見立て」「面接／援助／支援」「セラピスト／面接者」「クライエント／来談者」「事例」などとした。

　○心の専門家の仕事を包括的には「心理臨床（実践）」とし，技法として「心理療法」，個別の事例場面では「（心理）面接」という言葉を用いた。

　○「養育者」「保護者」「親」については，対象が成人である場合と子どもの場合，さらには学校，福祉，医療といった領域によって異なると考えられたため，それぞれの章の中で統一を図ることとした。

　○なお，文献の引用部分や，面接における発言については，この限りではない。文脈によって異なる場合があることをご了解いただきたい。

目　　次

第Ⅲ部　事例の理解

I　心理支援とは

　心理支援とは何か，またそれはどのような営みであろうか。

　第Ⅰ部では，心理支援の成り立ちと主要なエッセンスを説明する。具体的には，心理支援の共通性や多様性，固有要因と共通要因などに触れ，心理支援において専門性をもって関わることの重要性について示す。さいごに，本書第Ⅱ部につながる各オリエンテーションを紹介する。

1

心理支援とは何か

◉はじめに

　19世紀末，フロイト（S. Freud）により創始された精神分析（psychoanalysis），あるいはその一群である力動的心理療法（psychodynamic psychotherapy）を，体系化された心理支援の理論と方法の出自とすれば，その誕生から概ね百数十年が経過した。その間，1950年代には実験的に確立された学習の諸原理の臨床実践への援用を目指す行動療法が，1960年代には人間の存在や自己実現，成長可能性といった，人間を人間たらしめるヒューマニスティックな側面を強調する人間性心理学（ヒューマニスティック心理学）が，1970年代にはものの見方や考え方，捉え方の枠組みである認知の内容に働きかける認知療法が出現し，精神分析を含め，いわゆる4大パラダイムとされる今日の心理支援の軸となる枠組みが確立した。また，1960年代には，個人の問題を家族というシステムとの関係で理解する家族療法（システミック・アプローチ）が欧米を中心に出現し，1980年代には，本質主義に対立し人間の主観的現実や意味の社会構成を主張する社会構成主義（social constructionism）という新たなパラダイムの影響を受けたブリーフセラピー（brief therapy, solution focused approach）やナラティブセラピー（narrative therapy）が発展している。その他にも，たとえば，1910年代にフロイトとユング（C. G. Jung）の決別が決定的となり，ユングは精神分析と袂を分かつように分析心理学（analytical psychology）を確立した。1990年代には行動療法と認知療法を統合した認知行動療法（cognitive behavior therapy）が発展している。このように，いくつか軸となる心理療法やカウンセリングの学派から分化，統合した結果，今日ではその数400以上ともされるモデルが提案され（たとえば Prochaska & Norcross, 2018），複雑，かつ多様性のある理論と方法が展開している（図Ⅰ-1-1）。

　臨床実践においては，支援者の志向性や心理支援を要する者が呈する問題の違い，さらには心理支援の適用範囲や限界に基づいて心理支援の理論や方法が選択，実施され，それぞれがユニークな教育やトレーニングのあり方に関する考えを有している。それゆえ，心理支援の理論と方法は単純な一つの体系をなしておらず，また単一の原理による説明や一元的な定義は困難である。しかし，いずれの理論も方法も提唱されたその時点においては，最新，かつ秀逸なものであった。諸学派や提唱者は，自身が依拠する理論と方法の有用性を主張し，またそのあり方をめぐり学派内外で多くの議論を重ねてきた。そして，この議論のプロセス自体が，心理支援の多様性を導き，複雑な体系を伴い発展しているといえよう。

　かくいう筆者らもまた，それぞれ異なるオリエンテーションをもち，それが発想の土台として根付いている。それゆえ，心理支援の基礎的な事項とされるものに関して完全な合意を得る

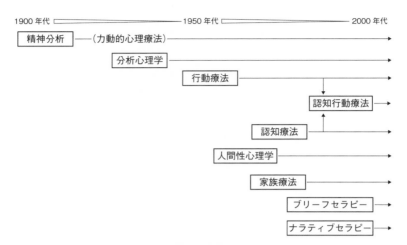

図Ⅰ-1-1　各学派の成立期に関する概略

ことも困難である。それでもなお，心理支援というキーワードを結節点とすることで，ある程度の異同を残しつつも総論としていくつかの共通項を述べてみたい。まず，心理支援の理論と方法について暫定的な定義と，その定義のエッセンスを出発点とする。次いで，心理支援の多様性，その特異性と共通性を説明する。さらに，心理支援の本質ともいえる関わるということはどういうことなのかについて触れ，最後に，本書の第Ⅱ部につながる各オリエンテーションのガイドを示していく。

◉心理支援とは何か

　心理支援の理論と方法（以下，心理支援）とは何か，心理支援とはどのような営みであろうか。概念的に重複する心理面接の定義（金井・永田，2015），さらには本邦初の心理職の国家資格として2017（平成29）年9月15日に施行された公認心理師法を本邦における心理職の現状を反映するものとして捉え，これらを参照し本書における暫定的な定義を示したい。

　心理支援とは，支援者（セラピスト）が，悩みや苦悩といった，こころの問題を抱える支援を要する者（クライエント），あるいはそのクライエントに継続的に関わる周囲の人々に対して，構造化された枠組みの中で，心理学に基づく理解と支援を提供する営みである。その目的は，クライエントのこころの問題の軽減や解決，あるいはクライエントの人間的成長であり，セラピストは主に言語を媒介とした共生的な関わりを通して，クライエントに影響を与えることである。

　心理支援と類似する概念として，心理療法（psychotherapy）やカウンセリング（counseling）がある。狭義には，病理の有無やその程度によって両者を区別したり，適応や成長，発達を促すといった目的によって，また精神科医か心理学者かといった立場の違いや深層的で長期に渡るか否かといった観点から区別したりすることがある。さらに臨床心理学の主たる実践の一つである心理面接（psychological interview）とも類似性がある。近年では，クライエントとセラピストとの共同作業により，症状や問題が維持されているメカニズムをさまざまな要因から捉え，ケースの全体像を説明する仮説を生成するケース・フォーミュレーションに基づく心理支援を介入（intervention）と呼ぶこともある（下山，2008）。これらは狭義にはその意味するものが異なるが，その目的を広義に捉えれば，いずれも上記に示した心理支援の枠組みに含む

ことができる。よって本書では，心理療法，カウンセリング，心理面接，介入といった心理学に基づく理解と支援方法を総称して心理支援とする。

　上記の定義に基づき，そのエッセンスのいくつかを説明してみたい。

(1) こころの問題を扱うということ

　こころの問題は多様であり複雑である。こころの問題を精神医学的な障害や病態に還元し，一元的に理解しようとすると，実態とかけ離れた支援になることもある。たとえクライエントとの出会いが，何らかの障害に伴う症状を軽減する目的から始まったとしても，セラピストは障害や症状自体にアプローチすることだけにとどまらず，それらに付随して起こる問題を扱う必要があろう。この問題とは，障害や病態によってもたらされる障壁やそれによって阻害されていること，困っていること，悩んでいることなどがそれにあたる。たとえば，障害や症状のことを家族や職場で理解してもらえない，それによって行動が制限されてやりたいことができない，人間関係が上手くいかないなど多岐に渡る。障害や病態とこころの問題が密接にリンクしている場合もあれば，それらがかけ離れている場合もある。また，こころの問題は主に対人関係上の問題として現れることが多い。臨床実践においては，主に対人関係の改善が目標とされることが多く，精神科入院病棟以外で不眠や抑うつといった単一の症状に悩む（改善を目指す）クライエントは少ないことが知られている（たとえば Holtforth et al., 2004）。発達上の困難や精神疾患を持ちながらもクライエント自身の置かれている環境でどのように適応していくか。変えられるもの，あるいは変えられる可能性があるものと，変えることができないものを見分け，現実の制約の中で，どのように折り合いを付けて生きていくかといった課題を含めて問題を捉えない限り，現実的な支援にはならない。延いては，セラピストとクライエント共に到底達成することができない目標を目指すことになろう。

　さらに，心理支援の場でしばしば経験されることであるが，クライエントが当該問題とされる主訴が解消されたにもかかわらず，新たな問題を次々に訴えることがある。一方で，主訴自体に変化がみられないにも関わらず，クライエント個人や夫婦，家族がさまざまな工夫を行いながら問題に取り組み，自分自身や夫婦，家族で何とかやっていけそうだという感覚が得られることで面接が終結に至ることもある。この違いは何であろうか。一つは，クライエント個人や家族の自律性や問題解決の力を尊重し，それを促進できたかどうかにあると考えられる。こころの問題は，それそのものの軽減や解決のみならず，個人や家族，問題を取り巻く周囲の人々がその問題を理解し，自分のものとして受け入れ，個人や集団内で工夫し，扱うことができるか，対処が可能かといったことを含めた観点をもって扱う必要があろう。

(2) こころの問題と環境

　個人はその個人が位置づけられている環境と不可分な関係にある。個人が呈するこころの問題も，それが状況に関わらず，どのような場面でも起こりうる個人的な要因として理解できる問題なのか，あるいは特定の環境や状況で生起する文脈依存的な問題なのかに関する情報を把握することは重要である。個人は，家族の一員であり，学校や職場といった会社組織の一員でもある。さらにそれらは，コミュニティや国家といったより上位の環境（スプラシステム）に階層的に位置づけられている（図Ⅰ-1-2）。したがって，個人は環境の影響を受け，個人もまた直接的に，あるいは，より上位のシステムを介して環境に影響を与える共変関係にある。た

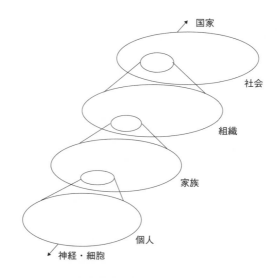

図 I-1-2　個人と環境の階層構造（遊佐（1984）をもとに筆者作成）

とえば，個人が呈するこころの問題が，いじめやハラスメントを受けている人間関係で生じていることを考えれば容易に想像できよう。また，災害の被害を受けたコミュニティで生活していたり，事件や事故に巻き込まれたりすることによって生じているこころや身体の不調であれば，むしろ異常なのは環境側であり，その環境に位置づけられている個人の反応は正常なものと理解することができよう。状況や環境から個人に起こるこころの問題を分節化してしまうことで理解を誤ることがある。またその逆もしかりである。

(3) 構造化された枠組み

　構造化された枠組みとは，セラピストとクライエントの相互交流過程に関するさまざまな要因や条件を規定し，心理支援の枠組みを約束事として双方で共有することである。面接を行うにあたっての場所や頻度，時間，料金，緊急対応の有無などがそれにあたる。なお，これらの枠組みは，セラピストが所属する組織の制約により決定されるものから，たとえばどのような問題を話し合うか，何を目標とするかといったセラピストとクライエントとの話し合いによる合意で決定されるものまで幅広い。しかし，この枠組みを設定することにより，クライエントのみならずセラピストにおいても，安心や安全が保障され，双方が課題に取り組むことができる。この意味において，枠組みにより制限を設けることによって，心理支援がより展開，促進されるという逆説的な構造となっている。

　また，心理支援を実践する職域や現場によって，枠組み自体が曖昧な場合もある。たとえば，大学内の臨床心理相談室や医療機関内の心理面接室では，ある程度の枠組みが設定されているが，スクールカウンセラーとして学校で心理支援を実践する場合，学校ごとに求められる役割自体が異なることや，時間や場所を明確に設定できない場合がある。さらに，事件や事故，災害などによる緊急支援も枠組み自体を柔軟に設定することが求められる領域である。しかし，このような場合でも，枠組みを設定することの重要性に変わりはなく，支援者自身が枠組みを意識し意図的に設定することが心理支援にとって不可欠である。

(4) 共生的な関わり

　共生とは，生物学的には異なる生物が相互に作用し合いながら同じ場所で生きていくことを意味するが，心理支援では，セラピストが力や情報を一方的に持ち，それらをもたないクライエントに与えるといった因果律に基づく関わりではなく，双方が共同作業によって，また同盟（alliance）関係や協働（collaboration）関係によって問題解決に取り組む関係のあり方を意味している。こころの問題は単純な因果律で説明できるものではなく，合理的，客観的にも説明できない部分をもつ不合理な体系を成している。この前提は，心理支援というものが，いわゆる診断と治療に基づく伝統的な医学的パラダイムとの違いを強調されて説明される所以でもある。ポストモダンの影響も相まって，近年では，よりセラピストの操作性を排除した支持的な姿勢やクライエントの価値の尊重，双方の均衡した力関係や協働関係が強調されている。しかし，このような関係のあり方は心理支援の目標ではない。あくまでセラピストとクライエントが協力して問題の軽減や解決に取り組むためのいわば土台となるものであり，目標を合意し（goal consensus），その達成を促進する，あるいは肯定的な結果を得る要因の一つと捉える必要があろう。

　心理支援はクライエントの主訴を中心に展開される。クライエントの呈する問題や悩み，苦悩，あるいはどうありたいかというものに関して，もっとも詳しい者はクライエント自身に他ならない。清水（2016）は"生きている"ことと"生きていく"ことの違いについて言及している。一般的に生命科学で主題とされるのは，"生きている"ことであり，客観的にその生きものの外から眺めて，たとえば身体が機能しているかどうかといった状態によって判断される。一方で，"生きていく"ことは，生きものの主体性や主観性，能動的な存在のあり方を問うことであるため生命科学では扱わない領域であるという。心理支援を行うクライエント，あるいはクライエントが呈する問題は後者に踏み込んだ理解が必要とされる。したがって，セラピストが心理支援を進めていくためには，その問題の専門家ともいえるクライエントに訊ねるしかないのである。クライエントの問題を通して，あるいは問題をクライエントの経験世界への入り口として，セラピストはクライエントを理解し，共生的な関係を通して心理支援が進行する。セラピストとクライエントの共生的な関係は，クライエントの問題を解く方法ではなく，より抽象度の高い理念に近い概念である。この理念と方法の混同が以下のような場面で経験されることがある。

　あるセラピストはクライエントの訴えを熱心に聴き，初回の面接の最後に「これからどうしたらよいか，今，抱えていらっしゃる悩みが軽減できるよう一緒に考えていきましょう」と伝えた。その後，数回の面接が続いたが，毎回の面接の最後にセラピストは「どうしたらよいか一緒に考えていきましょう」と決まってクライエントに伝え，その日の面接が終わる。数十回の面接後，クライエントは面接に訪れることはなかった。

　自明のことであるが，クライエントが面接をキャンセルする理由はさまざまである。また，セラピストが共に考えようとするメッセージをクライエントに送ること自体が間違いではない。しかし，この例は，まさに，クライエントと共に問題を解決していこうとするセラピストの姿勢や態度である抽象的な理念を，クライエントの問題を解決するための具体的な方法として，一元的に用いる誤用の一つと考えられる。共生的な関わりを基盤として展開する心理支援の方法は多様であるということを理解されたい。

(5) セラピストの影響

　サリバン（Sullivan, 1953）が，精神に関わる科学は対人関係の学である，と明示して以降，心理支援やその近接領域において，人間関係を中心的なテーマとすることについては，ある程度のコンセンサスが得られるだろう。心理支援は，セラピストとクライエントとが出会い関わることが，その前提となる。クライエントは，主に自身の問題をセラピストに語る。当然のことながら，この語りという行為は，語り手と聞き手によって成立する。このことは，セラピストとクライエントが出会い，相互作用が生じること自体が，クライエントの思考や感情，行動に何らかの違いがもたらされる契機となる。セラピストが，クライエントによって語られる物語の内容のどこに関心を持ち，言語か非言語か，明示的か暗示的かに関わらず，どのように反応するかによって，その語りは影響され，延いては物語が変わっていくだろう。具体的には，セラピストはクライエントの上手くいかない出来事，不平，不満に関心を持ち，うなずき，質問すれば，そのような内容を中心とした語りが展開し，その一方で，クライエントが大変な状況であるにもかかわらず努力していることや工夫していること，支えになることについて関心をもつならば，そのような話題が展開される可能性がある。この意味において，クライエントに対してセラピストが与える影響は避けられず，意図してか否かに関わらずクライエントの語りの内容に何らかの枠組みや制限を加えることなる。すなわち，セラピストのすべての行為がコミュニケーションの構成要素となりうるのである（Watzlawick, et al., 1967）。この観点からは，否定的，批判的なことばかり話す，一方的に話し続けるクライエントといったようにすべてをクライエントの特徴として帰属してしまう理解はナンセンスであり，クライエントの特徴として，ある程度の一貫性がある部分を認めつつ，セラピスト自身の言動や姿勢がクライエントの語りに影響することに関心をもつことが必要である。

(6) 多職種連携

　人間の病い（illness）や障害（disorder），問題（problem）は，生物的，心理的，社会的な要因が複合しているため，それら要因を分割して理解するのではなく，相互に関連する要因として捉え，統合的な視点から理解していくことが必要である。心理面だけを過度に強調し，単一の要因のみに分化した理解は，かえって危険な行為となる。生物的，心理的，社会的な視点から統合的に，あるいは総体としての人間理解に関するポリシーの一つに，エンゲル（Engel, 1977）の生物心理社会モデル（Biopsychosocial Model：BPS）がある（図Ⅰ-1-3）。たとえば，福祉領域で増加している児童虐待の問題がある。児童虐待は決して容認できる問題ではないが，その現象を統合的な観点からみると，親の行為の背景には，親自身が育ってきた原家族との関係や認知の偏り，子育てに関するストレスの存在，さらには，コミュニティとのつながりの乏しさやサポート資源の少なさ，経済面での困難，子どもには何らかの育てにくさや，発達の問題が認められることもある。これらは親の行為の原因とも結果とも考えうるような，複雑，かつ複数の要因が絡み合って起こっていると考えられる。BPS は生物，心理，社会のどこに原因があるかということを順に突き詰めていくような還元主義による理解ではない。問題によって，あるいはその状態や時期から判断して，いずれかの要因が優先されることがある。しかし，BPS は自らの専門性に還元，固執することではなく，クライエントやクライエントが呈する問題を 3 要因により総合的に理解する。ここでは，他の専門性を尊重，理解し，協働して

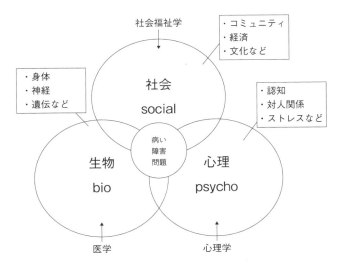

図 I-1-3　生物心理社会モデルの概念図

支援を展開していくことが求められる。多職種連携のために，心理支援を行う者は，自らの専門性や役割を理解し，その専門性や役割を他領域の専門家に理解される言葉で伝え，共有する工夫が必要である。つまり共通言語の創出が課題となろう。

引用文献

Engel, G. L.（1977）. The need for a new medical model: A challenge for biomedicine. *Science, New Series,* **196**, 129-136.

Holtforth, M. G., Reubi, I., Ruckstuhl, L., Berking, M. & Grawe, K.（2004）. The value of treatment-goal themes for treatment planning and outcome evaluation of psychiatric inpatients. *International Journal of Social Psychiatry,* **50**, 80-91.

金井篤子・永田雅子（編）森田美弥子・松本真理子・金井篤子（監修）（2015）．心の専門家養成講座第 2 巻 臨床心理学実践の基礎その 2—心理面接の基礎から臨床実践まで　ナカニシヤ出版

Prochaska, J. O. & Norcross, J. C.（2018）. *Systems of psychotherapy: A transtheoretical analysis.* 9th Ed. New York: Oxford University Press.

清水博（2016）．〈いのち〉の自己組織—共に生きていく原理に向かって　東京大学出版会

下山晴彦（2008）．臨床心理アセスメント入門—臨床心理学は，どのように問題を把握するのか　金剛出版

Sullivan, H. S.（1953）. *The interpersonal theory of psychiatry.* New York: W. W. Norton & Company.（中井久夫・宮崎隆吉・高木敬三・鑪幹八郎（訳）（1990）．精神医学は対人関係論である　みすず書房）

Watzlawick, P., Bavelas, J. B. & Jackson, D. D.（1967）. *Pragmatics of human communication: A study of interactional patterns, pathologies and paradoxes.* New York: W. W. Norton & Company.（山本和郎（監訳）（1998）．人間コミュニケーションの語用論—相互作用パターン，病理とパラドックスの研究　二瓶社）

遊佐安一郎（1984）．家族療法入門—システムズ・アプローチの理論と実際　星和書店

2 心理支援の共通性と多様性

◉心理的支援の多様性

　心理支援の理論や方法はさまざまであり複雑な体系を成している。なぜ多様で複雑なのか。その前提は，現実は混沌としているため，現実のありようそれそのままを認識し，把握することができないということである。この混沌とした現実を理解するために，私たちは本来連続する事象を言葉で線引，分類し，分節化することによって，因果を伴う秩序をもったまとまり，つまり有意味な現象へと変換する。心理臨床場面に即していえば，クライエントが語る問題にまつわる現実や現象は，クライエントの主観のうちに映る現実や現象であり，それが語られ，セラピストと共有されている，ということができる。この意味において，主観的か客観的かというものは明確に区別できず，いわゆる語り手のフィルターがかかった，あるいはレンズを通した現実であるといえる。クライエントの現実を共有するセラピストもまた，フィルターやレンズを通してクライエントの現実を把握する。セラピストがクライエントの現実や現象，出来事を把握し，体制化し，その成り立ちやメカニズムを了解するための枠組みが認識論であり，理論である。つまり心理支援の理論とは，クライエントの問題が，いかに維持，存続しているのかということをセラピストが捉える切り口であり，現象や出来事の構造化ということができる。なぜセラピストはクライエントに対してそのように関わるのか，なぜそのような言動を行ったのか，という問いの根拠や方法を規定するものが理論である。したがって，この多様な現実，事象，出来事の切り口は一元的ではないため，心理支援の理論と方法の多様性があるといえよう。

　さらに，クライエントやクライエントが呈する問題に合わせて心理支援のあり方は調整されなければならない。セラピストの依拠する心理支援のあり方にクライエントが合わせるのではない。クライエントやクライエントの呈する問題は，文化，時代，社会情勢といった諸要因と複雑に入り組んでいる。自分自身の生い立ちや生きる意味についてじっくりと考え，繰り返し時間をかけて深めていくことは重要ではあるが，その一方で，費用対効果を考慮した経済性の観点が強調される時代では，今まさに問題とされるものに効率的な観点からアプローチする方法が強く求められることもある。心理支援の多様性は，クライエントの諸要因や呈する問題，クライエントを取り巻く環境要因に合わせ，実行可能性を高めつつ実施されるため多様性が生じるともいえよう。

　なお，主に欧米においてカウンセラーの訓練プログラムの一つとして，広く用いられているアイビィ（Ivey, 1980）のマイクロカウンセリング（microcounseling）がある。これは特定の理論を用いるのではなく，さまざまな心理支援に共通する技法，特に基礎的な技法をまとめたも

のである。基礎的な関わり技法から，焦点の当て方，積極技法，対決技法，技法の統合に至る階層表に沿って習得していく。とりわけ，最下部に位置づけられている関わり技法はクライエントとの関係性を形成する重要な部分とされている。また，最近では，クーパーとマクレオッド（Cooper & Mcleod, 2011）による多元的アプローチ（pluralistic approach）が提案されている。このアプローチでは，現象を把握するための認識論は多様であるが，セラピストは，対象となるクライエントの目標や価値，志向性を踏まえ，協働的な関係において，その時点で最善の方法を提供するというものである。これらは理論と方法が単純な対応関係にない一例であるが，多くの心理支援は，独自の認識論や理論体系，それに基づく方法をもつ。このことは，異なる理論的背景をもつ複数のセラピストが，同一の現象を見聞きしたとしても異なる認識をしているため，現象を理解するために必要とされる見立てに関する情報も異なる。したがって，セラピストの関心やクライエントへの質問も異なり，延いてはその後の進め方も異なってくるだろう。

　心理支援の多様性としてこれまで述べてきたように，心理支援の違いは，現象を体制化，構造化する切り口の違いであるといえる。初学者は，自分の経験に基づく慣れ親しんだ考え方を中心に据えた理解ではなく，ある程度体系化された心理支援の理論に即してクライエントの語りを理解し面接を進めることが重要であり，そういった経験こそが心理支援を行う者を養成する大学院の学びの一つであると筆者らは考えている。誤解のないように，教条主義のような絶対的，かつ単一の原理や理論，方法を推奨しようとするものではない。心理支援を学ぶ上で，自分自身がどのような理論的立場から現象を捉えているのかという自身の立ち位置を理解すること，さらには，自分自身の考えを前面に出して理解することは主体的な学びとして重要である一方，独断的な見方になる嫌いがあることを理解されたい。

◉心理支援の固有要因と共通要因

　エビデンスに基づく医療（evidence-based medicine）にその起源をもつエビデンスに基づく実践（evidence-based practice：EBP）は，クライエントが呈するどのような問題にどのような心理支援がもっとも有効的かを問いとする。ここでは，クライエントの呈する問題を精神医学的な診断カテゴリーに分類し，現時点で実証的に効果が認められる心理支援を，その選択と決定に採用する。たとえば，気分の落ち込みを主訴とするクライエントであれば，うつ病という特定の診断カテゴリーに分類し，うつ病に対して実証的に支持されている心理支援を用いることが推奨される。アメリカ心理学会の第12部会（臨床心理学部会）がウェブサイトで公刊している「研究によって支持されている心理支援」（research-supported psychological treatment）は，EBPのガイドラインの代表的なものの一つである。EBPに基づく実践に対して，クライエントの呈する心理的な問題は単一の明確な診断カテゴリーに分類することが可能か，どの程度一般化できるか，容易に検証されうる心理支援か否かなど，いくつかの問題点も指摘されている（Cooper, 2008）。どのような心理支援が，どのような特徴をもつクライエントに対して有効かといった適正処遇交互作用（aptitude-treatment interaction）の観点からの知見の蓄積が期待される。心理支援に関するエビデンスは，心理支援を実践する者が実用的観点から有用であり，実行可能性が高いと判断されれば，実践の判断に利用する必要がある。自分自身の経験に基づく判断は，時として間違うこともあるため，心理支援の実践に関するさまざまな知見に敏

感であることが必要である。

　さて，EBP の観点から検討される要因は固有要因（model factors）である一方，心理支援の立場（orientation）を超えた非特異的な要因である共通要因（common factors）も指摘されている。固有要因と共通要因の双方から，クライエントの問題の改善に肯定的に働く 4 要因とそれらが貢献する割合について，推定による見積の程度が示されている（Asay & Lambert, 1999）。この 4 要因と推定値は "Lambert の円グラフ" として知られており，貢献する割合の大きさ順に，セラピー外要因が 40％ともっとも貢献しており，次いでセラピーにおける関係性が 30％，期待とプラセボ効果，技法・モデルの要因が共に 15％程度とされている（図 I -2-1）。セラピー外要因とは，セラピー以外のクライエントの日常生活で過ごす時間で起こる職業上の達成や人間関係の変化といった要因である。セラピーにおける関係性は，共生的な関係として先に示したように，セラピストとクライエントとの信頼関係や協働関係に基づき心理支援が進行することを意味する。つまり，セラピー外要因，セラピーにおける関係性，期待とプラセボ効果を合わせると 85％が共通要因として，15％が固有要因として，心理支援の肯定的結果に貢献していることを示していると考えられる。またこの知見は，固有要因と共通要因のいずれかではなく，貢献する割合が異なれども，双方の有用性を示すものである。

　加えて，セラピー外要因が 40％について心理支援の結果に貢献する最大の要因であるにもかかわらず，あまり関心がもたれていないことが指摘されている（たとえば Miller, et al., 1997）。確かに，クライエントにとって，セラピストと対面して行われる心理支援の場で過ごす時間は，それ以外の日常生活に費やす時間に比べてわずかであり，クライエントにとって非日常的な時間である。心理支援においてクライエントは，セラピストとともに集中して自身の問題と対峙するという意味で密度の濃い時間を過ごすことは確かである一方，クライエントの日常，延いては人生のほんのわずかな時間をセラピストは共有しているに過ぎない。また，自明のことであるが，クライエントの問題は日常生活にあり，クライエントは日常を生きている。その為，どのようなことを心理支援の場でセラピストと取り組んだとしても，日常で何かを行うのはクライエント自身にほかならない。セラピストは，クライエントが非日常的な心理支援の場において，何を日常に持ち帰るのか，持ち帰ったものが日常にどのように役立つのかということについて少なからず意識する必要があろう。

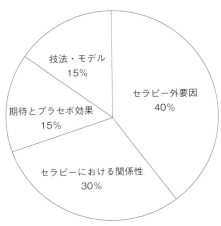

図 I -2-1　心理支援の肯定的結果に貢献する要因に関する割合の推定
（Asay & Lambert（1999）をもとに筆者作成）

●関わるということ

　人と人が顔を合わせたとき，その間に言語的・非言語的やりとりが生起する。それを関わりと呼ぶとすれば，クライエントとセラピストが出会う心理支援でも必然的に関わりは生じるといえる。しかし，このような一般的な意味の関わりと心理支援に特有のそれを区別して考えると，心理支援の場においても後者の関わりが常に起こっているというわけではない。それでは，心理支援において大切にされている関わりとはどのようなものであろうか。

　一般的な意味での関わりの主な目的は，情報交換や品物の売買をするときなどのように交流の結果である。親睦会など交流自体が目的になる場合もあるが，交流の過程に着目し，そこから学びを得ようとすることは少ない。しかし，心理支援において，クライエントは，セラピストとの関わりを通して自らの関わりについて理解を深め，自身のこころの問題に取り組む。それは，単純にセラピストがクライエントの関わりのモデルになることによって果たされるわけでは決してない。心理支援では，一定の構造のある時間・空間のなかで，クライエントの全体的存在が，セラピストのそれとも不可分に結びつきながら通常よりも明瞭な形で浮き彫りになる。全体的存在とは，心と身体，過去と未来を含み込んだ現在，家族や学校など所属する社会集団と関係する主体，認知と行動，理想と現実，人格の健全な部分と病理的な部分，意識と無意識などを包摂しており，その各領域同士やある領域内の構成要素同士が有機的に連関をもった上で成立しているものとして捉えることができるだろう。全体的存在は，一定のまとまりのある性向をもっており，それを維持しようとする。しかし同時に，それまでさまざまな経験を重ねながら少しずつ変容してきており，今後も変容可能性を有している。心理支援の場において，それらの特徴をあわせもつクライエントの全体的存在が立ち現れる。そして，セラピストの全体的存在がクライエントのそれに対して目を向け，関わる。ここでの関わるとは，クライエントの全体的存在の各領域やその内の構成要素の均衡や関係性，つまり安定を図るためにこれまでの状態を保とうとすることや問題や悩みを呈せざるをえなかった事情を，想像力を駆使して理解しようとしながら，クライエントの全体的存在が，その内の均衡を崩したり，関係性を変えたりすることによって，一歩前に進んでいこうとする動きを触発させようとする行為ではないかと筆者らには思われる。その意味で，関わるということには，クライエントに何らかの助言をしたり，提案をしたりするようなセラピストの言動から，クライエントの話に耳を傾けたり，彼らの発話や動き出しを待ったりするようなものも含まれる。前者の関わりが能動的であり，後者のそれが受動的であると捉えるのは適切ではなく，どの関わりも極めて能動的な営みであるといえるだろう。セラピストによる自らの全体的存在を懸けた能動的な関わりがクライエントの全体的存在を揺さぶり，それによって生まれるクライエントとセラピストの共振が，クライエントが自身に対して関わろうとする端緒となりえると考えられる。このような性質を有しているからこそ，心理支援に特有の関わるということは，誰もが日常的に行っているように見えて本来は非常に高度な専門性が必要とされるものなのであろう。

　ここまで，心理支援における関わりについてより一般的に論じようとしてきたが，どうしても抽象的で明瞭ではない記述になってしまう。これは，私たちが主題にしているこころが，非常に複雑でわかりづらいという特徴をもっているためでもある。このような曖昧模糊とした心理支援における関わりを，ある視点に基づいて，一定の角度から切りとったものがオリエンテーションである。

◉心理支援の各オリエンテーション

　そこで本書の第Ⅱ部では，精神分析，分析心理学，遊戯療法，ヒューマニスティック心理学，認知行動療法，システミック・アプローチという心理的支援の主要なオリエンテーションを取り上げる。本書は「心の専門家」を志す学生にとってより有意義な内容になることを目的としているが，これら六つのオリエンテーションを選定した背景には，「心の専門家」を目指すにあたり，これらのオリエンテーションがもつ人間理解の理論や人間観を習得しておいてほしいという筆者らの願いがある。

　精神分析は，先述したように心理支援の起源であり，クライエントのこころの成り立ちや，クライエントとセラピストの関係性について理解する有力な枠組みを提供する。精神分析の考え方を知ることにより，初心のセラピストでも，クライエントの言動に過度に動揺することなく落ち着いてクライエントのこころの問題にアプローチすることができるだろう。

　分析心理学は，クライエントの個別性を何より重視し，クライエントとセラピストによる一期一会の出会いの間に生起する，クライエントの人格発展の萌芽を掴み取る。分析心理学を学ぶと，セラピストは，心理支援におけるやりとりの背景にある事例の展開に敏感になり，クライエントに資することを前提に比較的自由に振る舞えるようになると考えられる。

　遊戯療法は，子どもを対象とした遊びを主に用いる心理支援を指す言葉である。そのため，遊戯療法には複数の理論が存在しており，遊戯療法は厳密にはオリエンテーションの名称としては妥当でないかもしれない。しかし，経験の浅いセラピストは，親子並行面接などの形で子どもの遊戯療法を担当することが多い。したがって，遊戯療法について理解することは，心理支援を始めて間もないセラピストにとって差し迫った課題の一つであろう。遊戯療法を学ぶことで，子どものみならず，人間の非言語表現の含意を感じ取り，それを応対に生かしていく当意即妙のセンスを磨くことができる。

　ヒューマニスティック心理学は，我が国におけるほとんどすべての心理支援の基盤を成していると言っても過言ではなく，その知識は初心のセラピストには必須であろう。ヒューマスティック心理学の人間観は，人間の病理的側面ではなく，成長可能性に重きを置いた点で革新的であった。さらに，ヒューマニスティック心理学が伝えるセラピストの態度はどのようなオリエンテーションをもつセラピストにとって基本であると同時に，経験の多寡に関わらず，セラピストに心理支援での自らの振る舞いに対して厳しい眼差しを向けさせるものでもある。

　認知行動療法は実証性を明確に備えており，現代における心理支援の中心に位置しているといってよい。人間の認知あるいは行動の修正に焦点を当てた認知行動療法の理論や技法は，クライエントにも理解しやすい明示的な枠組みを提供するとともに，曖昧になりがちなセラピストの介入や心理支援の効果に関する評価指針をもたらすという点でも有用である。

　家族療法を含むシステミック・アプローチは，これまでのオリエンテーションと異なり，クライエント個人を注視するのではなく，家族を中心としたある社会集団を一つのシステムとして捉え，そのシステムのダイナミズムからこころの問題を浮かび上がらせる。初心のセラピストは，システミック・アプローチの考えを知ることで，クライエントの生育史や個人特性に問題の原因を安易に還元したり，盲目的にクライエント個人へのアプローチに終始したりすることなく，より俯瞰した視点から，事例を読み解いたり，クライエントを取り巻く環境への対応を吟味したりすることができる。第Ⅱ部の各章は，それぞれのオリエンテーションに造詣の深

い研究者が担当し，支援の実際が想像できるように事例を含めて執筆している。

　第Ⅲ部では，心理支援の実践に力を注いでいる清水麻莉子氏が事例を提供し，事例の経過を丁寧に追うこと，そして異なる視点からディスカッションをすることを通して，事例の理解が深化していくことを示す。事例の展開に細かく目を向けることで，心理支援において生じる転機やクライエントの変化に気がつくことができる。ディスカッションの章を読むと，編者二人の事例の捉え方が交わることで，それぞれの独自性と両者の共通性がより明瞭に浮き彫りになっていることがわかる。第Ⅲ部を通して，一つの事例に真摯に向き合い，妥当と思われる見方を紡いでいく重要性，そして，その見方がそのまま他の事例に適用できるという意味ではなく，別の事例を読み解くための一つの鍵になりえるという意味で，ある程度の普遍性をもつことを感じていただきたいと考えている。これらが事例検討の意義であり醍醐味であるといえるだろう。

　本書では，各部あるいは各章の間に心理支援に関するコラムを掲載している。当時，「心の専門家」を養成する大学院の博士後期課程に在籍していた大学院生がこのコラムを執筆した。各コラムでは，心理支援を始めて間もない彼らが，実際に実践するなかで困ったり，疑問に思ったりしたトピックを取り上げて，それについて自分なりに調べて答えを導き出そうとしている。どのトピックも，心理支援に携わるにあたってどこかで直面する問題であり，明快な答えのない深遠なものである。彼らの文章からは，彼らが日々，悩みながら個々の心理支援と格闘していることが伝わってくる。このコラムは，「心の専門家」を目指す者にとっては，同志あるいは少し先輩による真新しい足跡として意義深いと考えられる。また，経験ある者にとっても心理支援を始めたときの初心を思い出させ，身の引き締まる思いにさせてくれるという意味で貴重であるといえるだろう。

引用文献

Asay, T. R. & Lambert, M. J. (1999). The empirical case of the common factors in therapy: quantitative findings. In M. A. Hubble., B. L. Duncan. & S. D. Miller (Eds.), *The heart and soul of change: What works in therapy*. Washington DC: American Psychological Association, 23-55.

Cooper, M. (2008). *Essential research findings in counselling and psychotherapy: The facts are friendly*. London: SAGE Publications. (清水幹夫・末武康弘（監訳）(2012). エビデンスにもとづくカウンセリング効果の研究—クライアントにとって何が最も役に立つのか　岩崎学術出版社)

Cooper, M. & Mcleod, J. (2011). *Pluralistic counselling and psychotherapy*. London: SAGE Publications. (末武康弘・清水幹夫（監訳）(2015). 心理臨床への多元的アプローチ—効果的なセラピーの目標・課題・方法　岩崎学術出版社)

Ivey, A. E. (1980). *Counseling and psychotherapy: skills, theories, and practice*. Englewood Cliffs, N. J.: Prentice-Hall. (福原真知子・椙山喜代子・国分久子・楡木満生（訳編）(1985). マイクロカウンセリング—"学ぶ−使う−教える"技法の統合：その理論と実際　川島書店)

Miller, S. D., Duncan, B. L. & Hubble, M. A. (1997). *Escape from babel: Toward a unifying language for psychotherapy practice*. New York: W. W. Norton & Company. (曽我昌祺（監訳）(2000). 心理療法・その基礎なるもの—混迷から抜け出すための有効要因　金剛出版)

Ⅱ　心理支援の理論と方法

　心理支援のオリエンテーションにはどのようなものがあるのだろうか。ま
たそれらにはどのような違いがあるのだろうか。

　第Ⅱ部では，精神分析，分析心理学，遊戯療法，ヒューマニスティック心理
学，認知行動療法，システミックアプローチという主要なオリエンテーション
を取り上げ，それぞれの特徴と発展，実践例について説明する。これらオリエ
ンテーションがもつ人間理解の理論や人間観の異同について理解していく。

1

精神分析的アプローチ

◉精神分析的アプローチとは

(1) 精神分析とは

　精神分析は，フロイトによって創始された学問である。フロイトは 1894 年の論文『防衛－精神神経症』の中で「心的分析」という用語を初めて使った。「分析」の概念が誕生した瞬間であり，精神分析の歴史がスタートした。その後，120 年以上が経過しさまざまな理論家が登場し，いくつかの学派が誕生しているが，どの学派においても精神分析を定義する上で，「無意識への信頼」，「言語的関わり」，「転移関係の扱い」の 3 点が重要であると筆者は考えている。

　第 1 番目の「無意識への信頼」とは，無意識という存在が個人の精神内界にあることを，私たちが信頼できるかということである。精神分析では，実態として視覚的に捉えることが不可能な無意識という存在を私たちが仮定し，その仮定のもとで心の悩みや問題の源を探求していく。無意識への信頼がなければ，精神分析は成立しないのである。次のようなエピソードを考えてみたい。待ち合わせ時刻を過ぎても恋人が現れずに淋しい思いをしていたが，ようやく現れてほっとしてうれしく感じた。遅刻の理由と携帯電話の不通を聞いてみたところ止むをえない事情だったことがわかった。しかしそれにもかかわらず，何かもやもやとしてすっきりしないという。そういう場合に，無意識で何かを体験していてそれが意識化されていないからではないかと仮定してみるのである。そうすると，意識の上では淋しい思いや再開できた喜びを感じていたが，もしかすると無意識では遅れてきた恋人に対して怒っていたかもしれず，その腹立ちが意識化できていないので，なにかしらもやもやを感じていたという理解が成り立つかもしれないのである。これとは逆のパターンもあるだろう。恋人が待ち合わせ場所に来なくてイライラしていたが，再開して事情がわかったのにもかかわらず，もやもやしているとするならば，無意識では，孤独や淋しさを感じているのかもしれないと考えることができる。このように無意識を信頼し，無意識の中での体験を加味して考えるのである。

　次に，精神分析を定義する際に重要な点は言語的関わりである。精神分析においては，言語を介した相互作用が必要である。仮にイメージや創作物を扱うことがあったとしても，そこに言語が介在することが必須となる。それはただ単に，どこで誰が何をどうしたのかといった事実を言語化するだけを意味しているわけではない。クライエントは自分自身が体験している現象を言葉で説明するわけであるが，そこで使用している言葉の意味を，セラピストが納得して理解できるまで言葉を使ってやりとりを行うのである。これが言語的関わりである。たとえば，クライエントが「私は優柔不断です」と説明したとしよう。セラピストは，果たしてクライエントが何をもって自分自身を優柔不断であると認識したのかを尋ねる必要がある。そのや

りとりの結果，クライエントには常に考慮すべき家庭の事情があって決断ができないのだと理解できたとしよう。そうなると，優柔不断という概念よりも家庭環境についてのテーマの方が重要になってくる。これは概念の定義だけでなく，感情についても同様である。クライエントが語った悲しみと，セラピストがクライエントの話から想像した悲しみは決して同じとは言えない。それを言葉でやりとりを繰り返しながら理解を深めていく。精神分析の2番目の定義である言語的関わりとは，言葉の使用のみならず，その言葉の意味するところまでをきめ細やかに把握していく相互的な関わりのことである。

　3番目の定義は転移関係の扱いがあるかどうかである。転移とはクライエントがセラピストに対して向ける意識的，ないし，無意識的な感情体験のことである。フロイトは，過去の重要な人物に対して向けていた感情体験がセラピストに転移されると論じた。精神分析では，転移について，当事者同士であるセラピストとクライエントが話し合っていくことが求められる。たとえば，遅刻をしてはいけないと時間に厳格な父親にしつけられて育ったクライエントがセッションに遅刻した場合，セラピストから遅刻について苦言を呈されるに違いないと覚悟したが，セラピストは「事故でなくてよかった」とほっとしていたという。クライエントはそれ以後，セラピストを信用できなくなってしまった。この場合，クライエントはセラピストを父親のように体験していたことがわかる。果たして二人の間で何が起こっているのか，そしてそのことを話し合っていくことが転移関係を取り扱うという意味である。クライエントからセラピストに対してまるで誰々のようであるといった印象や，今までこんなに自分のことを理解してくれたことはないなどのような印象が語られても，心理療法やカウンセリングでは，どうしてそのように感じるのか，何が過去の人たちと異なるのかといった二人の間での関係性について話題にすることは極めて稀である。この関係性を話題にし，話し合い，理解を深めていくことが精神分析の第三の定義である。

　この3点は精神分析の定義として重要であるが，この定義を満たすためには，面接頻度が関係してくる。国際精神分析協会では週4回以上のセッションを実施することを求めている。筆者が学んだ米国ウィリアム・アランソン・ホワイト精神分析研究所では週3回以上とされていた。日本の心理臨床では，週3回，週4回以上のセッションを行っている専門家は極一部であり，大学院での訓練は日本においても米国においても週1回の心理療法からスタートするところがほとんどである。そこで本章では心理臨床を学ぶ上において役立つ精神分析の理論や技法を，精神分析的アプローチとして紹介していくこととする。

（2）精神分析的アプローチ

　精神分析的アプローチを理解するために，ここでは精神分析の理論を援用したアプローチと，精神分析の技法を援用したアプローチの2通りに分けて，説明したい。前者は，精神分析の理論に基づいて，クライエントを理解し，問題の原因や悩みの解決方法を考えていくアプローチである。後者は，精神分析の実践の中で用いる転移解釈や抵抗分析といった技法を参考にしながら，クライエントの無意識に働きかけていくアプローチである。大学院の修士課程で臨床心理学を学んでいる人には，スーパーヴィジョンを受けながら前者のアプローチを一歩ずつ習得していくことが望まれよう。後者のアプローチは，大学院の博士課程や現場に出た後に何年もかけながら習得していくことが一般的であろう。本格的に精神分析を学ぶ場合には，たとえば海外の精神分析研究所であれば，臨床心理士に加えて博士号の取得が求められ，訓練期間

も4年以上の長期プログラムを修めることになる。

(3)　精神分析的アプローチを学ぶ際に注意したいこと

　筆者が実際に精神分析を学んだ経験から，大学院時代に精神分析的アプローチを学ぶことの三つの難しさと，その難しさを踏まえた上での習得方法について論じていきたい。

　まず，精神分析的アプローチの中でも理論を学ぶ際の難しさについて述べたい。フロイトは1895年に『ヒステリー研究』を，1900年に『夢解釈』を執筆したが，現在もなお，これらの著作から私たちは多くを学ぶことができる。理論的なこともそうであるが，筆者の経験では，地方の病院などに行くと，『ヒステリー研究』に見られるような事例と出会うことが多いように思う。またフロイトのその後の著作や，フロイト以外の精神分析家たちの理論書についても，出版から半世紀以上経過していてもなお，学ぶに値するものが多い。大学院で講読している人たちもいるだろう。これに対して，フロイトとほぼ同時期の1869年に創刊された科学誌 *Nature* の場合，昔の論文を現代の大学院生たちが必読していることはほぼ稀である。自然科学と異なり，精神分析の場合には最先端の理論や実践だけを習得すればよいというわけにいかない。120年以上にわたる精神分析という学問を学ぶ場合には，このように古典と呼ばれるような理論からも学ぶことができるため，修士課程の2年間で習得することは，ほぼ不可能である。ここに1点目の難しさがある。

　2点目の難しさは，精神分析の理論は一貫性に欠ける場合があることである。同じ精神分析家であっても，初期の理論と後期の理論では異なっていることがある。その代表例がフロイトである。初期の頃は誘惑説といった現代でいうところのトラウマを基本とした症状の理解を試みていた。しかし，1897年にその誘惑説を棄てて，欲動論に方向転換し，性的な外傷を負ったのは患者がそのような性的な欲求を無意識に抱いていたからであると論じた。心の概念図も，初期には，無意識と前意識，意識という局所論と呼ばれる理論で説明していたが，後に構造論を提唱した。局所論では抑圧している主体の存在を説明できなかったからである。意識が抑圧しているのであれば，抑圧が成功している，つまり抑圧されたものが無意識へ追いやられていることを意識では把握することができないし，無意識が抑圧しているのであれば，どうして抑圧すべきものが意識にある段階から無意識がそれを識別できたのかを説明することができない。そこで1923年に『自我とエス』という論文を発表し，意識にもあり無意識にもある存在として自我を定義し直し，自我が抑圧するという構造論にたどり着いたわけである。これはフロイトが亡くなる16年前のことであった。したがって，ドラやハンス，鼠男やシュレーバーなどといったフロイトの有名な症例はどれも1910年までに発表されているために，欲動やその抑圧については論じられていても，抑圧をする主体としての自我は論じられていない。これらの症例を読み進めていても，私たちの知っている構造論に出会うことはないし，局所論で論じられているためにわかり辛いということになる。

　いま説明をしたのは同一理論家の場合であるが，フロイト後の理論家たちは，フロイトの理論に影響を受けてはいるものの，フロイトの理論を踏襲して新たな理論を積み上げているものは少ない。したがって，その違いを明確なものとするために，精神分析ではさまざまな学派や理論が誕生することとなる。たとえば，小さな子どもがよちよち歩きを始めるようになって母親のもとから数歩離れて振り返ったとしよう。フロイトを踏襲するマーラーの場合にはこれを分離個体化のプロセスと捉え，母親から離れて不安になったので振り返って母親の存在を確認

したのであると子どもの無意識を説明した。しかしながら，自己心理学を提唱したコフートは
これを自己対象機能を求めたためであると捉えた。母親から離れて振り返ったのは不安になっ
たからではなく，立派に歩いた自分を母親という自己対象機能を担う存在に認めてもらいたく
て振り返ったと説明したのである。このように同一の現象であっても，無意識の働きをどう読
み解くのかが理論によって異なるため，初学者にとっては混乱を招きやすい。

　3点目の難しさに，同じ専門用語であっても定義が異なる場合があることがあげられる。た
とえるならば，グラニュー糖や上白糖の違いを明記せずに，すべて砂糖という表記のみがなさ
れているようなものである。その最たる例が「転移」という概念である。転移はフロイトの概
念であり，そもそもは，ブランクスクリーンのように受動的で中立的である分析家に対して，
相談者が無意識のうちに，過去の重要な他者である父親や母親に対して抱いているものと同じ
感情を向けてしまう現象を意味する概念であった。つまり，分析家が受身的で中立的な関わり
を示す場合に限って，転移という現象がクライエントの無意識のうちに生じるのである。しか
しフロイト以後の理論家たちの中にはフロイトの受動的で中立的な自由連想法に異議を唱え，
たとえば，人と人との間の無意識的な関係から他者を理解しようとする対人関係学派と呼ばれ
る理論家たちは，セラピスト自身が積極的に関わる参加観察という手法を用いた。すなわち対
人関係学派では，もはや分析家はブランクスクリーンではないためにフロイトの定義する転移
はそもそも存在しないことになる。しかし，対人関係学派は相談者が無意識のうちに抱いた分
析家に対する感情を転移と呼んだ。同じ転移という概念であっても，フロイト派と対人関係学
派では定義が異なるのである。

　これらの難しさを踏まえた上で，どのように精神分析的アプローチを習得すればよいだろう
か。筆者が推薦する方法は，まずは自分自身が気に入った理論家をみつけ，その理論家の著作
に絞って読み進めていくことである。理論が難しい場合には，事例論文を選んでみるといい。
その際，その理論家の生育歴や性格なども合わせて調べると，より立体的に感じられるであろ
う。ところで先に，修士課程では理論に基づいて，クライエントを理解し，問題の原因や悩み
の解決方法を考えていく精神分析的アプローチが望ましいと書いた。理論から精神分析的アプ
ローチをするけれども実践によるアプローチをしないというのは，氷上でアイススケーターの
ジャンプの種類，質，タイミングなどをリンクの外からみて評価できるように観察を重ねるが，
氷上に自らが立つことはしないようなものである。実感を伴った学びとは質が異なる。早くリ
ンクに立ちたいかもしれないが，焦らずに一歩ずつまずは理論から学びを進めてもらいたい。

●準拠する理論・モデル・技法

（1）フロイト

　1）理　　論　　フロイトは当初，性的外傷を負わせた加害者の存在に着目してヒステリー
症状を理解したため，それを誘惑説と呼んだ。しかし治療をしていく中で，ヒステリー患者の
記憶に矛盾や創作があると理解し性欲動（リビドー）という性衝動のエネルギーが人の心の動
きや行動の原動力になっていると考えた。これが欲動論である。そして，性欲動がイドに充当
されると原始的で衝動的になり，自我に充当されると現実的で適応的な行動が優勢になり，超
自我に充当されると道徳的で批判的になると論じた。これはエネルギー経済論と呼ばれ，心の
中ではいろいろな強さと方向性をもったエネルギーが存在すると考えたのである。そして，そ

れらのエネルギーが作用し合って心理的現象が生じると考え，これを力動論と呼んだ。これら欲動論，エネルギー経済論，力動論は，フロイトの主要な心の体系である。

　2）モデル　　フロイトは心のモデルを，言語化できる領域である意識，イメージの世界や意識化できそうでできない領域である前意識，まったく意識できない領域である無意識の3層で捉えた。これが局所論である。葛藤を持ち堪えることができなくなった体験は無意識へと抑圧される。しかし局所論では，抑圧している主体を説明することができなかったため，1923年に，再定義し直された意識でも無意識でもある自我，そしてイド，1933年から加えられた超自我の三つの機能を有する心のモデルを提唱し，これを構造論と呼んだ。

　また心の発達モデルを心理性的発達理論としてまとめ，性愛的な快楽を得る身体的部位によって，口唇期，肛門期，そして4〜6歳頃の男根期（エディプス期）を経て，性欲動が一時的に影を潜める潜伏期に至り，思春期以降の性器期へと発達していく段階を考えた。男根期の男児は，母親を手に入れ父親を排除しようとする幼児的な性的欲求を抱くが，その願望が父親の怖さによって無意識に抑圧される。この無意識的葛藤状況がエディプス・コンプレックスと呼ばれるものである。フロイトはヒステリー患者の無意識にエディプス・コンプレックスがあり，それによって症状を呈していると考えたのである。

　3）技　　法
　　自由連想法　　カウンセリングにおいて，クライエントが面接の場面で，思っていることを自由に何でも話せるかどうかは，とても重要である。何でも自由に語ってもらうことの原点が，フロイトの自由連想法である。フロイトは自由連想法を用いて，クライエントの無意識にアプローチした。ブラントンという米国の小児科医が渡欧し，フロイトに教育分析を受けた記録を残している。それによると，ブラントンが何気なく語った話題に対して，フロイトは「その話はあらかじめ準備をしてきましたね」と伝え，オリヴァー・クロムウェルの「何も考えずに跳んだ方が，はるかに遠くまで跳べる」という名言を引用しながら，精神分析家は「患者について正確な意味を発見しようとしてくよくよ思い悩んではならない」，「抵抗を克服できるように患者に手を貸してやってさえいれば，結局は患者の方でその意味をみつけ出す」と述べた。自由に話すためには，クライエントはこれを話していいのだろうかなどと自分を批判することを克服することが重要であり，分析家はクライエントにそっと手を貸すのみでよいというのである。しかしながら，フロイトの自由連想法を実際に行うことは非常に難しい。「何でも思ったことをお話しください」と相手に伝えることは簡単であるが，相手が本当に自由に話せるように導くことはとても難しく，重要である。

　　解　　釈　　解釈とは，もともとは夢分析における夢の解読を意味していたが，後に分析家が患者に伝える言語的介入を意味するようになった。転移を解釈するのが転移解釈であり，抵抗を解釈するのが抵抗解釈である。

　　転　　移　　クライエントが分析家に対して抱く感情で，まるでクライエントにとって過去の重要な人物であるかのように感じられることを転移という。クライエントがその人物に対して満たされず無意識のうちに葛藤として引きずっているものが，分析家との間で表面化するのである。この転移を解釈していくことで，クライエントの問題解決，あるいは自身の無意識を理解していくこととなる。

　抵　　抗　　フロイトは分析の進展を妨害することはすべて抵抗と考え，いくつかの種類を論じている。主な抵抗の一つは，無意識に抑圧されている葛藤を，解釈によって意識化しようとしても，自我がそれを許すまいと拒否する場合である。このような無意識の意識化を阻止する自我の機能が抑圧抵抗である。具体的には「よくわかりません」とか，「思い当たらないです」といった反応で現れることが多い。もう一つは，抑圧されているものや症状形成の基となっているものを，分析家との間に歪めた形として持ち込み，分析が滞ってしまうことがある。これは転移抵抗と呼ばれる。分析家に対して，幼児的な願望を持ち込んだり，逆に「特に何も思わない」という反応で現れたりする。大学院での訓練段階においては，心理療法が停滞することも多いかもしれない。その理由を検討する際に参考となる概念である。

(2) 対象関係論

　1) 理　　論　　フロイトの理論は大人の記憶や空想から子ども時代を推測するものであった。これに対してクラインは乳児の精神内界に存在する幻想的な対象関係に着目した。これは対象関係論と呼ばれ，心の中の構造を重視する一者心理学と呼ばれる考え方である。心の構造は内的な対象関係が投影同一化という機制によって，外的な対人関係の場で体験されると考える。クラインは，生後3〜4ヵ月までの乳児は母親を良い乳房と悪い乳房に分裂して認識していると考え，母親を部分対象として認識していると論じた。その後，乳児は1歳になる頃までには母親を一人の対象，すなわち全体対象として認識できるようになる。フロイトは症状とはエディプス・コンプレックスによって呈するものと考えたが，クラインはエディプス・コンプレックスを抱く以前のプレエディパルな母子関係によるものと論じ，心の中に存在する対象たちの関係性を用いた精神分析の理論と技法を発展させた。

　2) モデル　　クラインは，フロイトの構造論を対人関係および対象関係モデルの発達論に結びつけた。その代表的なモデルでは，人間の心には妄想−分裂ポジションと抑うつポジションという二つのポジションがあると考える。妄想−分裂ポジションでは部分対象が優勢であり，養育者などの重要な他者との関係は，乳児が部分対象として母親を認識していたように，理想化された対象と迫害的な対象とに分裂している。また，自我も同じように分裂している。症状は妄想−分裂ポジションが優位であることを示している。一方，抑うつポジションでは，対象との関係は愛されも憎まれもする統合された全体対象としての親に対するもので，自我も統合されているという。心理的に健康な状態とは抑うつ的な枠組みが安定していることを意味する。クラインは，乳児が抑うつポジションに到達することが子どもの発達の中心であると考えた。

　3) 技　　法　　現代の対象関係論では，抑うつポジションは決して永久的に達成できず，心はこの二つのポジションの間を揺れ動くものとして理解されている。青年が恋人にふられた時には，一時的に，恋人が迫害的な部分対象として分裂して認識され，妄想−分裂ポジションに陥る。恋人自身の人格が変化したわけではないのに，青年にとってみたら，それまで良い対象であった恋人が一夜にして悪い対象として感じられるのである。そのような青年の苦悩にセラピストが傾聴し続け，セラピストとの間に愛着が形成されると，やがて青年は自分にも非があったかもしれないとみつめ直し，償いの感情を語るなどといった抑うつポジションに至るの

である。

　クラインは投影同一化を無意識の乳幼児的幻想であり，防衛や幻想として説明したが，現代のクライン派は対人的なプロセスであると捉えている。すなわち，対象を巻き込み，その対象は影響を受ける。つまりクライエントは自己の悲惨な感情を他者の自己の中に引き起こすことによって取り除こうとするのである。具体的には，分析家が抱いた感情とは，実はクライエントが抱えきれずに，投影同一化によって分析家に投げ込んだ感情であると理解するわけである。

(3) 中間学派

　1) 理　　論　　英国の精神分析学者のウィニコットは，小児科医としての経験から，乳幼児にとって発達促進的な環境について検討し，乳幼児の心の発達にとって母親という他者の与える影響について理論を構築した。1942 年から 1944 年にかけて英国精神分析協会ではクラインとアンナ・フロイトの対立が激しくなる。ウィニコットは，クラインによる精神内界の幻想的な対象関係に関心を払いながらも，アンナ・フロイトによる個人の適応的な自我発達にも重視した。したがって中間学派（独立学派）と呼ばれている。ウィニコットは，乳児は単独で存在しているのではなく，常に母親に抱かれていると論じ，子どもと母親を一つの単位として捉えながら理論を発展させていった。

　2) モデル　　母親は子どもを体に宿した段階から，乳児に関わる活動に注力する原初の母性的没頭と呼ばれる状態となる。母親は乳児を抱えること（ホールディング）によって，乳児に錯覚をもたらし，早すぎる分離からも遅すぎる分離からも子どもを守る。このような母親をウィニコットは「ほどよい母親（good enough mother）」と呼んだ。また，人生にあるのは別れではなく別れの脅威であると論じ，母子の分離によって生じるモデルを見出した。その一つが移行対象と呼ばれるものである。乳児が母親から分離する時期を迎えると，指しゃぶりや毛布などのように，私（me）と母親，つまり私でないもの（not me）との間を埋める移行対象を見出すのである。その他，自己の発達について，母親が母性的世話の欠如やほどよい分離に失敗すると，乳幼児は他者からの関わりを侵襲として体験するため，「本当の自己」は母親の要求や期待から作りあげられた「偽りの自己」となると論じた。

　3) 技　　法

　スクイッグル法　　セラピストがクライエントの目の前で画用紙になぐり描きをし，クライエントがそのなぐり描きの上から線を加えることで，絵を完成させる。その次の絵は，初めにクライエントがなぐり描きをしてセラピストが完成させる。クライエントが描いた絵からクライエントの内的世界を想像し，時に解釈をしながら共感的にアプローチをしていくのである。

　治療者として生き残る　　クライエントが示す攻撃性に対して治療者が報復をしないで生き残ることである。クライエントはこれまでの人生で受け入れてもらえなかった破壊衝動を治療者に向けることがある。セラピストがクライエントに対して報復をせずに生き残ることで，クライエントは投影によって捉えていた人間像を修正していくことが可能となるのである。

(4) 対人関係学派

　1) 理　　論　　対人関係学派は，1943 年に米国においてハリー・スタック・サリヴァン，

クララ・トンプソン，エーリッヒ・フロム，フロムの元配偶者であるフリーダ・フロム＝ライヒマンらによって設立され，ネオフロイディアンや文化学派とも呼ばれる。サリヴァンは，人は性欲動ではなく，人と人との間によって生じる不安から回避しようと行動していて，不安の回避や不安の取り扱いに失敗すると症状を呈すると考えた。また，人は人との関係で傷つき，人との関係で癒されると論じ，いまここでの分析家とクライエントとの関係を重要視した。そのため，フロイトの一者心理学との対比で，二者心理学と呼ばれることもある。フロイトの無意識の概念とは異なり，対人関係学派では，解離や選択的非注意によって未だ意識化されたことのないものを無意識と捉えた。

2）モデル

サリヴァンは人との関係における経験様式を3段階で説明をした。初めの段階はまったく言語のやりとりがなく，お互いが主観的に体験していて相互にはバラバラで意味をなしていないプロトタクシス的様態と名付けられた段階である。たとえば，言語による意思疎通の手段をもたない乳児や十分に言語を使いこなせない場合の幼児，あるいは精神障害の罹患者の体験過程がこれに相当する。2段階目の経験様式は，一見すると二人の間では意志疎通がされているように思われるものの，実際は言語によって十分に確認をしていないために，相互にずれた経験をしている状態であり，サリヴァンはこれをパラタクシス的様態と呼んだ。人と人との関係においては，ほぼすべてがパラタクシス的様態であるという。パラタクシス的様態にある私たちは，言語を用いてお互いが意図していることを明確にしようとコミュニケーションを図り，3段階目のシンタクシス的様態といわれる経験様式に到達する。この時のコミュニケーションのあり方をサリヴァンは「合意による確認」と呼んでいる。人と人との間に生じているズレを合意による確認によって修正していくのである。

3）技　　法

詳細な質問　　合意による確認をするために用いる質問のことである。たとえば，クライエントが思っていたことと違う反応を他者からされたという訴えがあった場合を考えてみる。セラピストからは，事前にその相手にはどのような説明をしていたのか，その時の相手の反応はどうであったのかなど，5W1Hによる質問を使いながら，その当時の状況を面接者が再現できるように尋ねていくのである。ただし，なぜという質問にはその問題を呈している責任の主体がクライエントであるという意味を含むきらいがあるため，「なぜ」という質問をするのではなく，「何がその問題を生じさせたと思うのか」，「何があなたにそのような状況をもたらしたのか」などの表現を用いて，原因や理由を訊いていくことが望まれる。

参加観察　　参与観察とも呼ばれる。面接場面において，セラピストは中立的で受動的ではなく，クライエントとの関係に積極的に関わる（参加）と同時に，二人の間で生じている関係を客観的に把握する（観察）ことである。

（5）自己心理学

1）理　　論　　コフートは1968年に，それまで病理として捉えられがちであった自己愛を，子どもの発達にとって必要であり，健康的な側面があることを主張した。そして自己愛の発達には親が自己対象として機能することが重要であると論じた。自己対象とは，自分とは違

う外的存在でありながら自己の一部であるかのように体験される存在のことである。自己対象の機能を果たす他者から共感的な対応をされることで自己は健全に発達するのである。

　2）モデル　　自己対象との関係において，子どもは二通りの関係性を求めるという。一つは，鏡映自己対象である親からの共感的な反応を伴った関係性である。映し返しといったセラピストの関わりによって子どもは自己顕示性や誇大性を開花させ，融合したい親の理想化されたイメージを作り上げる。この理想化された自己対象を希求するのが，もう一つの関係性である。

　3）技　　法　　親が自己対象機能を十分に果たせなかった場合に，子どもは安定した自尊感情をもつことができず，自己愛の病理が生じることになる。たとえば，成人してからも賞賛を与え続けてくれるような自己対象を求め続ける場合などである。セラピストは共感的で情緒的な温かみをもって接することで，阻害されていた自己が発達するように関わっていく。それは時間のかかる作業となるため，セラピストは鏡転移や理想化転移を解消させようとするのではなく，クライエントの自己が育つように関わることが重要である。

◉面接の実際——事例の提示

　精神分析的アプローチを用いた事例を紹介する。男子大学院生のＡは，「夢分析を受けたい」と学生相談室を訪れた。対人恐怖の傾向もあり，また志望した大学院ではなかったため今後の進路選択についても悩んでいた。Ａは４人家族で，「批判的な」父親からは厳しく育てられ，来談時における父親との関係は希薄であった。また「優しい」母親からは溺愛されて育った。姉は就職して，一人暮らしをしていた。Ａは父親の転勤によって，中学卒業までに３度転校したが，一人で静かに本を読んで過ごすなどしていたので，転校後の適応には問題がなかった。大学では留年したために，夢分析を受けながら卒業できたという。本命の大学院入試に不合格となったため，卒業後は実家から離れた地域の大学院へ進学し，学部時代と同様に学生相談を希望した。面接は対面法により，Ｘ年５月中旬から８月上旬にかけて21回行い，翌３月の22回目で終結した。Ａの発言を「　」，面接者の発言を〈　〉で示す。

(1) 導入期——夢分析だけでなく現実生活体験も語る（#1～9；Ｘ年５月中旬～６月上旬）

　初回面接でＡは主訴について話すと，「夢を分析さえすれば自分の症状はよくなる」と主張し，面接者の学派や，夢分析の経験などを尋ねると同時に，これまでの経歴を語った。そして過去に見た夢1「壁が腰くらいの高さで，天井がむき出しになっている電車に乗っていると，高架下で頭をすられそうになる」を報告する。面接者は，堂々と主張するＡの態度とは裏腹に，自分を守る術が弱く，脆さを兼ねている人であると推測したが，〈当時の詳しい状況や夢を見た前夜の様子などが明確にできない限り，コメントし難い〉と伝えた。さらに〈夢を分析したいのであれば週2回は来談してほしい〉と伝えると，Ａは難色を示すものの，しぶしぶ同意した。2回目と3回目のセッションでＡは「報告する夢がない」，「夢をみなかったのは週2回の面接頻度に原因がある」と言って開始5分も経たないうちに退室しようとした。面接者は〈どうするかはＡさんの自由。夢はもちろん大切だが，現実世界でＡさんがどのような体験を

しているのか，これまでのことも合わせて聞かせてほしい〉と伝えた。するとAは父親の言動が暴力的で嫌悪感を抱くと語るが，Aも数日前に路上ですれ違った見知らぬ人の微笑みを自分に対する侮辱だと受け止め，その場で罵倒したことをやや満足気に話した。

　4回目にAは夢2「僕はカウンセリングを受けていた。カウンセラーは60才前後の男性で，終始ニコニコしながら，僕の話を聞いていた。次回の予定について触れなかったので，次週の同じ時間だと思った。あの人みたいに週に2回ぐらいのペースでやってくれればいいのにと思った」を報告する。面接者は夢の中のカウンセラーについて尋ねると，Aは大学のB先生であると答えた。面接者は夢の中のカウンセラーが面接者を象徴している可能性を想像しながら，〈私は60歳くらいに見えますか？〉と尋ねた。すると，Aは「何を言ってるんですか。夢の中のカウンセラーはB先生ですよ」と嘲笑した。面接者は，それならばと，夢素材を現実の出来事と同じように扱いながら，〈そういえば，前回の面接では，夢と同じで，私は次回の予定を伝え忘れていましたね〉と応えた。するとAは戸惑いの表情に変わり，「えっ⁉　それは夢の話ですから。もしかして象徴化ってご存知ないんですか？」と丁寧な言葉遣いで批判した。面接者は〈もしも夢の中のカウンセラーが，現実と同じB先生だとすれば，Aさんは，気乗りされなかった週2回の面接を，本当は取り組んでいきたいと思っているということですね？〉と，引き続き，夢の内容を現実のように位置づけながら問い返すと，Aは当惑の表情をさらに強めた。

　4回目を終えた時点で，面接者はAに対して以下のような理解と仮説を得た。第一にAは尊大な態度とは裏腹に，無意識では週2回の面接を求めるなど，素直で従順な部分が多くあり，人格障害までは至らず，神経症圏であるということ，第二に，Aは父親から批判を受けて育ったために，Aにとって他者は批判する存在として無意識のうちに認識され，他者を過剰に警戒し，対人恐怖を呈しているのではないかということ，第三に，A自身も父親と同様に，他者を批判することでしか他者と関係をもてないのではないかということである。そこで，面接方針としては，①夢だけでなく，現実での体験についても話題にし，言語化を促していくこと，②批判する／されるといった枠組みの外でAとの信頼関係を構築することとした。

　6回目の夢4では，Aが返品した靴を店員から万引きした商品ではないかと疑われる。「僕はレシートを持っていたが，男性店員の迫力に圧倒され焦った」と話すAに，面接者から〈レシートを持っているのになぜ提示しなかったんですか？〉と尋ねた。Aは唖然としながら「え⁉　これは夢の中の話ですよ」と答えるので，面接者は〈Aさんの夢はAさんの無意識からのメッセージだと思うのです。Aさんの無意識に一番近いところにいるのはAさんですよね⁉

　Aさんの無意識はなぜレシートを提示しなかったのか，不思議だと思いませんか？　その理由を知っているのは，Aさんの無意識にもっとも近いところにいるAさんだと思うのです。レシートを提示しなかった理由はわかりませんか？〉と説明を加えた。しばらく考え込んだAは「責められていると感じた時は，反論をせずに不利益を被ることがある」とだけ語った。

　8回目に報告された夢5では，空中に二つの岩が浮かんでいて，一方の岩の上に立つ男性（Aはその人物を自分だと思った）が，ロープを投げて二つの岩を結びつけようとしており，すでに2，3本のロープが渡されていたというものであった。Aは「自分の分離されている心（＝岩）を一つにしようという試み。岩は，自分の攻撃性であり，性的な部分」と，象徴的な解釈を語った。面接者は〈私にロープを渡して，一緒にやっていこうという気持ちがあるんですね？〉と転移として解釈した。Aは一笑に付すが，次の9回目では「実はこれまで先生の夢解

釈は本当かなと思うことがあった」と不信感を率直に語りながら，面接者を「さん」付けではなく「先生」と呼び，面接者の夢解釈を評価した。面接者は〈カウンセラーに対するネガティブな気持ちは，一般的に直接話せないことが多い。だからこそ，感じたことを言ってくれてありがとう〉とＡを支持した。このセッションでは夢を持参しなかったＡであったが，大学生活や過去の恋愛話などを，「夢を報告する時と同じようにリラックスして話せている」と語った。面接者は，ついにＡとの関係が構築されたように感じ，うれしく思った。

（2）中間期——Ａを意識的に守る母親と，無意識的に守る面接者
　　（#10〜14；Ｘ年6月中旬〜7月上旬）

　面接を開始して2ヵ月目に入り，面接関係が構築されたことも相まって，夢の報告数が一気に増えた。それらの夢は共通して"スタート"を連想させたため，面接者がそれを伝えると，Ａも同意した。12回目では，それまでの尊大な態度は影を潜め，夢の中での恐怖体験や，「ゼミ仲間とは普通の話をするのでさえ，得意ではない」と，大学院生活での惨めな思いを打ち明けた。13回目では，雑踏の中で上目使いの若い女性がＡの隣にいた母親を刃物で刺すという夢18を報告する。夢の中でＡは必死に「お母さん！」と叫ぶが，母親は痛がりもせず，平気だったという。Ａは，女性の上目使いが自身の視線イメージと重なるといい，「母殺しの夢だと思う」と連想を語った。Ａの母親は批判的な父親に内緒で仕送りをしてくれているという。そして，「母は自分を尊重してくれる。守ってくれているんだなと思う」と語った。面接者はＡの話を聞きながら，夢の中のＡは，母親を守るだけの力がなく，未だに母親から守られているのではないかと理解したため，〈親殺しの夢かもしれないが，これからはＡさんがお母さんを守る番にならないと，という夢かな？〉と伝えた。Ａは涙を浮かべていた。14回目の夢19では，Ａの門出に母親から頑張りなさいと激励されるという夢で，Ａは「前回のカウンセリングを受けて，この夢をみたと思う。あたたかい気持ちを感じた」と語る。これと呼応して，現実生活では他者を批判するのではなく，自分自身の言動にも少し注意を向けるようになった。また，面接者に対して「これまで先生をみているようでみていなかった」と語り，面接者を客観的に認知し始めているようであった。ところで，このセッションの最中に，床を大きな黒い虫が這っていた。ありえない虫の出現に面接者は驚いたが，虫嫌いのＡに配慮して素早く紙で虫を包み，Ａに事情を説明して外へ放しに行った。

（3）終結期——自分自身を語る（#15〜22；Ｘ年7月上旬〜8月上旬，Ｘ+1年3月）

　この頃のＡは，夢だけでなく現実生活の悩みを語るようになっていた。面接者はＡと，まったりとした時間を共有している感覚を得ていた。18回目の夢22では，自宅の車が駐輪場を塞いでいたためＡは自転車を停められずに困っていたら，父親が車を移動したという。Ａは「父が助けてくれて所期の目的を達成することができた。意外な感じ」と語った。筆者から父親との関係について尋ねると，最近，帰省した際，父親に車で駅まで送ってくれて，「意外でびっくりした。車中ではひと言も話さなかった。父のことをかわいそうだなと思うこともある。父は家族の中で居場所がない。父と話したいと思うときもある。でも，怖いイメージも続いている」と話した。

　少しずつ生きていく力を身につけていったＡは，実家に戻って再受験に備えたいと落ち着いた様子で語った。面接者は，月に1度でもいいから面接を継続するよう誘うが，Ａは，必要

になった時にお願いしたいと答えた。面接者は残念に思いながら，ひとまず終結することとした。面接の感想を尋ねると，「いつの間にか，顔はひきつらなくなった」と症状の消失をうれしそうに話し，「先生は優しすぎるから，本当は何を思っているのか不安だった」と語った。

　翌３月にＡは再受験に合格し，遠方の実家からこの報告のためだけに面接者に会いに来た。面接者は感激し，お礼をいう。Ａは「いえいえ，先生のおかげです。これからの生活は不安だけど，うれしいことが増えていくと思う。人格の部分は不変だと思うが，耐性はできたのかも」と話す。筆者は進学先にも学生相談室があることを伝え，面接過程の掲載許可を依頼する。Ａは「うれしいです。自分の夢はたいしたことはないと思っていたから」と語った。

●面接過程を中心に事例の解説（導入・中期・終結）

（1）導入期

　Ａは「優しい」母親に育てられ，度重なる転校を破綻せず乗り越えてきたことから，早期の母子関係は良好であったことが推測される。Ａの母親は，ウィニコットのいうほどよい母親であったといえよう。一方父親は批判的で厳しく，転校先での友人関係は希薄であり，Ａが対人恐怖の症状を呈していることから，三者関係の適応に困難があったことが推察される。すなわちフロイトの理論によれば，来談時のＡはエディプスの課題を抱えていたと考えられる。

　初回面接で，Ａは「夢を分析さえすれば自分の症状はよくなる」と語った。Ａは無意識に対する信頼がとても厚かったといえる。確かに夢を分析することでその人の悩みや問題にアプローチすることができ，無意識が変わることで意識，すなわち悩みも変化する。内的対象関係を扱う場合がそうである。一方，対人関係学派では，夢だけではなく，現実の世界でＡがどのような人間関係にあるのかを知ることが不可欠となる。夢１でＡは面接者をテストする。面接者はＡについて脆さを兼ねた人であると推測したが，敢えてそのことは伝えず，ウィニコットのいう抱えることで対応することとした。なお夢１に関しては，いろいろな解釈が成り立つかもしれないが，たとえ腰までの高さの電車であったとしても，車両を覆っている壁はあったであろうし，高架が見えたらすぐに身をかがめて接触しないようにすることはできたはずである。このことからＡの受身的な姿勢が推察された。

　初回面接において，面接者は週２回の来談を提案した。そもそも夢分析を受けたいという主訴は学生相談においては珍しく，週２回の面接構造も，発達障害学生の居場所支援的な毎日面接を除けば異例である。ここでは面接者が，逆にＡをテストするような形で週２回の来談意欲があるのかを試しているようである。なお，学生相談は無料サービスであるため（授業料の一部であるという議論は成り立つが，１回ずつのセッションに対価は求めていない），たとえ週３回以上の頻度で学生とセッションを実施したとしても，本来の精神分析とは質が異なる。

　２回目と３回目では夢は報告されなかったが，フロイトの考えによれば，無意識が意識化されないように抵抗が働いていたといえよう。対人関係学派の考えによれば，夢が報告されなかったことよりも，５分も経たないうちに帰ろうとした行動化（acting out）に着目するであろう。Ａにとって，現実生活での体験を語ることへの心理的負荷や不安があったことは容易に推察され，早々に帰宅しようとしたのは，人との接触の回避であったといえる。すなわちＡの無意識が回避したかったのは，面接者という存在であり，面接者と一緒にいることで喚起されたであろう不安だったと推察できる。Ａの父親は暴力的である。そしてＡもまた，路上ですれ

違った他者を罵倒したように暴力的である。さらに，そのことをセッションでは悪びれもせず肯定的に語ったことから，Ａは，面接者も自分や父親と同じように暴力的であるといった転移が生じていたと考えられる。フロイトであれば父親転移と呼んだであろう（もちろん面接者は中立的で受身的ではないので，厳密に言えばフロイトの転移の概念は適用できない）。Ａは面接者と一緒にいることで無意識的には不安を喚起されていたに違いない。

　また，夢分析だけでなく，現実生活の人間関係も確認しながら面接を進めていくことも，対人関係学派の技法である。面接者はそのことを積極的に伝えたが，このように積極的に関わっていくアプローチは参加観察と呼ばれるものである。Ａにとって現実生活を語ることは不安を高めることにもなっていたと想像される。

　4回目で夢2が報告される。初回面接で夢1が報告されていたものの，実質的にはこの夢2が初回夢と呼ばれるものである。面接者は，夢の象徴解釈だけでなく，夢の中に登場した人物と夢主との対人関係を検討しながら，夢の意味を探究する対人関係学派の技法を用いている。無意識と意識は連続しており，無意識からのメッセージである夢を，夢主の意識に問い返していったのである。具体的には，〈週2回の面接を，本当は取り組んでいきたいと思っているということですね？〉と，夢の中の言動を現実世界での言動のように扱い，その言動の理由をＡに尋ねた。面接者が確認をするためにこのような質問をしていくことは，詳細な質問と呼ばれる対人関係学派の技法である。そして，お互いの認識にはズレがあることが明白となった。この認識のズレはパラタクシス的様態と呼ばれるものである。この様態について質問をしながらお互いのズレを確認していくことによって，シンタクシス的様態へと移行していくのであるが，この時期はズレたままであった。また，このように二人の間で言語を使ってお互いの体験を明確にしていく技法を，対人関係学派では「合意による確認」と呼んでいる。対象関係論の視点に立てば，夢2に対する面接者のアプローチはＡを戸惑わせ，Ａは妄想－分裂ポジションのような心理状態に陥ったと指摘できるかもしれない。しかしその後の経過において，Ａは分裂の機制を用いることはなかった。つまり，理想化された対象と迫害的な対象に分裂しておらず，Ａの問題はプレエディパルなものではなく，エディプス・コンプレックスであることがわかる。

　6回目の万引きを疑われた夢4において，Ａはレシートを提示すれば，無実の罪であることを簡単に証明できたはずである。しかし夢の中のＡはそうしなかった。また，その夢を報告している最中に，レシートを提示しなかった自身の受動性に対して疑問を抱かなかった。面接者は夢2の時と同様，夢の中の出来事を現実と同じようにアプローチして，夢の中で身の潔白を示そうとしなかったのはなぜなのかを問いかけていった（対人関係学派の詳細な質問）。ここで注意したいことは，夢に限らず現実の話であったとしても，セラピストがクライエントの話を傾聴し，共感しようとしすぎると，クライエントの体験に対して疑問を差し挟めなくなってしまうということである。そうなると，対人関係学派のサリヴァンが指摘したパラタクシス的様態を醸成してしまうことになる。ここでは，レシートを提示しなかった理由を尋ねていくことで，クライエントが何を体験していたのかを明確にしていくことができ，シンタクシス的様態へと発展させていくことが可能になるのである。またもう1点，重要なテーマが隠れている。それは，面接者がＡに対して過剰に問い詰めてしまうと，Ａは面接者の問いにも答えられなくなり，夢の中でレシートを提示できない主張のなさと同様の事態を，面接者との関係においても再現してしまいかねないということである。実際のところ，ここで面接者は「なぜ」を用いた質問文でアプローチしていて，Ａが問い詰められていると感じていても不思議ではなか

ったであろう。このように面接室の外で起こった出来事が面接者との間で繰り返し反復されることを，現代の精神分析ではエナクトメントと呼んでいる。エナクトメントに陥らないように細心の注意を払うことが望ましいが，そのように注意をしていても生じてしまうのがエナクトメントである。大切なことは，エナクトメントが生じてしまうことにいち早く気づくような幅広い視野をもつことである。

　8回目の夢5では，面接者はそれまでの現実的なアプローチとは異なり，象徴的に解釈を伝えている。しかも，〈面接者と一緒にやっていこうという気持ちがあるんですね？〉という解釈は，Aが面接者に対してどのように体験をしているのかという転移を扱った転移解釈である。次の9回目でAは面接者を「先生」と呼び，夢の報告がなくても，現実生活について緊張せずに語ることができるような変化が認められた。ここでの転移は面接者に対して好意的なものであることから陽性転移であり，自己心理学の概念でいえば理想化転移である。面接者はAにとって理想化された自己対象としての機能を果たせるようになったと考えることができる。

（2）中間期

　面接関係が安定したものとなり，夢の報告数が急増するなど，面接経過は一気に内的世界へ深まりを示していく。夢の報告からは共通して「再スタート」を連想させ，Aが自身の感情を気取ることなく正直に語れるようになっていった。フロイトの自由連想法は，心に思い浮かんだことをあれこれと批判せずに分析家に伝えることであったが，この時のAは，まさにそのような心境で話をしていたように思われる。その中には惨めな思いも含まれていたように自己愛の傷つきが語られていたし，抑うつポジションに至ったとも考えられる。導入期のAはこれとは逆に，一時的に妄想－分裂ポジションに近い状態に陥り，誇大的で，他者を見下すような態度を示すことによって自己愛の傷つきから目を背けていたと考えられる。

　13回目の夢18は，とても印象深いものであった。Aは母殺しの夢ではないかと連想を語ったが，面接者は夢の中で必死に「お母さん！」と叫ぶAの感情にこそ真実があるのではないかと感じ，母親を守る力を持ち合わせていないAの現状を伝えることとした。次のセッションで語られた夢19では，母親がAの自己対象機能として夢に登場した。夢の中で感じたあたたかな気持ちは，Aの自己が成長していることをうかがわせた。なお，このセッションで面接者はAの嫌いな虫を退治した。これは，面接者が無意識のうちに，母親のようにAを守ろうとしていたことを示しており，無意識的には母親転移を引き受けていたといえよう。そう考えると，夢19の母親は面接者を象徴していたのかもしれない。また，中間学派の考えによれば，面接者はAを抱えていたといえる。Aは，母親や面接者から抱えられることによって成長していったと考えられる。

（3）終結期

　中間期においてはAと母親との関係が中心であったが，終結期ではAと父親との関係がテーマとなる。夢22では父親のサポートを受けてAは危機を回避することができた。もちろん，夢の中でAが自宅の駐輪場に自転車を停められなかったのは，父親の車が原因であった。夢のストーリーから読みとれることは，父親には悪意はないが，結果的にAの人生を妨害しているということである。この夢22の中で，夢4と同様，Aは主張することができず困惑していた。しかし夢4の時に店員が批判的であったのは異なり，夢の中の父親は批判的ではなかっ

た。Aの内的対象関係において確実に変化が生じており，実際の対人関係においても父親はA
を車で送迎し，Aも「父と話したい」と思うなど変化が生じていた。Aは，父親への共感や，
父親との関係の再構築によって，エディプスの課題を一歩克服したことを示していると考えら
れる。

　Aは再受験を決意し，面接は終結した。面接の感想でAは「先生は優しすぎるから」と話し
た。自己心理学によれば理想化転移を維持したまま終結を迎えたといえよう。面接者は，意識
的には，面接方針に示した「批判する／されるという枠組みの外で信頼関係を構築」すべく，
Aに関わっていった。無意識的には，虫のエピソードに示されるように，Aに配慮し，Aを保
護する母親のような「優しい」対象として振る舞っていた。

●現代における社会的意義と課題

（1）悩める人々のための理論と技法の発展

　時代と文化が変わることによって，心の悩みや精神疾患も変化する。フロイトの時代にはヒ
ステリー（現代では，解離性障害と分類される）が顕著であった。日本でもかつてはヒステリ
ーや対人恐怖症が多くみられた。バブル期には境界例人格障害が話題となり，景気の悪化と共
に気分障害が多くなり，今はひきこもりや発達障害などが顕著である。その中でも特にトラウ
マに対する理論的な発展は大きい。筆者が留学していた2000年頃の米国ではどの事例でも必
ずと言っていいくらい生育史の中に虐待を被ったエピソードが含まれていた。それから遅れる
こと日本でも，今や虐待の生育史には驚かなくなるほどトラウマを負ったクライエントに常に
出会うようになった。フロイトによるエディプスの理論では，父親から虐待を受けている男児
は父親を排除しようとするので父親から離れることになるし，そうする男児もいるが，多くの
男児は，父親が悪いのではなく自分が悪いから暴力を受けていると感じ，引き続き父親を良い
対象として愛着すら感じ続けてしまう。この現象をフロイトのモデルでは説明することができ
ないが，対象関係論の投影同一化という概念を用いれば，良い対象と悪い対象が分裂して，男
児が悪い対象を引き受け，良い対象を父親に投影するといった説明をすることができる。理論
の発展はクライエントへの理解と同時に，実践における関わりにおいても発展していく。米国
の映画『普通の人々』は水難事故により兄を失った一家が舞台である。同じボートに乗ってい
ながら奇跡的に助かった高校生の弟コンラッドがセラピーを受けながらトラウマから回復をし
ていく物語である。この映画の中でセラピストが自分の気持ちを感じられないコンラッドに向
かって「今の気持ちは？」，「なぜ感情がないのか答えてみろ」などと求めていく。最終的にコ
ンラッドは自責の念をセラピストにぶつけてトラウマを克服する。映画としては感動的なシー
ンに仕上がっているが，クライエントの立場に立つならば傷口がまだふさがっていないのに塩
をぬってえぐるような痛みを感じるものであろう。それはこの映画が1980年に作られ，セラ
ピストの関わり方がフロイトの抑圧モデルをベースにして描かれているからである。現代の精
神分析的アプローチであれば，トラウマを負った事例は抑圧モデルではなく解離モデルによっ
て理解を進めていく。つまり，抑圧モデルであれば無意識を掘り起こせば感情に出会えるわけ
だから，この映画のようにクライエントに感情を答えるよう強いてしまうわけである。しかし
感情は抑圧されているのではなく，解離されて無意識に漂ったままであり，意識に一度も入り
込んだことがないのである。したがって，セラピストは安全で安心感を抱けるような関係構築

を第一に考え，クライエントが何も感じられないことを保障し，想起されたトラウマ体験に対して，その時の感情を少しずつ共有することで，解離された感情が少しずつ意識に組み込まれていくようにしていく。このように，精神分析的アプローチは進化し発展を続けることで，これからも心理的な問題を抱えている人たちを援助する理論と技法を生み出していくであろう。ここに精神分析的アプローチの大きな社会的意義が認められる。

(2) さまざまな領域の専門家への貢献

　精神分析的アプローチは心理臨床に携わる専門家に影響を及ぼしており，その領域は，教育，福祉，産業・労働，医療，保健，司法などさまざまである。精神分析的アプローチは，これらの領域において，心の悩みに苦しんでいる人たちを理解する術となり，支援を可能にしている。筆者が仕事をしている教育の領域を例に述べてみたい。

　筆者は大学生や大学院生を対象として，精神分析的アプローチを用いた講義を行っている。大学院生には，このテキストに述べた理論やモデル，技法といった知識だけでなく，ドキュメンタリーやアニメ，映画などを視聴し，その人物や登場人物がどのような無意識的体験をしているのか，もしも登場人物がクライエントとして来談したならばあなたはどのようなセラピーをすべきなのかといった人間理解を目的とした内容となっている。また，学部生の授業でも，さまざまな学部の学生たちと大講義室で授業を行っている。大学院の授業と同様に，ドキュメンタリーやアニメなどを視聴し，その登場人物の思いを深読みすることで，無意識に肉薄するような理解を得る技術を教えている。表面的な捉え方しかできなかった学生たちが，やがては，他者の気持ちを思いやったり行動の裏にある気持ちを読みとれたりといった変化を起こす。最終的にはクラスメイトからの匿名の悩み相談に対して的確なアドヴァイスを送ることができるようになる。このように，精神分析的アプローチを用いることによって，各領域において専門家が仕事をしていく際に有用な手助けとなっている。

(3) 社会／人類に対する警鐘

　精神分析的アプローチを用いて，情熱と共に人間の向かうべき方向性を社会に伝えようとしたのは，エーリッヒ・フロムである。フロムは社会学者として有名であるが，臨床実践もする精神分析家である。ただし彼の臨床記録はほとんど残っておらず，唯一，夢の精神分析を執筆した著作や他の理論家による著作の中に登場する様子からうかがい知るのみである。フロムはある社会的集団の大部分の成員の性格構造に共通する性格を社会的性格と呼んだ。そして著書『自由からの逃走』の中で，第二次大戦下のナチズムにおける社会的性格について探究した。自由とは個人が独立し分離した存在として意識することであるが，自由であるということは，孤独という代償を払うことでもある。孤独に直面すると，人は孤独を克服しようとするか，自由から逃走しようとするという。自由からの逃げ場としては，権威主義，破壊性，機械的画一性であり，ナチズムに傾倒してしまった人たちは権威に服従し，自国民を愛して外界を破壊したと論じた。それでは孤独を克服するにはどうしたらいいのか。フロムは自発的な愛と生産性であるという。愛とは与えるものであり，人は愛されないことを怖がるのではなく，愛することを怖れていると核心をついた。また，生産性とは自分の個性を維持したまま他者に価値を提供できるような仕事のことである。

　ロロ・メイという精神分析家もフロムと同様，人類の心理について言及している。美術とセ

ラピーは共に深層の体験から生まれるという類似点をもっていて，人が美の探究を忘れて権力が技術や利益の追求に走ったことで，核や地球汚染，貧富の差といった人類を破滅させかねない危機に陥ったのだと論じる。メイは本物の美に触れることで魂を癒す効果があると述べている。「美は，人間のあらゆる気分を，だれでもが理解できるような感情や洞察や感覚的体験に翻訳してくれるものなのです。美のなかでは他人というものがいません。人間の魂に深く入り込むほど，それが自分自身の魂であろうと隣人の魂であろうと，自分が他の国の人びととも，鉄のカーテンの向こう側の人びととも，ひとつになっていることに気づくでしょう。美によってこそ私たちは，人類のすべての人びとと理解し合うことができるのです」（May, 1985）。精神分析的アプローチは，このような警鐘をならすことによって，人類を発展させていっているのである。

（4）　今後の課題

　無意識を実証する研究は精神分析的アプローチの永遠の課題である。精神分析的アプローチは，乳幼児期における養育者との関係を土台にしているにも関わらず，その乳幼児期における養育者との関係は，理論家による記述であり，実証されているわけではない。最近は母子観察による研究も発展しつつあり，乳児と母親の観察から乳児の無意識を実証可能とする研究の誕生が待たれる。

引用文献

Blanton, S. (1971). *Diary of my analysis with Sigmund Freud*. New York: Hawthorn Books. (馬場謙一 (訳) (1972). フロイトとの日々　日本教文社)

Greenberg, J. R. & Mitchell, S. A. (1983). *Object relations in psychoanalytic theory*. Massachusetts: Harvard University Press. (横井公一 (監訳) (2001). 精神分析理論の展開　ミネルヴァ書房)

Fromm, E. (1941). *Escape from freedom*. New York: Avon Books. (日高六郎 (訳) (1951). 自由からの逃走　東京創元社)

京都精神分析心理療法研究所 (編) (2019). 対人関係精神分析の心理臨床―わが国における訓練と実践の軌跡　誠信書房

May, R. (1985). *My quest for beauty*. New York: W. W. Norton. (伊東　博 (訳) (1992). 美は世界を救う　誠信書房)

Segal, H. (1964). *Introduction to the work of Melanie Klein*. New York: Basic Books. (岩崎徹也 (訳) (1977). メラニー・クライン入門　岩崎学術出版社)

Sullivan, H. S. (1954). *The psychiatric interview*. New York: W. W. Norton. (中井久夫 (訳) (1986). 精神医学的面接　みすず書房)

鑪幹八郎・川畑直人 (2009). 臨床心理学―心の専門家の教育と心の支援　培風館

Winnicott, D. W. (1971). *Therapeutic consultations in child psychiatry*. London: Hogarth Press. (橋本雅雄 (監) (1987). 子どもの治療相談 1―適応障害・学業不振・神経症　岩崎学術出版社)

コラム① 心理臨床における自己開示

　筆者にとって自己開示は，心理臨床を学び初めたばかりの頃から重要なテーマとしてあった。大学院に入り多くの授業を受けていく中で，面接ではクライエントの話を聞くためにこちらから自分に関する情報を伝えないようにと学びながら，どこかで自己開示をしないセラピストを信用するのは難しいのではないかという思いももっていた。それから，臨床実践に取り組むようになって間もない頃に，ある面接において，クライエントも筆者もお互いに緊張していたが，筆者の自己開示から打ち解けて話せるようになったことがあった。その面接で筆者はクライエントとつながれた感じをもっていたのだが，その面接で行った自己開示をある先輩セラピストに注意をされたことをきっかけとして，なぜ自己開示をしてはいけないのだろうかと思うようになった。

　果たして，セラピストは自己開示をしてはいけないのだろうか，それともする方がよいのだろうか，自己開示にはどういった問題点や有用性があるのだろうか。これまで，心理臨床における自己開示について賛否両論が起こってきた。

　従来の精神分析的な立場からは，自己開示の問題点が指摘されてきた。まずあげられるのは，中立性および匿名性との関連である。自己開示によってセラピストの中立性や匿名性が損なわれると，クライエントが抵抗を乗り越えることが困難になり，転移の発展や解消を困難にしてしまう（Freud, 1958）。また，セラピストはクライエントが心的内容を投影しやすいように，鏡や白紙になって匿名性を保つ必要があるため（Greenson, 1967），自己開示はその原則から逸脱してしまう行為とみなされている。その他にも，自己開示をセラピストの行動化と捉えると（岡野，2002），セラピストの頼られたい気持ちや罪悪感を軽減したい思いのために自己開示を行うなど，セラピストの自己愛を満たすための行動化という現象として自己開示を考えることもできる。

　その一方で，自己開示には問題点だけではなく，有用性があることも指摘されてきた。たとえば，セラピストの自己開示によってクライエントはより自己を探求するようになること，セラピストとクライエントに理解し合える雰囲気を作り，より効果的な関係を形成することができることが述べられている（Jourard, 1971）。さらに，自己開示がセラピストの逆転移の治療的な処理の仕方につながる（岡野，2002）など，セラピストが自己開示を行うことは時に臨床場面において有用で，一概に自己開示に問題があるというわけではない。

　これらのように，セラピストの自己開示は問題点と有用性の両方が指摘されており，自己開示をした方がよいのか，しない方がよいのかという問いに対する明確な答えはないだろう。ただ，自己開示を行うことについての一つの答えとして，岡野（2016）が指摘するように，クライエントのためになるのであれば話せるというセラピストのスタンスが重要であることがあげられる。自己開示ができないセラピストよりも自己開示ができるセラピストの方が自由度は高く，自己開示を「しない」ことと「できない」ことは別のことなのである。すなわち，自己開示を「する」という選択肢があった上で，自己開示「する」か「しない」のかをセラピストが十分に検討して選択し，自己開示をした際のクライエントの反応をよく観察する必要がある。

　ではなぜ，先ほど述べた筆者の体験では自己開示によってクライエントとの関係を形成できたにも関わらず，先輩セラピストは筆者が行った自己開示を注意したのであろうか。これには，先輩セラピストと筆者との間に面接やセラピストに対する視点の違いがあったことが考えられる。その違いとは，「専門家」としてセラピストは自己開示を注意すべきであるという視点と，「人間」としてセラピストも自己開示はするのが自然という視点の違いである。

　臨床実践を始めたばかりの筆者に対し，臨床実践を積み重ねてきた先輩セラピストは，専門家として中立性という基本原則を守り，クライエントの話を聞くべきという思いがあったからこそ，臨床を始めたばかりの筆者は専門家としての認識が十分ではないと考えて，筆者

の自己開示を注意したのかもしれない。この先輩セラピストの指摘は正しいが，専門家としてだけではなく，富樫（2016）が述べるような，セラピスト（クライエント）の人間性や人間であるという感覚があるからこそ，クライエント（セラピスト）に真摯に向き合えるのではないだろうか。相手が主体をもった人間であると思うと，完全に相手を理解することは不可能で，自分の思い通りに動かないことがあるのは当然であり，だからこそ相手に向き合っていくしかないのである。

　そのため，セラピストは専門家として技量を高めていくだけではなく，人間として存在しているという意識をもつことが求められるだろう。たとえば，ロジャース（Rogers, 1980）は特定の条件下では私（セラピスト）がそこに存在している（presence）だけで，クライエントにとって開放的であり援助的になっていると述べている。自己開示に関しても人間として避けられないものがあり，セラピストが意図して自分のことを語るような自己開示だけではなく，セラピストが意図していない自己開示が存在する（Levenson, 1996）。これは，クライエントと関わっている以上，避けられない自己開示である。セラピストが中立性を守って自己開示をしないという態度を取ったとしても，自己開示をしないという態度を自己開示しているのであり，専門家として以前にそこにいる人間としてセラピストは存在し，クライエントに何らかの影響を与えている。

　ここで筆者は当時の先輩セラピストよりも自分の方が正しいと主張したかったわけではない。当然ながら，専門家として自己開示を注意して考える必要はある。しかし，いかなる専門家でも自己開示の影響を完全に予測することはできず，中立性などの基本原則を守って自己開示をまったくしないこともできない。これは，専門家（セラピスト）が人間だからであり，専門家であるからこそ完璧ではない人間として心理臨床について考え続け，クライエントと関わっていくしかないのである。答えのない心理臨床および自己開示についてそれぞれが向き合い続けることで，自分なりの答えのようなものをみつけるしかないだろう。それには，自己開示をして周囲の仲間と議論することも助けになるかもしれない。

引用文献

Freud, S.（1958）. Recommendations to Physicians Practicing Psychoanalysis. In Strachey, J.（Ed）. *The standard edition of the complete psychological works of Sigmund Freud*, 12, London: Hogath Press. pp.109-120.

Greenson, R.（1967）. *The Technique and Practice of Psychoanalysis*. New York: International Universities Press.

Jourard, S. M.（1971）. *The transparent self*. New York: Van Nostrand Reinhold.

Levenson, E. A.（1996）. Aspects of Self-revelation and Self-disclosure. *Contemporary Psychoanalysis*, **32**（2）, 237-248.

岡野憲一郎（2002）．自己開示　小此木啓吾（編）精神分析事典　岩崎学術出版社　p.178.

岡野憲一郎（2016）．自己愛の観点から見た治療者の自己開示　岡野憲一郎（編）臨床場面での自己開示と倫理―関係精神分析の展開　岩崎学術出版社　pp.56-68.

Rogers, C. R.（1980）. *A way of being*. Boston: Houghton Mifflin Harcourt.

富樫公一（2016）．不確かさの精神分析―リアリティ，トラウマ，他者をめぐって　誠信書房

コラム② 心理臨床における行動化

　「行動化（アクティング・アウト）」という言葉は，比較的経験の浅い臨床家であっても耳にすることがあるのではないだろうか。筆者自身も，事例検討の場などで「このキャンセルはクライエントの行動化だから，その意味をよく考える必要がある」といった指摘を聞くことがある。しかしへそ曲がりの筆者は，こうした指摘に対して「単純に用事があっただけではないのか」と疑問に思ったり「意味と言われても……」と途方に暮れたりすることも少なくない。そもそも行動化についても，どうやらそれは治療抵抗の一つで，望ましいことではなさそう，などと漠然と理解しているにすぎなかった。ミルトン・エリクソン（M. H. Erickson）に端を発する短期療法などでは「治療に抵抗する患者などいない。柔軟性に欠ける治療者がいるだけだ」といった主張も見られる（たとえば Bandler & Grinder, 1979）。こうした言説を踏まえると，そもそも行動化という現象は存在するのかという疑問すら生じる。私たちが「行動化」と呼んでいるものは本当に行動化なのだろうか。もし行動化なのだとしたら，一体それはどんなもので，どのように心理臨床に影響を及ぼしているのだろうか。本コラムでは心理臨床における行動化について考えてみたい。

　第一に，行動化は精神分析に由来する言葉のようである。もともと acting out はフロイト（S. Freud）が用いたドイツ語の動詞 agieren（行動する）を英訳したものであり，彼はこの言葉を，患者が過去の重要な出来事を思い出し，それを言葉で表現する代わりに行動で表現することを指して用いていた。しかし，徐々にこの言葉は精神分析の文脈を離れ，自傷他害の危険性が十分に考慮されずに起こる衝動的な行動を説明する，より一般的な臨床用語として定着している（Ponsi, 2012）。松木（2014）は，一般臨床用語としての行動化は厳密には病理行動であり，そのような広義での行動化という言葉の使用を，精神分析の立場からは好ましくないとし，精神分析における行動化について次のように述べている。「患者／クライエントがそれまでなかった何か新たな行為…を始めたのなら，それは行動化である，すなわち分析の中で扱われるべきものがあるにもかかわらず，扱われていることを免れている転移性の何かがある，その事実が行動化としてコミュニケートされている，と考えることです。私たちが精神分析の設定を導入していて，そこで精神分析，あるいは精神分析的心理療法を行っているとするなら，必ずこう考えなければいけません」（松木，2014）。

　筆者なりに噛み砕くと，精神分析および精神分析的療法（以下，精神分析とする）における行動化は，本来面接の中で言葉によって表現されるべきクライエントの転移感情が，面接外で，それまで見られなかった行動として現れることと言えそうである。広義での行動化の場合は必ずしもクライエントの新たな行動を指してはいないので，その点では二つの行動化は異なる意味で使われているように見える。松木の指摘の通り，行動化と問題行動が同義で用いられている文献も見られ（たとえば 大西，2016），それらはリストカットや性的逸脱を指すことが多い。しかし精神分析における行動化が「恋愛および性的行動」や「自殺企図」などの形で現れやすいことを示すデータ（中本，1995）もあり，これら二つの行動化はまったく別物というわけでもないようだ。

　ここで，先の精神分析における行動化についての引用で，松木が「考えなければいけない」と言っていることには注目すべきである。なぜなら，松木の主張にのっとって考えると，一般臨床用語としての行動化においては，この行為が行動化であると言いうるクライエントの行動（たとえばリストカット）が存在するように思われるが，精神分析における行動化の場合は，クライエントの行動を「これは行動化である」と治療者側が"認識する"ことを重要視しているからだ。ここに二つの行動化の大きな違いがあるように思われる。だとすると，クライエントの行動を行動化の結果であると捉えることに，精神分析ではどのような意義があるのだろうか。

　これについても松木（2014）が，行動化の意義について，クライエントの行動を行動化と

考えることで，クライエントが自身の転移を否認していると理解することができると述べている。精神分析がクライエントの転移を解釈することでクライエントの変容を目指すものである（中本，1995）とすると，そういった転移を含む行動が面接室の外＝治療者の預かり知らないところで起きることで，治療者がそれを扱うことができない状態にあるとすれば，確かにこれは望ましくない事態である。他方，中本（1995）は行動化について，松木と同じ立場を示しつつ，それが治療においてプラスに働く場合もあるとしている。すなわち，クライエントが洞察を拒否した結果生じるものである行動化は，治療の進展と阻害すると同時に，その新たな行動によってクライエントが生活を変革していくものでもある（中本，1995）。このような見方は，新たな行動を現実適応の現れとみなすことに対して，治療者の合理化であることが多いと警鐘を鳴らす松木とは対照的であり，行動化がもつ意味についても意見が分かれる部分があるようだ。

　結局のところ，クライエントの行動が行動化かどうか，さらにはそれが望ましいものかどうかというのも治療者が治療に用いる枠組みや，ケースの展開次第なのではないだろうか。黒澤（2016）のようにクライエントの行動を行動化としてよりも現実適応として捉える方が，治療者にとって親和性が高い場合や，そうした見方が妥当なケースも存在するはずである。だが，多かれ少なかれそうしたものの見方には治療者の主観的な価値観が反映される。あえて精神分析的に言うなら，その行動をどうみるか自体，治療者の逆転移抜きには考えられないと言えるだろう。だからこそ，松木は行動化というレンズを通してその行動のもつ意味を“考えること”の重要性を強調しているのである。「行動化」という概念は自身のものの見方を省み，クライエントの行動の意味を考える機会を治療者にもたらしてくれる。

　そう考えると「行動化」と呼べる確たる現象は存在しないが，必要に応じて行動化という概念を用い，柔軟にクライエントやケースを理解することができる治療者こそ理想的である，という意味で「治療に抵抗する患者はおらず，柔軟性に欠ける治療者がいるだけ」なのかもしれない。

引用文献

Bandler, L. & Grinder, J.（1979）. *Frogs into princes: Neuro linguistic programming*. Moab, Utah: Real People Press.

黒澤幸子（2016）．シンポジウム　臨床家として伸びるために　評価に晒されること，覚悟を持つこと　ブリーフサイコセラピー研究，25（1），30-32.

松木邦裕（2014）．精神分析の一語（第1回）行動化　精神療法，40（4），603-609.

中本征利（1995）．精神分析技法論　ミネルヴァ書房

大西　良（2016）．不適切な養育環境を背景とする長期欠席（不登校）児の家庭内における情緒的関係に関する一考察─ファミリー・マップを用いた事例分析より　長崎国際大学論叢，16，103-112.

Ponsi, M.（2012）. The evolution of psychoanalytic thought: Acting out and enactment. *Rivista di Psicoanalisi*, 58（3），653-670.

2

分析心理学的アプローチ

◉はじめに

　筆者は，少なくとも執筆時点（2022年）でユング派分析家の資格はもちろん，その「ハーフサイズ」の資格である日本ユング心理学会による認定心理療法士も取得しておらず，分析心理学のエキスパートではないことをまずお断りしておきたい。それでも，日頃の心理支援において，分析心理学は非常に有用であると感じており，その知識の有無によって，事例の見方やセラピストとしての態度が大きく異なってくると考えている。そのため，本章では，分析心理学の考えのうち，とりわけ「心の専門家」を目指す学生，あるいは心理支援に携わるようになって間もない初心のセラピストにとって役立つと考えられるものに関する筆者なりの理解を示したい。そのような趣旨から，本章には，「分析心理学的アプローチ」そのものというよりも，分析心理学に関心をもっている筆者が心理支援に際して大切にしていることが書かれているという方が正確である。同じ理由により，本章は分析心理学の歴史や集合的無意識などの分析心理学の多くの重要事項を含んでいない。また，筆者は分析心理学のエキスパートではないことから，本章の記述に関して，ユング派の先達の方々からさまざまなご意見があるように思われる。筆者の分析心理学に対する誤解もあるだろうが，忌憚のないご批判をいただけると幸いである。

　本章では，まず，心理支援に臨むにあたって心得ておきたい分析心理学の基本的な考え方について述べる。次に，一つの事例を提示して，その事例に対する筆者なりの分析心理学的理解を述べる。最後には，分析心理学的アプローチの現代における社会的意義と課題について論じることにしたい。

◉分析心理学的アプローチが目指すもの

（1）個性化

　ユング（Jung, 1912）が「人間は健康になる能力を持っているという前提の上に立っている」と述べるように，分析心理学的アプローチは人の自己治癒力を基盤としている。そして，本アプローチが目指すのはクライエントの主訴の解消ではなく，個性化である。クライエントは，実際に困ったことがあるからこそ心理支援を受けたいと思うのにもかかわらず，その解消を目標としないことについて違和感を覚えるかもしれない。ただ，分析心理学が主訴を軽視しているかというとそうではなく，むしろ大切にしている。それは，主訴をなくすべきものとしてではなく，クライエントを変化へと導くものとして捉えているためである。クライエントは，主

訴に先導されて個性化の道を歩んでいくともいえるだろう。個性化とは何かについて，ユング（Jung, 1928b）は次のように述べている。「個性化とは個性ある存在になることであり，個性ということばが私たちの内奥の究極的で何ものにも代えがたいユニークスを指すとすれば，自分自身の自己になることである」。この意味を理解するためには，ユングの意識と無意識に関する考え方を知る必要がある。

(2) 分析心理学における意識と無意識

　フロイト（S. Freud）が創始した精神分析と同様，分析心理学も意識と無意識の存在を前提としている。詳しい精神分析の考え方については，鈴木健一先生による第Ⅱ部1章をお読みいただきたいが，分析心理学では意識と無意識の相補的な関係が強調されている。ユング（Jung, 1928b）が「意識的自我を補償する無意識過程には，心全体の自己調節に必要なすべての要素が含まれている」と述べているように，無意識には，行き過ぎたり，偏ったりしてしまった意識の方向性をただそうとする働きがあると考えられている。ここで重要なのが，無意識は固定化されたものとしてではなく，動きがあるものとして捉えられていることである。分析心理学において無意識を知ることは，隠された真実が何であるかを把握しそれを明るみに出すことではなく，偏った意識的態度に対して無意識が何をしようとしているかを理解することを意味している。無意識の働きは意識による影響を受けにくいとされており，分析心理学ではこのような無意識の性質は無意識の自律性と呼ばれている。

　自律的な無意識の働きはクライエントの個性化を促す一方，クライエントの意識にとっては，それによって変化を要請されることになるため，望ましくないものである場合も少なくない。意識は現状を維持しようとすることから，無意識による自律的な動きを抑え込もうとし，意識と無意識の間に緊張が生じる。意識と無意識が対立している状態はクライエントにとって辛いものである。そのため，クライエントの心のなかでその苦痛を感じないようにする動きが起こり，苦痛の代替として症状が生まれる。さらに言えば，症状は苦痛の代替という意味だけではなく，個性化に向けての第一歩という意味ももっている。この症状がユングのいう神経症である。これらに関連して，ユングは「神経症の背後にはしばしば，自然的・必然的であるのに我慢しようとしない苦しみがまさに隠れているものである」（Jung, 1943），「我々が神経症を癒すのではない。神経症が我々を癒すのだ。人は病むが，その病はその人を癒す自然の試みでもある」（Jung, 1934）と述べている。現代においてもクライエントの主訴をクライエントの内的な問題として捉えると，意識と無意識の間の緊張あるいは対立として理解できる場合も少なくない。一見すると「変わりたい−変わりたくない」のはざまに揺れ動いている状態がすべて神経症であり，個性化への萌芽のように思えるかもしれないが，分析心理学に基づいて考えると，これがはじめから意識上に生じている限りにおいては神経症とは呼ばないことに留意する必要がある。

(3) コンプレックス

　分析心理学には，無意識の自律性に関連するものとしていくつかの概念が存在しているが，ここでは二つを取り上げたい。一つ目がコンプレックスである。ユング（Jung, 1911）はコンプレックスを「さまざまな観念が共通の感情の調子によって結びついて一個の複合体になったもの」と説明している。コンプレックスの一般的な意味は個人に劣等感を抱かせるものである

が，ユングのいうコンプレックスは，それとまったく同じというわけではない。分析心理学において るコンプレックスは，外見的な特徴や外傷的な経験それ自体ではなく，あくまでも心の中に存在している。さらに言えばコンプレックスは無意識の領域に存在しているため，個人には劣等感を抱かせるものとして直接自覚されてはいないことにその特徴がある。個人に自覚されていないからこそ，コンプレックスは，意識のコントロールから離れ，不安，恐怖，身体症状などの問題を生じさせるのである。ユング（Jung, 1943）もこのことについて，「コンプレックスをもっていないと思うときに初めて，コンプレックスは病的になるのである」と述べている。

　コンプレックスを測定する方法として，ユングは言語連想検査を開発した。言語連想検査では，被検者は100語の単語を順に提示され，それぞれに対して連想する語を自由に述べる。その後，100語の単語に対する連想語を再生していく。コンプレックスを探索するにあたって，ユングは，連想語の内容というよりも，連想語が述べられるまでの反応時間の遅れ，再生の失敗，反応や再生時の態度に着目した。言語連想検査では，ある単語が提示されることによって被検者のコンプレックスが刺激される。そのコンプレックスの影響を受けながら，連想語あるいは再生語が選択されて回答がなされる。このプロセスは意識と無意識の間を往復しており，その往復を捉えることがコンプレックスの特定につながると考えられている。

(4) 劣等機能

　コンプレックスは無意識内に存在する一定の感情を伴うまとまりであるが，ユングは人格特徴に関しても，無意識の自律性と関連する概念を提示している。それはユングのタイプ論における劣等機能である。劣等機能について説明するために，まずはユングのタイプ論の概略を示したい。

　ユングは，心的エネルギーであるリビドーが流れていく方向の違いから，外向と内向の二つを措定した。外向タイプの人は，自身の内面にはあまり関心を示さず，外にある環境に重きを置きやすい。反対に，内向タイプは，環境にはあまり興味をもたず，自分自身の内面の探索をより好む。一般的な意味での「外向的」，「内向的」の用語は，それぞれ社交的，内気なことをあらわすが，ユングのいう外向と内向はそれらとは異なっていることに注意が必要である。神経症の成因を，フロイトは両親という環境，アドラー（A. Adler）は劣等感をもつ自分自身から説明しているが，ユング（Jung, 1912）は，その違いはフロイトが外向タイプであり，アドラーは内向タイプであることによると考えていた。

　さらに，ユングは，環境からの刺激を意識がどのように捉えるかということに関して，四つの心的機能－思考，感情，感覚，直観を提示している。図Ⅱ-2-1 に示したように，思考と感情，感覚と直観は対をなしている。

図Ⅱ-2-1　ユングによる四つの心的機能

　人は，環境からの刺激の存在をまず感覚機能によって認識する。みたり，きいたり，におったり，手で触ったりして，「何かがある」と知る。そして，思考機能によってそれが「何であるか」を理解する。思考機能は，ある観点からその刺激を捉えて，分類しようとすることをあらわしている。感情機能により，人は刺激に「どのような価値があるか」について認識する。それが好ましいものか嫌なものか，大切なものかそうではないかなど，人は感情に動かされながら，刺激を意味づける。直観機能は他の三つと少し趣が異なるが，それにより，人は刺激に関して「何かを予感する」。しかし，予感は無意識の過程を経て意識に到達するため，人は予感に至った経緯や根拠を十分に把握することが難しい。

　これらの四つの心的機能について，目の前にボールペンがある状況を例にとって考えてみたい。目でみて，手に取り，「何かあるな」と思う（感覚機能）。「ボールペンだ」，「赤いインクが入っているな」と理解する（思考機能）。そのボールペンに対して，「気に入った」，「役に立つ」と感じる（感情機能）。そして，このボールペンをつかっていたら，「すぐになくしてしまいそうな気がする」，「勉強に集中できて成績が上がりそう」ということが思い浮かぶ（直観機能）。

　どの機能が主に働いているかには個人差がある。たとえば，理性的な人は思考タイプ，アイデアが豊富な人は直観タイプであることが多い。このように，その人に主に働いている機能を優勢機能と呼ぶ。人は，優勢機能を用いて，環境からの刺激に応対し，現実適応を図るのである。反対に，優勢機能と対になっており，十分に作用していない機能を劣等機能という。たとえば，思考タイプの人にとっては感情機能が，直観タイプの人にとっては感覚機能が劣等機能である。劣等機能は無意識との関連が深く，劣等機能は意識によってうまくコントロールされがたいという特徴をもっている。たとえば，思考タイプの人は，ある刺激を冷静に分析的にみるため，その刺激によって喚起される気持ちに動かされることはあまりないようにみえる。そのため，彼らは，普段，感情の起伏の少ない人物として認識されやすい。しかし，実際には，刺激と対峙することによって湧き上がる気持ちがないのではなく，そのような気持ちは確かにあるものの，劣等機能である感情機能によって十分に捉えられず，無意識の領域に流れてみえなくなっているのである。そのような気持ちが無意識に蓄積され，何かがきっかけとなって表に出てきたときには，爆発ともいえるような，非常に激しい形をとることがある。怒りのコントロールが難しい人のなかに，普段は非常に理性的な人が一定数いるのは，このような事情による。

（5）イメージ

　コンプレックス，劣等機能といった分析心理学の概念を簡単に紹介してきた。これらは無意識の自律的な動きをあらわすものでありつつも，できれば目を背けておきたいような人間の影の側面でもある。ユングは，このような影が影のままであるからこそ，神経症が生じると考えていた。ユング（Jung, 1963a）が「われわれの知る限りにおいては，人間の存在の唯一の目的は，たんなる存在の闇に光をともすことにある」と述べるように，分析心理学的アプローチでは，クライエントの影（闇）に光をともすことが重要であるとされる。これについて知る重要な手がかりに，イメージという概念がある。分析心理学において，イメージという語は主に二つの用いられ方をしていると筆者は考えている。一つは人の心のなかに描かれている像である。これは無意識の影響を多分に受けて形成されたものであり，その人の人生にくり返しあら

われてくる心理学的主題，あるいは人格の発展可能性を内包している。ただし，これはあくまでも心のなかの像であって，それ自体を直接他者に伝えることはできない。そのため，このような心像は何らかの方法で表現される。その方法の代表的なものが夢，箱庭，絵画，遊び，語り，症状である。このような心像のあらわれをイメージと呼ぶ場合もあり，これがイメージの二つ目の用法である。以降，本章では便宜上の理由から，一つ目の意味を「イメージ」，二つ目の意味を「イメージ表現」と表記することにする。

　イメージ表現への分析心理学的アプローチの特徴に主体水準の理解というものがある。夢における主体水準の理解の方法について，ユング（Jung, 1928a）は「夢の中のあらゆる人物像のことを夢を見た本人のパーソナリティの特性が人格化されたものと理解していく」と述べている。この方法は夢だけでなく他のイメージ表現においても用いることができる。もちろん，分析心理学的アプローチはイメージ表現の客体水準の理解，つまりイメージ表現の人物像を，クライエント本人が当該の人に実際に抱いているものとして捉えることを否定していない。ただ，主体水準の理解の方がイメージ表現の意味により近づけるときがあることを重視しているのである。ユング（Jung, 1928b）が，両親のイメージについて「そのイメージが両親と一致するのは一部分にしかすぎず，あとは主体自身に由来する素材でできている」と述べているように，分析心理学的アプローチでは，イメージは，実在の人とのこれまでの関わりと関係しながらではあるが，あくまでもクライエントの人格特徴によって形成されると考えられている。イメージはクライエントに内在しているという考えが大切にされており，そのようなイメージが，イメージ表現に映し出されて表現されていると理解される。

　クライエントの語りについて，事例によっては自殺や虐待などの可能性を考慮に入れる必要があるため，語りをイメージ表現として受け取るよりも先に，事実確認を優先した方がよいこともある。一方，語りをイメージ表現として理解するときは，語りが事実に基づいているかどうかは重要ではなく，むしろその人の心のなかに，たしかにそのようなイメージがあるということに価値がおかれる。たとえば，ある子どもが父親にいつもひどく怒られているという話をセラピストにしたとする。あるセラピストは次のように考えるかもしれない。「この子の父親はひどい父親だな。この子の問題の原因の一つは父親だろう。実際，父親はどれくらいこの子を怒っていて，この子に対して他に何をしているか確認しておいた方がよいな」。この考えはクライエントの現状を把握するためには非常に有用ではある。分析心理学アプローチでも，イメージの性質を見極めるためにクライエントに現状を尋ねることは多々あるが，この考え自体は分析心理学的アプローチとはいえない。別のセラピストは，次のように考えるかもしれない。「この子は，父親に厳しくされていると思っているのだな。でも，他の父親像ももっているだろう。もしかすると，この子は父親というより権威的な人に一方的に強く当たられているという思いをもっているのかもしれない。あるいは，主体水準で考えれば，この話の父親はこの子自身であるともいえるかもしれない。この子が，自分で自分に怒っているとも考えられるな。今後，この子の怒りをめぐるテーマに関してどのようなことが表現されるかみていきたい」。こちらのセラピストの方が分析心理学的である。

　ユング（Jung, 1931）はイメージ表現の意味に関して象徴と記号を厳密に区別した上で，イメージ表現を象徴として捉える意義を主張した。ユングにとって記号とは，あるイメージ表現に対するイメージの理解が定式化されたものであり，一対一対応の形をとる。たとえば，クライエントが報告した夢において「母親」が登場したときに，それは「クライエントが認識して

いる母親」を示していると一律に捉えることをいう。一方，象徴とは，クライエントの心理的
特徴や現実的状況，あるいはイメージ表現の文脈などを考慮に入れて，その場で新たに発見さ
れるイメージの理解である。先ほどの例でいえば，夢の「母親」は，「これまでクライエントが
これまで意識していなかった母親の一側面」かもしれないし，「クライエントが理想とする女性
像」かもしれない。あるいは，「クライエントの人生を支えている基盤」，「クライエントの無意
識」，「クライエント自身の母親的側面」をあらわしている可能性もある。もちろん，ただやみ
くもにイメージ表現の象徴的意味を探索すればよいというわけではない。各イメージ表現がど
のような象徴的意味をもちやすいかについても学ぶ必要がある。

(6) 心理支援におけるイメージの取り扱い

　それでは，クライエントの「影に光をともす」ために，心理支援の場では，イメージ表現をど
のように捉え，扱うとよいのだろうか。まず，イメージ表現は無意識の影響を大いに受けてい
るため，クライエントの偏った意識的態度を補償するものであり，自律的な性質を有している
と考えられる。そのため，心理支援の場においてあらわれるイメージ表現そのものに価値があ
り，イメージ表現がその後どのように形や内容を変えながら展開されていくかを見守っていく
ことが大切になる。しかし，イメージ表現はクライエントの意識を是正しようとするものでも
あるため，意識によっておろそかにされる可能性も十分にある。そうなると，クライエントの
意識にとって心理支援の場は，自身の影をあらわす不都合なイメージ表現で満たされ，無意味
で苦痛に感じられる。この場合，クライエントの個性化の過程が滞るだけではなく，クライエ
ントの来談が途絶えることも少なくない。そうした事態を避けるためには，クライエントの意
識がイメージ表現の価値を認識し，イメージ表現に積極的に関与するようにならなければなら
ない。それはクライエントが自身の無意識と向き合う必要があると言い換えることもできる。
これに関連して，ユング（Jung, 1928b）は空想を解釈するのではなく，真に体験することの重
要性を強調している。先ほどイメージ表現の象徴的意味を理解する意義について述べたが，無
意識と向き合うことは，イメージ表現の意味をただ知的に理解することではなく，イメージ表
現のなかに身を投じ，そこで生じてくる感覚を，ひいてはイメージ自体をたしかに享受するこ
とであるといえるだろう。クライエントが自身の無意識と対峙できるよう，セラピストがクラ
イエントにその意味を説明したり，時に関与を強く促したりすることも必要であると考えられ
る。

　意識と無意識の方向性が一致し，無意識からのメッセージを意識が受け取るようになると，
クライエントの影の部分に光が照らされ，クライエントはより全体性を備えた存在になってい
く。これがユングのいう個性化の過程であろう。この道のりを経て獲得されるのは意識と無意
識の間の中心点としての自己であり，自己は究極の個別性を有している。

●分析心理学的アプローチにおけるセラピスト

(1) 弁証法的手続きとしての心理支援

　クライエントの個性化の過程を支えるために，分析心理学的アプローチにおいてセラピスト
はどのような態度で心理支援に臨み，実際に何をするのであろうか。それに関連して，ユング
（Jung, 1935）は心理療法を「弁証法的な手続き」であると述べている。弁証法とは哲学用語で

あり，難解な語であるが，ここでは大まかに別個の二つのものがぶつかり合うことによって，より高次の結果が得られるという考え方としておきたい。ユングによると，心理療法は別々の個性をもつクライエントとセラピストの相互作用によって成り立っている。その上で彼はセラピスト「その人自身が方法」であり，「心理療法の大いなる治療要因とは医師のパーソナリティ」と指摘している（Jung, 1945）。心理支援のあるオリエンテーションについて学ぶとき，その技法を知りたいと思うことは当然であろう。分析心理学的アプローチに関心を抱いたときも同様である。しかし，ユング（Jung, 1961）は「一般的に適用可能な治療技法や教義など存在しない」と断言している。分析心理学的アプローチはどこまでも個別的であり，生身の人間としてセラピストがクライエントと出会い，必要なときにはクライエントと対決することも厭わない姿勢をセラピストに厳しく要求しているといえる。心理支援を弁証法的手続きと理解すると，クライエントとセラピストはまったくの平等であり，双方が当事者として影響を及ぼし合っている。

　分析心理学的アプローチでは，クライエントが個性化の過程を歩むために，クライエントとセラピスト双方に深い関与が求められる。そのような深い関与は良くも悪くも大きな影響力をもっている。深い関与がなされると，心理支援が機能不全に陥ってしまったり，クライエントの状態が悪化してしまったりするリスクもある。そうした事態は避けられなければならない。しかし，関与がなければ変化も起こらない。これについて，ユング（Jung, 1963b）も次のように述べている。「人が個性化過程を歩むときには，つまり自分自身のいのちを生きるときには，人は付加的に誤りを侵さなければならない。いのちというものは，この誤謬の付加なしには完全とならないだろう。われわれには，失敗に陥らず，致命的危険に遭わないという保証は一瞬たりともない。安全確実な道も考えることはできる。そういう道をとるときには，もはやどのような場合にも，その場にふさわしいことを，なにもしない。安全確実な道をとるものは，死んでいるも同然である」。心理支援の個々の局面は，行く先の見えない怖さを突きつけながら，セラピストに難しい決断を迫ってくる。こうした状況においては，必然的にセラピストは自らの個性を発揮することになるであろう。心理支援の定石とはされない自己開示や自発的・積極的な言動をすることもあるかもしれない。セラピストの振る舞いは個々に評価される必要があるが，弁証法的手続きにおいてセラピストが唯一無二の固有の存在であることはたしかである。

(2) 二律背反

　一方で，セラピストはあくまでも専門家であって，個性を発揮する必要はなく，専門的知識を習得した上でクライエントの心理状態を客観的に評価し，それに基づいて指導や助言を行うべきだという考え方もあるだろう。この考えにおいては，クライエントとセラピストは非対称な関係である。こうしたクライエントとセラピストの関係についての二つの考え方はともに妥当であり，これらを理論的に裏付けることも可能である。このような，二者が互いに矛盾していながらも，どちらも妥当であって両立している関係のことを二律背反と呼ぶ。実際，心理支援に関する考えには二律背反が多い。他にも，「人は変化する－変化しない」，「人の心は理解できる－理解できない」，「クライエントが治る－セラピストが治す」，「言語的－非言語的コミュニケーションがより重要」などがある。これは，人間の心はしばしば矛盾しているという事情によると考えられるだろう。ユング（Jung, 1946）も「人間の全体性は（中略）二律背反によ

ってのみ描くことができるのである」と述べている。

　分析心理学的アプローチは，理論や技法を学び，専門的知識を身につけることを軽視しているわけでは決してない。むしろ専門的知識を習得することは大切であると捉えているが，その正しさに拘泥し，目の前のクライエントをないがしろにすることに警鐘を鳴らしている。本アプローチは，心理支援においてさまざまに遭遇する二律背反に引き裂かれながら，それでもなお目の前にいるクライエントに固有の存在として対峙し続けるセラピストの態度を大切にしているといえるのではないだろうか。ユング（Jung, 1959）の次の言葉はこのことを端的にあらわしていると考えられる。「私は若い療法家たちに言うのですが，最良のものを学び最良のものを知りなさい。そして患者に会うときにはすべてを忘れなさい。教科書を暗記したからといって立派な外科医になった人はいません」。

(3)「第三のもの」が生まれる場

　「それでは，実際にはセラピストは何をしたらよいか」という問いがきこえてきそうである。その問いに対して明快に回答することは難しいが，分析心理学的アプローチからの答えとしては，意識と無意識，クライエントとセラピスト，二律背反的考えなどの異質なもの同士の対立から第三のものが生まれてくる場を維持し，その過程に当事者として立ち会うことと考えられるのではないだろうか。第三のものとは，イメージ，象徴，問題の解決，ひいては個性化の過程の末に獲得される自己と言い換えることもでき，対立関係を統合したり，調和させたりする創造性を有している。これらは，意図的に生じさせることができるものではなく，自然と生まれてくる。ただし，対立関係そのものや，そこから生じる苦悩に真剣に目を向けなければ，第三のものが生まれてきたとしても，それはただのありふれた出来事になってしまう。ユング（Jung, 1951）は「医師にできるのは，どのような治癒や回復の試みを自然が講じているのかを観察しようとすること，そしてそれを理解しようとすること，ただそれだけだ。（中略）理解がそれを経験に変えていくのだ」と述べている。心理支援におけるクライエントの語りは，日常生活におけるエピソードやそこから考えたことである場合が多い。夢や箱庭などのイメージ表現であったとしても，そこに非現実的な要素は含まれるが，普段から馴染みのある言葉や物事を模したアイテムを用いて構成される。このような，ともすれば素通りしてしまいそうになる表現のなかに，クライエントの深い苦しみや解決への必死の試みをみてとり，そこに立ち止まってクライエントとともに苦闘を経験しようとすることが大切になるであろう。その後はクライエントを，あるいはクライエントの無意識を信じる，ということになるのではないだろうか。

●面接の実際

　ここでは，筆者が以前担当したある事例を提示し，事例への分析心理学的な理解について考えてみたい。クライエントはAさん，20代前半の男性である。この心理支援は，ある大学附属のカウンセリングルームにおいて，週1回（後に隔週）の頻度で約1年間行われた。なお，事例の提示に関してAさんの承諾を得ているが，個人情報保護のため，事例の本質を損ねない範囲で内容を大きく修正している。以下，本節において地の文および「　」内はAの言葉，〈　〉内はセラピストである筆者の言葉，（　）内は補足情報とする。

(1) 導　入　期

　〈困っていること？〉周囲の視線がすごく気になる。高校時代から目立つことが苦手だっ
た。友達に顔が赤くなっていると指摘されてショックだった。ずっと周りからどういう風に見
られているかが怖かった。専門学校の卒業発表の練習のときに緊張してパニックになってクリ
ニックに行ったら社交不安障害と診断された。なんとか専門学校を卒業した後，そのままの
道ではなくて，何か表現する人になりたい気持ちが強かった。だから写真を勉強したいと思っ
て通信制の大学に入ることにした。最近症状は落ち着いているけど，まだ治ったという感じは
していない。この病気を治したいと思ってこの知り合いの紹介でここに来ることにした。筆者
は，Aさんの理解に役立てるため，初回にバウムテストを実施した（図Ⅱ-2-2）。
　短期のバイトを始めた。〈何の仕事？〉植物を運搬したり，剪定したりする仕事。不安なの
は，写真にいかに情熱を注いで，向き合っていけるのか。写真が好きか嫌いかとかじゃなくて，
自分には写真しかないって思っている。短期のバイトが終わったら，写真に向き合うために一
人暮らししようと思って部屋を借りた。古いけどレトロなところ。自分は古いのが好き。昔
は，今と違ってできないこともたくさんあったと思うけど，人の目を気にすることなく信念，
情熱があれば壁をぶち破っていけたんじゃないかなと思う。
　バイトのおじさんがいて，その人は変わっていておもしろい。作業が延びて昼休みがすごく
短くなってしまったことにその人は作業場で怒って帰った（笑）。次の日にはそのおじさんは
辞めていた。僕も昼休みが短くなるのは嫌だなと実際思っていたけど言うのを我慢していた。
おじさんの言うことは正しい。自分は人に合わせて意見が言えないのがダメ。思ったことを言
える人になりたい。最近はバイトが忙しい。社員の人に今日は残業できるかって聞かれたと
きに断れない。〈自分の思いを言って自分らしさを出すと周りから認めてもらえない感じがあ
る？〉うーん，自分に自信がないからだろうけど，違う自分を見せてしまう。でもそれは本当
の自分じゃないのに。人によく思われたいけど，本当の自分も知ってほしい。矛盾していて，
それがストレスになっている。ここに来るときに，人がたくさんいて怖い。みられている感じ
がしてまだ治っていない。常に視線を気にしながら歩いていてリラックスできない。肩に力入
って緊張してしまう。

(2) 中　　　期

　短期のバイトの終わりが見えてきたときに社長から社員にならないかと誘われた。でも写真

図Ⅱ-2-2　Aが描いたバウム

をやりたいから断った。そしたら今度は週3回のバイトでもよいから来てほしいって言われて。今は言葉を濁している。週3回バイトに行くと写真に力を注げないっていうのがあるから断ろうと思う。でも必要とされているのがすごく嬉しくてこの仕事でもよいかなとも思う。そこらへんが揺らぐんです。

　先週初めて通信の大学に行って，本当に写真をやりたいのかが正直わからなくなった。今までの気持ちは嘘だったのかとかそうやって写真から逃げているだけじゃないかとか自分がよくわからなくて……今まで自分のなかで思っていた譲れないことが揺らいでいて……でも答えを出さないと。自分の人生何でこうもうまくいかないのかな。〈何を信じるか，ということかなと思う。大事な選択〉自分でも選択を信じきることができなくて，自分が嫌になる。結局どうしたらいいかわからない（涙を流す）。〈一度悩みにどっぷり浸かって考えられたら〉はい。……できれば今週中にも決めないと。来週お話させてもらいます。

　やっぱり自分のなかでは写真しかないと思ったから，そこは捨てずにいこうかなと。でも精神状態はよくなくて，自分の出した答えに自信がない。社交不安障害もやっぱり直っていなくて今日も来る途中すごくしんどかった。こんなこと言ったらダメだけど，生きているのはしんどいなとか，もうこんなしんどいんだったら死んだ方が楽かなとか最近考えるようになっている。写真には情熱が必要だと思っているけど，その情熱が欠けているから写真に取り組めない。

　会社のイベントでお客さんと話をするっていうのがあって，僕が一番よい成績だった。絶対無理と思っていたことができると自信になる。だから，なかなか決められない。〈嬉しいけど複雑。会社で自信がつくほど写真からは離れていく〉本当にそう。でも，仕事と写真両方で言えるのは変えたいっていうこと。仕事は会社をよくするために会社を変えたい。写真だったら，写真を通して世の中を変えたい。まあそれは自分を変えたいっていうことでもある。

　正式に社員として働くことに決めた。〈おお。どんな思いで？〉これまで写真で自分の思いを人に伝えたいっていうのがあったけど，それを仕事でやっていって会社をよくしていきたいなって思った。だから，新たな目標がみつかった。

（3）後　　期

　ベテランの人が効率の悪いやり方で仕事をしていて，その人の偉そうな言い方にもイラっとするときがある。そういう人たちに思ったことを言いたいけど言えない。会社ではみんなが思っていることがすれ違っていて，連携がうまくいっていない。それを誰かがやらないといけないなと思う。中学のときの部活で，誰もやろうとしなかったからキャプテンをやって，メンバーにすごく厳しく言っていた。でも，それでうまくいかなかった。

　同世代の同僚がミスして会社に影響が出た。普段からその人は空回りしたり，周りがみえていなかったりしていて僕もその人にもうちょっとがんばってほしいという思いがあった。だから，彼に思っていることを話した。向こうはどう思ったかわからないけど。

　会社の研修で初対面の人たちとディスカッションした。一番苦手なことだし，緊張していたけど，案外大丈夫だった。やっぱり自分の考えを言わないとたまっていく。だから人ともっと話し合っていかないといけないと思う。そこから生まれるものがあるんじゃないかと思う。〈相手と思いを出し合って何かを生み出すのはＡさん自身にとってもすごく大事なこと〉がんばるしかないですね（笑）。（「精神的な問題がだいぶマシになってきたので，頻度を隔週にしたい」と言われ，筆者もその申し出を了承し，面接の頻度を隔週にする）

　新しい若手が会社に入ってきた。仲間ができた感じ。〈一緒にやっていく仲間ができた〉今までは仲間といえば僕ともう一人の若手の2人って感じだったけど，それが3人になった。3人でよくご飯に行って会社をよくしていきたいと話している。

　作業計画を立てる役割の上司が関係ないことでイライラして話が進まなくなった。他の人たちはその上司にイライラしていて，僕が上司にブチ切れた。その上司は，もうこの役割を辞めると言って帰ってしまった。言った後，これでよかったのかなという気持ちになった。(「仕事が忙しい」ということで，キャンセルが続く)

　結局，僕が作業計画を立てる役割を担当することになった。すごく大変で余裕がない。会社には問題がたくさんあって，若手の同僚といつもどうしたらよいか話している。これまでは役割がなかったから愚痴を言っていただけだったけど，今は責任があって実際どうするかまで決めないといけないからすごくきつい。疲労困憊で自分が壊れないかなと思う。若手に話を聴いてもらっていて助かっている。(「仕事が忙しい」ということでまたキャンセルが続き，「次回についてはまた連絡する」と伝言がある。3ヵ月が経ち，筆者から近況を尋ねる手紙を送ると，連絡があって来談される)

　カウンセリングを終わりにしたい。会社にまた新しく若手が入ってきて，今は若手でがんばっています。〈わかりました。社交不安障害はどう？〉完璧ではないけど，一番しんどかったときより社会によい対応ができていると思う。年齢近い人とはウマが合わないから，実は最初ここに来て先生と会って，年齢近くて嫌だなと思った。でも真剣に話聴いてくれるし，いろいろなこと話せるようになって，自分の気持ちとか考えていることを整理できました。〈同世代が嫌だったけど，何かの縁で年が近い僕が担当することになった。それで会社では同世代で団結して会社を変えようとがんばっている〉そうですね。これからいろいろ悩むこともあると思うけど，自分を信じてがんばっていきたいです。

●事例と面接過程の理解

　本事例は，初回にバウムテストを実施しているものの，クライエントの語りを中心に展開している。分析心理学アプローチにおいては，夢や箱庭を活用することも多いが，ここではあえて初回のバウムとともに，クライエントの語りをイメージ表現と捉えて事例の理解を試みたい。

(1) 導入期——個性化への第一歩

　Aさんは社交不安障害を主訴に来談された。「周囲の目線がすごく気になる」ことが主な症状であり，大人数がいる場所に行くことや電車に乗ることに加え，本人が言うように「目立つこと」が苦手であるようであった。一方，導入期のはじめに「何か表現する人になりたい」との思いから写真を生業にしようと考えていると語るなど，Aさんは自らの考えや主張を大勢の他者に知ってもらいたい気持ちが強く，実際には「目立ちたい」人であるようにも思われる。一般的に青年期にはこのような「目立ちたい」思いは強くなるが，Aさんはより一層この傾向が強かったといえるだろう。さらに，Aさんは，なぜ写真であるかに加え，自分の考えがどのようなもので，写真を通してどのようなことを世間に伝えたいか，あるいは写真家になるためにどのような努力が具体的に必要かなどについて明確に認識しているわけではなかった。Aさんの願望は現実に裏打ちされたものではなかったと考えられる。だからこそ，Aさんの無意

識は症状を形成することによって，自らの思いを発信して周囲に認めさせたいという気持ちだけが先行するAさんの意識的態度を補償しようとしたと理解できるだろう。この無意識の動きは彼の人格的成長にとっては理にかなっているともいえるが，彼自身にとっては症状に苦しむことになるため，受け入れがたいものである。

　このようなAさんの意識的態度と無意識的態度の相克は，初回にAさんが描いたバウムにもあらわれている。彼のバウムでは，5本の枝が上に向かって鋭くのびており，それを覆うように葉が細かくつけられている。尖った枝は，彼が周囲に自分のことを理解してほしいと非常に強く願っていることを示しているとも捉えられる。ただ，その枝は柔らかな樹冠に守られているわけではなく，枝にややいびつとも思える葉がついているのみである。枝の鋭さが外に剥き出しになってしまっていることから，Aさんは外の世界との接面において困難を抱えていることがうかがえる。枝につけられた葉は，自分の気持ちを十分理解し，現実に合った形でうまく伝えられないAさんの不器用さをあらわしていると同時に，枝と外の世界の間の彼なりの緩衝の試みが芽吹いたものであり，彼の人格成長の兆しであるとも理解できるのではないだろうか。

　導入期の後半になると，Aさんは「おじさん」の話をするようになる。筆者としては，Aさんはこれまで写真のことを中心に話していたため，Aさんが自ら「おじさん」の話をし始めたことにやや唐突な印象を受けた。しかし，この話は，単純に面白かったエピソードという以上に，Aさんの変化の始まりと受け取ることもできる。Aさんにとって「おじさん」は少々行きすぎたところがありながらも，感じたことを相手に表現できる羨ましい存在でもある。「おじさん」の話をした後，Aさんは，本当の自分を知ってほしいために思ったことを言える人になりたいが，自信がないから違う自分を見せてしまうと述べている。「おじさん」はAさんが言う「本当の自分」と重なるところがあるのだろう。「おじさん」の話を主体水準で考えると，自らがたしかに妥当だと感じることを気兼ねせず相手に主張するという，これまでには存在しなかった彼がイメージの次元において生まれてきたことをあらわしているとも考えられる。しかし，この展開は，何を誰にどのように伝えるかという具体的なことをみないようにしていた彼にその現実を直視するよう要請することにもなるため，痛みを伴うものである。それゆえ，導入期の終わりにAさんは症状の辛さを改めて感じていたのではないだろうか。

(2) 中　　期――自分自身との対決

　そのようななか，Aさんはアルバイト先の社長から社員にならないかと誘われて，写真を続けるか辞めるかを思い悩むようになる。この悩みは，これまでの自分を維持するか，否定するかの問いに答えようとすることとも言い換えることができるだろう。先述のように，実情に合うことを自己主張しようとする彼が出てくると，漠然と写真家になりたいと思っているこれまでの彼がそのまま生き続けることは難しくなる。一方，いまだ前者の彼は彼自身には意識されていないため，これまでの自分を捨てる選択はAさんという存在自体が否定されてしまうことにつながる。このような，どちらを選んでも喜ばしい結果を想像できない厳しい問いを目の前に，Aさんは精神状態を悪化させつつ悩みを深めていった。面接中期において，Aさんは自分自身と対決していたといえるのではないだろうか。筆者は，この二つの選択肢に引き裂かれて苦しんでいるAさんに対して何かわかりやすい助言をしたい気持ちに駆られながらも，むしろこの現実にとどまろうとすることこそがAさんが納得できる新たな答えをみつけるため

に大切だと考え，〈一度悩みにどっぷり浸かって考えられたら〉と声をかけた。こうしたセラピストの姿勢は，先ほど述べた「第三のもの」が生まれる場を提供することに通ずるといえるだろう。ただし，そうした場を提供したからといって，確実に「第三のもの」が生まれてくるという保証はどこにもない。さらに悩みに入っていこうというセラピストの考えは，新たな展開への不確かさに怖れを抱きつつも，これまでのAさんとの面接を礎にAさんの成長がこれから訪れるのではないかという直感を得たことによって生まれたとも考えられる。

　そしてAさんは，何もない空虚な自分を受け入れられないため，これまでの自分にすがろうとして写真の方を一度は選択した。しかし，それもうまくいかず，途方に暮れて「生きるのがしんどい」，「死んだ方が楽かな」とも言及した。筆者には，このままAさんの悩みを深める方向で進めていってよいのか，Aさんの気持ちをポジティヴにもっていくような介入をした方がよいのではないか，という迷いが生じた。しかし，その頃，Aさんは写真に対して情熱がないと感じ始めていたことを頼りに，筆者はAさんを前進させようと導いているはずの無意識を再び信じることにした。

　すると，アルバイトで成功体験したことも追い風となり，Aさんは，社員になることはただ単に自分のやりたいことを諦めるという消極的な選択ではないと気づいた。「仕事と写真両方で言えるのは変えたいっていうこと。仕事は会社をよくするために会社を変えたい。写真だったら，写真を通して世の中を変えたい」と語ったように，仕事を選ぶことは，仕事に携わるなかで抱いた具体的な意見を会社の人たちに伝えて会社をよりよく変えていくという，それまでは「おじさん」の形を借りてでしか表現されてこなかった，現実に根差した「本当の自分」にたしかに近づいていこうとする決意のあらわれであるともいえるだろう。そしてAさんは「新たな目標がみつかった」と述べ，正式に社員になることを決めた。ここにきてAさんは，真の意味で写真の選択肢を捨てる，つまりこれまでの自分を否定することができたと考えられる。Aさんのこの悩みが，単純な進路選択ではなく，彼自身が生きることそのものと密接に関わっていたことは，彼が会社や世の中を変えたいと思っていることについて「それは自分を変えたいっていうことでもある」と述べたことからもうかがえる。このように彼の意識的態度に変化がみられると，彼の意識と無意識は対立関係ではなくなり，新しい目標に向かって協働する関係になったといえる。

（3）後　　　期──考えと現実の擦り合わせの実践

　社員になったAさんは会社や同僚に対して不満や改善点をより強く感じるようになり，実際に同世代の同僚や研修などにおいて自分の意見を伝える機会も出てきた。この時期，Aさんの症状がかなり改善されたことから，面接の頻度は隔週に変更された。症状の改善は，Aさんの無意識が補償の動きを起こす必要がなくなったことを示しており，Aさんの変化を裏付けていると考えられる。

　そして，Aさんは上司に「ブチ切れ」たことを報告した。これは「おじさん」と同様の行為であり，Aさんが「おじさん」の性質を外部の人に投影するのではなく，自らのものとして引き受けるようになったことを示していると考えられるだろう。怒りを表出したことによって仕事を辞めることになった「おじさん」と，作業計画を立てる役割を担うようになったAさんとでは，現実適応という点でまったく異なっていることを指摘しておきたい。計画を立てる役割を担当することになり，Aさんは「これまでは役割がなかったから愚痴を言っていただけだ

ったけど，今は責任があって実際どうするかまで決めないといけないから，すごくきつい」と話した。自分の意見を現状に適合するように修正し，一つの計画を作成する。その計画を実践し，反省を次に生かす。こうした一連の作業は，Aさんが実際には取り組みたいと切に願っていながら，自分の考えと現実の擦り合わせに困難を抱えていたことから目を背けていたことであるとも捉えられる。そのため，この実践は彼にとって非常に辛いものであり，「自分が壊れないかな」というのもうなずける。しかし，この苦しみを引き受けることは，彼が人生を歩んでいく上で必要なのだろう。

　最終回において，Aさんは筆者について「年齢近い人とはウマが合わないから，実は最初ここに来て先生と会って，年齢近くて嫌だなと思った」と話した。Aさんは特に同世代に対して苦手意識があり，面接後期のはじめには中学時代にキャプテンをしていたエピソードを語るなど，同年代の人に自分の意見を伝えることによって状況が好転する感覚をもてていなかったようである。当時，筆者も青年期の真っただ中にあり，Aさんにそのことを話したわけではなかったが，自分の将来について悩むことも少なくなかった。だからこそ，Aさんが写真か社員かで揺れていたときに，より深く彼に思いを馳せ，共振することが可能であったとも考えられる。このことは，自らがおかれている状況をAさんに過度に重ねてしまうことによって，専門家として適切にAさんの状態を見極めることができなくなる危険性も多分に秘めている。しかしこの事例では，専門家としてだけでなく，青年期を生きる人間としての筆者の関与がAさんに届いたことで，彼の同世代への苦手意識が少し和らいだり，彼が重要な決断をするときに小さな後押しができたりしたようにも思われる。

　面接後期に入ると，Aさんは2人の若手の同僚の話をすることが多くなり，苦難をともに乗り越える仲間をみつけたようであった。それに伴い，仕事が忙しいことを理由に次第に面接から足が遠のいていった。Aさんは，症状に導かれて個性化の一歩を踏み出し，面接室のなかで同世代の筆者と話をするなかで，具体性に乏しい考えを実現させる困難に直面した。この自分自身との対決を経て，理想像のみを語る彼自身と決別し，仕事という現実世界に参入することを決意した。どのようにすれば意義ある仕事ができるかを具体的に考え実践していく段階になると，会社の実情をよく知らない筆者よりも，会社で一緒に働く若手の同僚の方が同行者として適任であったのだろう。そして彼は，仲間とともに仕事を通じて自分の考えと現実を擦り合わせていくことを優先させ，面接は終結に至ったと考えられる。

　ここまで，Aさんの事例を提示し，筆者が認識している分析心理学の観点を大切にしながら，事例の理解を試みた。本事例では流れがわかりやすいように概要のみをまとめて示したが，実際の事例はさまざまな要素が複雑に絡み合って展開していくため，今回提示したような単純な構造をもっていないことに留意する必要がある。心理支援の営みとは，クライエントとセラピストがあらかじめ決められた道程を辿っていくことではなく，「よくわからない」道を迷いながらともに探求していくことであるように筆者には思われる。

●現代における社会的意義と課題

（1）現代の心理支援の補償

　公認心理師資格が誕生し，心理支援に携わる者は，多職種との連携，予防的アプローチ，アウ

トリーチなど面接室の外における活動の充実を以前にもまして求められているような印象を受ける。心理以外の専門家に心理支援の重要性を認識してもらい有機的な協働関係を構築すること，事態が深刻化する前にできるだけ多くの人に精神健康に関する知識や技術を伝えること，面接に訪れることが難しい方に心理的サポートを届けて地域における支援のネットワークを確立・維持することは心理支援に携わる者にとっては必須でありながらも，大学院教育では十分習得することが難しいものでもある。心理学，あるいは臨床心理学の意義を社会的に発信するためにも，これらの面接室外の活動について学びを深めていくことは，公共の福祉，とりわけの社会の精神健康の増進に寄与する仕事を担う私たちの責任でもある。

　一方，クライエントとセラピストの一対一の関係に基づき，時間をかけてクライエントの心理的課題をみつめていく個別の支援もまた心理支援の要ということができる。ただ，個別の心理支援のなかで行われていることは客観的にみえづらく，その意義を明確に証明しにくい。そこで交わされる言葉は日常語であって何ら特別な雰囲気をまとっていない。一見するとクライエントの変化も取るに足らないようなものようにも思える。分析心理学的アプローチは，イメージの流れに徹底的に即して，クライエントの個別的な心の動きを理解しようとする。そのため，一歩引いた客観的な視点からは捉えがたい，個別の心理支援において何が起こっていて，クライエントはどのように変化していっているのかをクライエントの内側から理解しようとする場合，分析心理学は非常に有効であると考えられる。

　本来，面接室の外と内の活動は心理支援の両輪を成しており，ちょうどそれは個人の心を構成する意識と無意識のようでもある。心理支援において面接室の外の活動が強調されるようになっている現代においては，面接室内における個別の心理支援の意義を強調する分析心理学的アプローチは心理支援の傍流を担っており，現代の趨勢を補償する存在といえるのではないだろうか。分析心理学にとっては，面接室外の心理支援をどのように捉え，どのように実践していくかを検討することが課題になるのかもしれない。今後，面接室の外の営みに重きがおかれる傾向がさらに強くなり，面接室内の個別の支援の重要性があまり認識されなくなることがあるとすれば，これまで述べてきた意識と無意識の対立から生まれる神経症と同様に，心理支援の内部から変化を求める強い要請が生じる可能性も否定できない。その強力な要請はよりよい心理支援を目指すという目的にかなったものともいえるが，痛みを伴う刷新が必要になる前に，私たち一人ひとりが，両者がもつ二律背反性を自覚し，個々の局面でその矛盾を受けとめる耐性を養うことが大切になるだろう。もちろん，面接室の外と内の活動の関係が反対になったとしても，これと同じことがいえる。次のユング（Jung, 1928b）の言葉は，個人だけではなく，心理支援全体のあり方に関わるものとしての響きを含んでいると理解できる。「人間の本性は，すべて光だけから成りたっているのではなく，きわめて多くの影からも成りたっているので，実際の分析において得られる洞察は，いくぶん苦痛なものであることが多く，人が以前に影の部分をなおざりにしていたならば（ふつうにはそうなのだが），それだけいっそう苦痛である」。

(2) 現代的な心性の素描

　ここでは集合的無意識の詳細については立ち入らないが，集合的無意識における諸元型のように，ユングは時代を問わず人類の心に共通して根づいているものについて論じている。一方，ユング自身が個人の心理と時代の趨勢の対応について指摘しているなど（Jung, 1912），分

析心理学は，時の流れに合わせて変化する個人の心的構造にも着目してきた。それでは，分析心理学からみた現代人の心性とはどのように素描できるのであろうか。ここでは，現代の代表的なユング派分析家の一人である河合俊雄の論を参照したい。

　河合（2010）は，心理的問題や症状の流行に関する時代的変遷を追うなかで，対人恐怖（DSM-5 では社交不安障害），あるいは神経症のカテゴリーに入るクライエントが現代において激減していることを指摘している。そして，彼は対人恐怖という症状について，「これまでの共同体に包まれているあり方を出て，近代的な主体や近代意識を確立させようとするときに生じる不安や葛藤と関係していると考えられる」と論じている。近代的な主体や近代意識があることは，個人として自立しており，自分のことを自分の目でみつめるという内面が成立していることを意味している。自分のことを自分でみようとすると，等身大に捉えることは難しいため，過小評価したり，過大評価したり，過度に自己嫌悪に陥ったりする。河合は，このような等身大の自分と自らの認識とのずれが神経症症状を生むと考えている。本章で提示した事例のAさんは経過のなかで「自分は古いのが好き。昔は，今と違ってできないこともあったと思うけど，人の目を気にすることなく信念，情熱があれば壁をぶち破っていけたんじゃないかなと思う」と述べていた。Aさんは現代人ではあるが，河合の指摘する対人恐怖の特徴や旧来の神経症構造の人格に由来する葛藤をもっていたと考えられる。

　河合は，現代における対人恐怖の減少を指摘した上で，「主体のなさ」を特徴とした発達障害が増えているという論を展開している。「主体のなさ」は「自分のなさ」と換言することもできるが，本章の文脈をふまえると，本章において前提としていた一定の方向性をもった意識が明確には存在しないあり方ともいうことができるだろう。ある方向性を示す意識がみられないとすると，その偏りを補償しようとする無意識の働きも起こらないことになる。このような発達障害的構造をもつ現代人によるイメージ表現は，これまで指摘してきた従来のものとは異なっている。彼らは主体がないがゆえにさまざまな症状を呈しやすいが，神経症構造をもつ者とは異なり，症状に意味や必然性を見出すことが難しいという。その他のイメージ表現についても同様であり，その内容から物語性を読みとることができない場合が多い。そのような現代的心性をもつ人たちに対するアプローチとして，河合は，イメージ表現の自律的な展開が起こるように場を整える，あるいはクライエントが自分で自分をみつめていく内省を促すといった，心理療法の基本的な形が通用しなくなっているため，セラピストの個性を生かした「主体を作りだす心理療法」が求められると論じている。

　このように，分析心理学は個々の事例を綿密にまなざすことを通じて浮かび上がる，その時代を生きる人々の心の在りように関心を払い，それに合ったもっとも適切なアプローチを模索している。時代の流れに合わせつつ理論を改変していくことはどの技法にも共通するだろうが，分析心理学的アプローチの力点は常に目の前のクライエントにある。初学者からすると，一般的な原則がわかりにくい方法は敷居が高く，敬遠されがちである。明解に標準化された方法論をもたないことは分析心理学的アプローチの課題のようにも思われる。それは妥当な面もあるだろう。しかし同時に，個別性にこだわり抜く分析心理学の姿勢は，効率が求められる現代社会からさまざまな形でふるい落とされそうになっている人々にとっては至高の意義をもつともいえるだろう。

引用文献

Jung, C. G.（1911）. Ein kurzer überblick über die komplexlehre. *Gesammelte werke*, 2, 622–628.（林　道義（訳）（1993）. コンプレックス概論　連想実験　みすず書房　pp.205–216.）

Jung, C. G.（1912）. *Über die psychologie des unbewussten*. Zürich: RascherVerlag.（高橋義孝（訳）（2017）. 無意識の心理　新装版　人文書院）

Jung, C. G.（1928a）. Allgemeine gesichtspunkte zur psychologie des traumes. *Gesammelte werke*, 8, 263–308.（横山博（監訳）大塚紳一郎（訳）（2016）. 夢心理学概論　ユング夢分析論　みすず書房　pp. 35–93.）

Jung, C. G.（1928b）. *Die beziehungen zwischen dem ich und dem unbewussten*. Darmstadt: Otto Reichl.（松代洋一・渡辺学（訳）（1995）. 自我と無意識　第三文明社）

Jung, C. G.（1931）. Die praktische verwendbarkeit der traumanalyse. *Gesammelte werke*, 16, 145–165.（横山博（監訳）大塚紳一郎（訳）（2016）. 夢分析の臨床使用の可能性　ユング夢分析論　みすず書房　pp.3–33.）

Jung, C. G.（1934）. The state of psychotherapy today. *Collected works*, 10, 157–173.

Jung, C. G.（1935）. Grundsätzliches zur praktischen psychotherapie. *Gesammelte werke*, 16, 15–32.（林　道義（訳）（2016）. 臨床的心理療法の基本　心理療法論　みすず書房　pp.3–32.）

Jung, C. G.（1943）. Psychotherapie und Weltanschauung. *Gesammelte werke*, 16, 86–93.（林　道義（訳）（2016）. 心理療法と世界観　心理療法論　みすず書房　pp.63–75.）

Jung, C. G.（1945）. Medizin und psychotherapie. *Gesammelte werke*, 16, 94–102.（横山博（監訳）大塚紳一郎（訳）（2018）. 医学と心理療法　心理療法の実践　みすず書房　pp.65–78.）

Jung, C. G.（1946）. *Die psychologie der übertragung*. Zürich: RascherVerlag.（林　道義・磯上恵子（訳）（1994）. 転移の心理学　みすず書房）

Jung, C. G.（1951）. Grundfragen der psychotherapie. *Gesammelte werke*, 16, 119–132.（横山博（監訳）大塚紳一郎（訳）（2018）. 心理療法の根本問題　心理療法の実践　みすず書房　pp.105–125.）

Jung, C. G.（1959）. Gut und böse in der analytischen psychologie. *Gesammelte werke*, 10, 497–510.（林　道義（訳）（2016）. 分析心理学における善と悪　心理療法論　みすず書房　pp.107–131.）

Jung, C. G.（1961）. Symbols and the interpretation of dreams. *Collected works*, 18, 183–264.（横山博（監訳）大塚紳一郎（訳）（2016）. 象徴と夢解釈　ユング夢分析論　みすず書房　pp.143–251.）

Jung, C. G. Jaffé, A.（Rec & Ed.）.（1963a）. *Memories, dreams, reflections*. Pantheon Books.（河合隼雄・藤縄昭・出井淑子（共訳）（1972）. ユング自伝 1—思い出・夢・思想　みすず書房）

Jung, C. G. Jaffé, A.（Rec & Ed.）.（1963b）. *Memories, dreams, reflections*. Pantheon Books.（河合隼雄・藤縄昭・出井淑子（共訳）（1973）. ユング自伝 2—思い出・夢・思想　みすず書房）

河合俊雄（2010）. 対人恐怖から発達障害まで—主体確立をめぐって　河合俊雄（編）発達障害への心理療法的アプローチ　創元社　pp.133–154.

コラム③ 心理臨床における沈黙

　心理臨床に限らず，日常のコミュニケーションにおいても，私たちは沈黙を経験する。沈黙になって気まずい雰囲気になってしまうこともあれば，むしろ居心地よい雰囲気となることもあるだろう。筆者自身，日常においても臨床場面においても頻繁に沈黙を経験するが，その意味や雰囲気，生じる感情は場面ごとに異なる。日常では何となく過ぎていくだけで深く考えることはあまり無いだろうが，心理臨床においては，その意味や理由を考え，活かす必要がある。特に初心のセラピストにとっては，沈黙はどこか回避しなくてはならないと感じることが多いかもしれない。さらにいえば，経験豊かな者であっても，沈黙があると居心地が悪く感じ，発言と発言の間を何かで埋めてしまうことになりがちである（辻，2017）。実際，筆者も沈黙に気まずさを感じ，必死に話題を探していたという経験がある。しかし，沈黙は必ずしも回避すべきものではない。本コラムでは，まず心理臨床における沈黙に関する理論や研究に触れた上で，心理臨床における沈黙について考察する。

　これまでの心理臨床における治療論において，沈黙は多様な捉え方をされている。たとえば，クライエントによる自由連想を用いる古典的な精神分析理論では，クライエントの沈黙は治療過程への抵抗として捉えられていた（岡，2002）。つまり，クライエントが無意識や自分の内界に触れることが難しいために，沈黙が生じると考えるのである。ここでは，セラピストは，沈黙を治療への抵抗として扱い，打ち破ることが求められる。対照的に，ジェンドリン（Gendlin, 1966）は，沈黙はクライエントが自身の内界に触れている時に生じるとした（橋本，2016）。つまり，沈黙を「治療的意味をもつもの」として捉えるのである。ここでは，沈黙は打ち破るものではなく，積極的な治療のプロセスであると捉えられている。これらの治療論に加えて，近年の研究においても，沈黙をテーマとした事例報告がなされている。たとえば田中（2004）は，沈黙時には緊張や気まずさが生じることを指摘し，「（沈黙時には）耐え切れず叫びだしたくなる」，「どきどきする」と語ったクライエントを報告している。一方で，「語りを支える沈黙」，「次元の変わり目としての沈黙」といった，肯定的側面もあることも指摘している。この肯定的側面は，沈黙がクライエントの内省を促したり，面接過程の転機となったりするという機能を持ちうるということを意味する。たとえば守屋（2012）の事例研究では，面接初期に沈黙が続いていたケースが報告され，セラピストの想像活動がクライエントの治癒を促したと考察されている。具体的には，面接中に起こるセラピストの想像の内容がクライエントのテーマに対応し，それが自然発生的な治療につながっていたという。この事例は，沈黙を積極的な治療のプロセスとして捉えた例として考えられるであろう。セラピスト・クライエントがお互いを侵襲せずに過ごし，心に親しみが起こり，内的な関係性が生じ，治療促進的に作用したのである（守屋，2012）。

　上記のように，心理臨床における沈黙は，さまざまな捉え方をされ，さまざまな対応が取られている。その中でも一般的に言えることは，沈黙が生じた時には，それを一概に悪い事象として捉えるのではなく，その意味を考えることが重要だということである。意味を考える上では，上記のような治療論・研究による示唆が大変有用であるが，それだけではない。筆者は，セラピストに生じた感情やその場の雰囲気を敏感に感じ取り，それを手がかりに沈黙の意味を考えていくことが重要であると考えている。これは，守屋（2012）の事例において，セラピストの想像が重要な役割を果たしたことにも通ずることである。筆者自身も，心理臨床において沈黙を経験することが何度かあった。そうした経験から，筆者は心理臨床における沈黙には大きく分けて二種類があるのではないかと考えている。一つ目の沈黙は，クライエントの状態や話す内容に変化がないことから生じているように感じられるものである。この種の沈黙が起こるとセラピストである筆者には，「気まずさ」や「焦り」といった感情が生じる。筆者は沈黙を回避しようと話題を必死に探したこともあったが，本来であれば，気まずい感情や焦りについてクライエントと共有し，その意味などを深める必要があっ

ただろう。一方，二つ目の沈黙は，クライエントがじっくり考えていることから生まれるものである。この沈黙では，セラピストには気まずさが感じられず，むしろクライエントが話し出すのを待っていようという心の余裕がある。また，クライエントの表情・様子にも余裕がみて取れ，クライエント側にも気まずさといった感情はなく，セラピストにあったような余裕が感じられることも多い。筆者は，沈黙の性質を見極めるためには，一歩立ち止まって，自分（セラピスト）自身の内面や感情をみつめてみることが重要だと考えている。心理臨床がクライエント・セラピストの二者間で展開される世界である以上，そこで生じる沈黙についても，セラピストに生じた感情を手がかりとして，その意味や対応を考えていくことが重要なのであろう。

　また，そのようにセラピスト自身の感情を手がかりにして対応するためには，生じた感情をありのままに・豊かに感じる能力も必要になってくる。守屋（2012）の事例で報告されている想像においても，「魔女」や「超越的な存在の仙女」など，豊かな世界が展開されている。セラピストには，心理臨床の理論や研究について学ぶことはもちろんのこと，日常生活においても幅広くアンテナを張り，心理臨床において展開される世界観をみつめる能力を養うことも求められるのかもしれない。

引用文献

Gendlin, E. T.（1966）. Research in psychotherapy with schizophrenic patients and the nature of that "illness". *The American Journal of Psychotherpy*, 20（1），4–16.

橋本真友里（2016）．心理臨床における沈黙の概念および沈黙研究の概観と展望　京都大学大学院教育学研究科紀要，62，415–426.

守屋均子（2012）．セラピストの想像活動が治癒を促した事例―沈黙を続けたクライエントへの対応　心理臨床学研究，30，63–73.

岡　達治（2002）．沈黙とその意味の変遷―転移・逆転移エンアクトメントの視点から　精神分析研究，46（1），29–35.

田中秀紀（2004）．心理療法における沈黙について　京都大学大学院教育学研究科附属臨床教育実践研究センター紀要，8，36–44.

辻　潔（2017）．カウンセリング初心者が陥りやすい問題とカウンセリング指導上の工夫について―マイクロカウンセリングの視点を中心に　追手門学院大学心の相談室紀要，14，2–20.

コラム④ 心理臨床におけるユーモア

心理臨床実践，とりわけ臨床心理面接の中で，筆者はたまにふざけている。こんなことを安易にいうと叱られるかもしれない。しかし，筆者は真面目にふざけているのである。なぜふざけるのかというと，心理臨床の現場はクライエントとセラピストにとって真剣な場であると同時に，ユーモアにも溢れている空間であるからである。ただし，注意しなければならないのは，心理臨床におけるユーモアとはただのふざけではなく，「真面目な」ふざけである。それはクライエントやセラピストにとって，時には有用に，時には危険になる重要な要素であり，軽視してはならない。よって，ユーモアを面接に取り入れる際には，真面目にふざける意味を考察する必要がある。よって，本コラムでは心理臨床面接（以後，面接と略記）におけるユーモアを「真面目に」取り上げ，その有用性と危険性の両面から考えていきたい。

はじめに，ユーモアの定義について整理する。上野（1992）は先行研究の定義を整理し，ユーモアをどのような目的で用いるかによって，遊戯的ユーモア，自虐的ユーモア，支援的ユーモアの三つに大別している。まず遊戯的ユーモアは楽しむために行われ，主に気分転換の効果がある。次に，自虐的ユーモアは自分あるいは他者を攻撃するために行われ，優越感や攻撃性の表出によるカタルシスを得る効果がある。最後に，支援的ユーモアは励ましや落ち着きのために行われ，主体性の維持や気分を落ち着かせる効果があると言われている。したがって，心理臨床においてクライエントの主体性を支援するという視点に立つと，支援的ユーモアが適切であるといえるが，事例の見立てに応じて他の二つのユーモアも欠かせない要素となることがあると考えられる。そして，上記の効果を踏まえると，ユーモアをさまざまな実践に取り入れることは有用であると示唆される。

とりわけ，心理臨床においてはユーモアと攻撃性や自己受容との関連性，ユーモアを用いる人のパーソナリティ，ユーモアのストレス緩和効果などの知見が多く報告されている。ユーモアと攻撃性の関連にいち早く着目したのはフロイト（S. Freud）であり，以後ユーモアはクライエントの抱く攻撃性を抑圧するエネルギーを節約しうる可能性や，ユーモアの好みや反応傾向が内面に隠された欲動やコンプレックスを反映している可能性が示唆されている（Freud, 1905, 1928；Miller, 1970）。また，ユーモアを用いることは自己の客観視や自己洞察的態度を伴うため，新たな視点から問題を捉え直すことや，主体性の喪失を防ぐこと，平静さや落ち着きのきっかけを与える効果があるといわれている（Frankl, 1960；上野，1992）。

てきせつにユーモアを楽しむ人は，そうでない人に比べてポジティブな情動体験を多く経験することや，人間がもつ強み（Human strength）を育み，精神的健康を保ちやすいという知見もある（Fredrickson, 2001; Peterson & Seligman, 2004）。他方，不安が強いクライエントはユーモアへの反応が鈍いことや希死念慮を有するクライエントは自罰的なユーモアを好む傾向があるといった報告もある（Hickson, 1977; Spiegel et al., 1969）。すなわち，面接場面でクライエントがユーモアに対してどれくらい楽しめるのか，反応するのか，どういったユーモアを用いるのかという視点をもつことは，アセスメントを深める上でも有用であると考えられる。また，ユーモアがクライエントの不安や緊張を緩和し，感情表出を促すことや，ユーモアを楽しむ行為がストレスの衝撃を和らげる可能性を指摘する知見もある（Mindess, 2001；Strick et al., 2009）。ユーモア自体，楽しさや面白さといったポジティブ感情を伴う体験となるため，面接においてもクライエントの過酷な状況を支える肯定的な要因として取り入れることも期待される。

もはやここまでくると，心理臨床において面接でユーモアを扱うことが有益だと感じてきた読者もいるのではないだろうか。しかし，先に述べたようにユーモアは真面目なふざけであり，場合によっては危険を伴う可能性がある。ここからは，ユーモアを心理臨床に取り入れるデメリットやリスクについて考えていく。

面白いと感じるか自体，個人によって大きく異なっている。面白さを感じる上で重要なこ

とは，感情的に笑えるかどうかであると考えられる。たとえば，統合失調症を有する人が見せる空笑や気分障害（特にうつ症状）の人の愛想笑いは，本人の感情とは切り離された笑いであり，本人が面白いと感じているとは限らない。自閉症スペクトラム障害を有する人は，他者の心を推測したり理解する認知的枠組みである心の理論に課題があるため，本人にとっての面白さはあっても，それを他者と共有することや他者の面白さを取り入れることが難しい場合がある。つまり，ユーモアの面白さをクライエントとセラピストとが共有できるかという点に留意する必要がある。要は，むやみに面接でユーモアを取り入れようとすることは，クライエントとセラピストとの"つながる感じ"にとって逆効果であり，治療同盟に負の影響を与えうる可能性があると考えられる。

　白を切るという言葉のように，ユーモアは"笑って済ませる"といったネガティブ感情に目を向けない行為とも取れる。これは，クライエントの抱える課題を回避してしまう可能性があり，面接の停滞あるいは中断を生むリスクがある。また，希死念慮をもつ人は自罰的なユーモアが多く（Spiegel et al., 1969），それは象徴的な自傷行為とも取れる。その場合，その行為をセラピストが面白さとして扱うことは，クライエントの悲痛な叫びを軽くみていると受け取られる可能性があり，希死念慮や現実的な自傷行為を助長する場合がある。さらに，他方，セラピストがユーモアを用いることは，時にはセラピストの自己満足に終始することや，セラピストの笑い自体が嘲りや嘲笑いとしてクライエントに伝わることもある（森田，2018）。このように，ユーモアは時に加害性や危険性を有するものであることを覚えておく必要がある。

　いま，ここで生じたことを楽しむのがユーモアの醍醐味である。しかし，ユーモアを面接で扱うためには小手先の技法や思考だけでは成り立たず，それまでのクライエントとセラピストの関係性があって成しえることである。そこには，クライエントに対する入念なアセスメントと，セラピストとの治療同盟，ユーモアを切り出す前後の文脈を考えることが必須であることはいうまでもない。加えて，セラピスト自身がユーモアに触れる体験を重ね，日々の何気ない場面からユーモアをみつけていく必要がある。最後になるが，筆者はたまにふざけている。本コラムの段落の1文字目を縦読みして，筆者のユーモアを感じてもらえると本望である。

引用文献

Frankl, V. E.（1960）. Paradoxical intention: A logotherapeutic technique. *American Journal of Psychotherapy*, 14, 520–535.

Fredrickson, B. L.（2001）. The role of positive emotions in positive psychology: The broaden-and-build theory of positive emotions. *American Psychologist*, 56(3), 218–226.

Freud, S.（1905）. Der Witz und seine Beziehung Unbewu β ten. FisherTaschenbuch-Verlag.（懸田克躬（訳）（1970）. 機知―その無意識との関係　フロイト著作集4　日常生活の精神病理学　人文書院　pp.237–421.）

Freud, S.（1928）. Humor. *International Journal of psychoanalysis*, 9, 1-6.（高橋義孝（訳）（1969）. ユーモア　フロイト著作集3　文化・芸術論　人文書院　pp.406–411.）

Hickson. J.（1977）. Humor as an element in the counseling relationship, *Psychology: A Journal of Human Behavior*, 14(1), 60–68.

Miller, L. D.（1970）. Humor as a projective technique in occupational therapy. *American Journal of Occupational Therapy*, 24(3), 201–204.

Mindess, H.（2001）. The use and abuse of humor in psychotherapy. In Chapman, A. J. & Foot, H. C. (Eds). *Humor and laughter: Theory, research and applications*. London: John Wiley & Sons.

森田亜矢子（2018）. 心理的援助への笑いとユーモアの適用に関する研究の動向と課題―心理療法，精神疾患，ユーモアと笑いのセラピーに焦点をあてて　笑い学研究，25(0), 15–41.

Peterson, C. & Seligman, M. E. P.（2004）. *Character strengths and virtues: A handbook and classification*. New York: Oxford University Press/Washington, DC: American Psychological Association.

Spiegel, D., Keith-Spiegel, P., Abraham, J., Krainittz, L.（1969）. Humor and suicide: Favorite jokes of suicidal patients. *Journal of Counseling and Clinical Psychology*, 33(4), 504–505.

Strick, M., Holland, R. W., van Baaren. R. B. & van Knippenberg, A.（2009）. Finding comfort in a joke: Consolatory effects of humor through cognitive distraction. *Emotion*, 9(4), 574–578.

上野行良（1992）. ユーモア現象に関する諸研究とユーモアの分類化について　社会心理学研究，7(2), 112–120.

3

遊戯療法

●遊戯療法とは

(1) はじめに

　遊戯療法とは，遊びを媒介して子どもの心理的問題にアプローチする心理療法である。村瀬（2010）は，遊戯療法を，「言語によってでは十分に自分の気持ちや考えを表現するに至らないクライエントを対象に，遊ぶことや遊具を通して行われる心理療法であり，遊ぶことを通してクライエントの人格の成長と変容を目指す創造的な活動である」と定義している。大人に対しての心理療法では，言葉を用いて面接を行い，治療関係を築いたうえで心理的問題にアプローチをすることになるが，言語能力の発達途上にある子どもは，自分の内的世界を言葉で表現することが難しい。しかし，遊びの中では豊かな自己開示を行うことができるため（弘中，2014），子どもに対しての心理療法として有効であると考えられている。

(2) 子どもにとっての遊びとは

　遊びは，子どもの発達にとって欠かせないものであり，身体的にも情緒的にも発達の大きな役割を担っている。ピアジェ（Piaget, 1945）は，遊びは「自我に対する実在の同化」であると同時に，将来の思考や推理，つまり知能の基となるものであると指摘している。仙田（2002）は，遊びによって，子どもの創造性，社会性，感性，身体性の四つの能力の開発がもたらされるとしている。弘中（2000）は，遊びは本質的にカタルシスの機能をもっているとし，子どもは夢中になって遊ぶことによってカタルシスを得て，心身の状態をよい水準に保っていると推測している。

　また，遊びは子どもがコミュニケーションをとるための主流な媒体でもある。遊びによって感覚的な部分で非常に豊かなやり取りが展開されることによって，人とかかわることの喜び，誰かに助けてもらう嬉しさ，達成感など，対人関係の重要な要素を得ることができる（Winnicott, 1971）。三木（2002）は，子どもは他人との関わりや共同経験を通じて，人とともに社会の中で生きていくうえで必要な知識や行動，すなわち社会性を身につけていくと述べている。他者と協力して遊びを展開する共同遊びにおいては，感情の共有や役割の分担などにより，遊びを通して得られる経験に，幅や深さがもたらされるほか，コミュニケーションの技能や感性などの発達も促進されると考えられる（無藤，2001）。このように，子どもは遊びを経験する中でさまざまなことを学習していく。ランドレス（Landreth, 2012）は，遊びの機能について，「遊びの中で，子どもたちはエネルギーを解放し，人生においてやらねばならないことに備え，困難な目標を達成し，欲求不満から解放されます。（中略）遊ぶにつれて，子どもたちは

自分のパーソナリティの特性を表現し，内的な資源を引き出します。こうして，それを自分の
パーソナリティの中に組み込むことが可能になるのです」と説明している。子どもにとって，
遊びは必要不可欠なものであり，生活のほとんどを占める活動であると同時に，成長のプロセ
スにおいても重要な役割をもっていると考えられる。

(3)　子どもの発達課題

　子どもの心理療法を考えていく上では，子どもが呈しているさまざまな症状の背景には何が
あるのか，見立てをもとにして検討していく必要がある。見立てをたてるためには，子どもの
知的発達や認知機能などはもちろん，子どもの心理発達のプロセスや子どもが抱えている発達
課題について理解をする必要がある。そのために抑えておきたい代表的な発達理論の概略を提
示する。

　フロイト（S. Freud）は欲動理論を提唱し，ヒトには幼児期から性的欲動があり，それは快を
求め，不快を避けようとする身体的生理的欲求であると考えた。そして，欲動の満足を中心と
した身体部位に対応した「口唇期」「肛門」「男根期」「潜伏期」「性器期」といった心理性的発
達段階（Psychosexual development）を提唱し（永井，2005），その時期の課題を示した。

　エリクソン（E. H. Erikson）は，心理・社会要因を重視したライフサイクル理論を提唱し，
幼児期から老年期までを八つの発達段階に分け，各段階における発達課題と危機を想定し，各
段階で乗り越えるべき課題を提示している（Erikson, 1950）。

　一方，ピアジェ（J. Piaget）は子どもの認知の発達について，第1段階（感覚運動期），第2
段階（前操作期），第3段階（具体的操作期），第4段階（形式的操作期）と四つの段階に分けて
考え，思考を中心とした子どもの認知発達について統一的な認知発達理論を提唱した（川上，
2001）。

　ボウルビィ（J. Bowlby）は，幼児期に親と子の間で形成される情緒的結びつきである「アタ
ッチメント（attachment）」（Bowlby, 1969）の概念を提唱した。子どもは，特定の愛着対象と
の間の中で心理的安定を取り戻すものとされ，子どもにとって主要なアタッチメント対象は，
「安全な避難所（Safe haven）であると同時に，そこを拠点として外の世界に積極的にでていく
ための「安全基地（secure base）」として機能する（Bowlby, 1988）として乳幼児期早期の発
達論を展開した。

　また精神分析の流れをくむメラニー・クライン（M. Klein）は，幼児期の発達を段階ではな
く，進歩や逆行を繰り返すポジション概念によって捉えた。自己も対象も部分的で断片的であ
る妄想分裂ポジションと自己や対象がそれぞれ統合していく抑うつポジションが相互に移行し
ながらも，抑うつポジションに多くとどまれることが健康的な状態である，とした独自の発達
理論を展開させた（Segal, 2004）。

　小児科医であるウィニコット（D. W. Winnicott）は，母子の関係から発達段階を検討し乳幼
児期は母子で一つの単位を形成していると考えた。この時期に母親（その代理）が子どもを
「抱えること（holding）」は，子どもの初めての対象関係の確立や本能満足の体験と直接的に結
びついている（Winnicott, 1965）ことを指摘し，この時期の周囲の大人の重要な役割を提唱し
ている。

　またスターン（D. N. Stern）は自分が自分であると感じる直接的で主観的な感覚を自己感と
よび，発達早期の乳児の体験世界を，「新生自己感」「中核自己感」「主観的自己感」「言語的自

己感」という四つの階層で捉えていくこと提唱し，主観的自己感の時期に起こってくる他者との間で起こる繊細で濃密な生気情動を介した「情動調律（affect attunement）」の重要性を指摘している（Stern, 1985）。

　こうした発達理論は，子どもたちが抱えている心理的発達課題を理解するための大事な基盤となってくる。

（4）子どものこころのサイン

　子どもは，子ども自身の内的な力と，子どもを取り巻く環境が相互作用する中で発達していく。乳幼児期は，ことばの発達をはじめとしたコミュニケーション能力，対人関係や社会性の育ち，さまざまな認知機能の習得など，学校における学習や集団生活，その後の自立や社会参加の基盤を形成する時期である（笹森ら，2010）。学童期には，子どもは学校という外的な集団に属するようになり，勉強や運動，対人関係などの社会性を身に着けていく（松永，2012）。また，思春期に入ると，急速な身体的・性的な発達が進むことになり，新しい身体にフィットした新しい心（精神装置）を作り上げることが求められる（西村，2009）。このように，子どもは内的・外的環境の相互作用の中で発達していくが，この過程の中で，発達の遅れやつまずきを起こすことがある。乳幼児期の発達の遅れは，就学後の学習面や生活面のさまざまな困難となり，また，情緒不安や不適応行動等の二次障害が生じてしまうこともある（笹森ら，2010）。学童期においても，学校場面での仲間関係のトラブルやいじめなどの外的環境のストレスや，家庭内の家族状況の大きな変化や不和，保護者の関わりの問題などの内的環境のストレス等によって，子どもの内的バランスが崩れ，不登校状態となる可能性がある（松永，2012）。子どもは発達の過程の中で心が揺れ動くことにより，心身のバランスを崩すことがあり，こころのサインとしてさまざまな症状を呈することがある。

　子どもが表すさまざまなサインの背景には，本人がもともともって生まれた特性や，本人を取り巻く環境，また社会的な状況など多様な要因が重なり合っていることが多い。深谷（2005）は，発達の停滞やつまずきを起こしている子どもへの援助方法として，子どもの周囲の人々に働きかけて，環境の調整をしていく方法（環境調整）と，子どもに直接働きかける方法（心理療法や心理的援助）があるとしている。まずは，子どもや親子関係の観察，親や本人にかかわる人からの聞き取り，心理検査から把握できる客観的な状態の把握に基づいて，包括的にアセスメントを行い，支援のあり方を検討していくことが重要である。医療的ケアが必要な場合は医療的側面からのアプローチとなるが，社会経済的な問題が背景にあったり，環境調整が必要な場合は，子どもや家族への直接的なアプローチではなく，関係機関との調整等，社会的なアプローチが必要となる場合もある。また，発達障害が疑われる場合には，発達支援的アプローチが有効である場合もある。

（5）遊戯療法における遊びの意味

　子どもの状態の包括的なアセスメントに基づき，心理療法が適用であると判断された場合，多く用いられるのが遊戯療法である。それでは，遊戯療法という形で，子どもの心理療法において遊びが用いられることには，どのような意味があるのだろうか。弘中（2002）は，遊戯療法における遊びの治療的機能として，「守りとしての機能」，「メタファーの機能」，「身体性・即興性・偶発性」があるとしている。深刻な性質のものであっても，遊びとして表出することに

よって，受ける負荷が小さなものとなり，子どもは守られる。また，現実世界では禁止されているようなことでも，遊びの中であればメタファーとして表現することができる。子どもは，自分の考えや感情などを言語化し表現することは難しいため，心理的な問題を抱えている場合でも，言語を用いて心理療法を行うことは難しい。しかし，遊びは大人にとっての言語化と同じ効果をもたらすことができる。つまり，遊びの内容や，遊びを通して治療者に向ける感情などには，子どもの問題が表現されており，治療者も遊びを通して子どもの問題にアプローチすることができる。同時に，大人が子どもが抱いている感情や子どもがもつ自分自身へのイメージなどを理解する方法であると考えられる。ランドレス（Landreth, 2002）は，遊戯療法の七つの要素として，①子どもとのよい関係の確立，②幅広い感情表現，③現実世界での体験の探求，④限界についての現実的な吟味，⑤ポジティブな自己イメージの発展，⑥自己理解の発展，⑦自己コントロールの発達の機会，が重要であるとしている。遊戯療法の中で，子どもと治療者が関わることによって，これらの要素を網羅することにより，子どもの抱える心理的問題は解消へと導かれるであろう。治療者も，ただ子どもと楽しく遊ぶだけではなく，遊戯療法における遊びの意義や機能について把握した上で，子どもとかかわることが重要であると考えられる。

●準拠するモデルと方法（技法）

（1）遊戯療法の歴史

　1）精神分析の流れを汲む遊戯療法　　初めて遊びを治療的に活用し，子どもへ心理的アプローチを行ったのはフロイト である。フロイトは，1909 年に報告した恐怖症の「ハンス少年」という事例の中で，ハンス少年が行っている遊びをもとに父親に対応をアドバイスする形で治療を行った。その後，1910 年代には，子どもに対して精神分析を行う試みが本格的に始まり，遊びがセラピーへ取り入れられるようになった。子どもを対象とした精神分析は，児童分析と呼ばれたが，遊びを子どものセラピーに取り入れることについては，アンナ・フロイト（A. Freud）とメラニー・クライン（M. Klein）の間で激しく論争が行われたことがよく知られている。

　フロイトの娘であるアンナ・フロイトは，子どもが自分の問題を認識して自発的に精神分析を受けることや，精神分析の目的を理解することは難しいため，大人と同様に精神分析を行うことは困難であると考えていた。そのため，子どもがセラピーに対して自発的に取り組めるよう，子どもと治療同盟を形成することを促すために遊びを用いた。アンナ・フロイトが重視していたのは，子どもとセラピストの間の情緒的な関係が深まり，子どもが精神分析を受けられるような下地を形成することであった。また，アンナ・フロイトは，子どもの遊びを観察することによって，子どもの情緒的反応，身近な人に対する態度，内面に抱かれている空想を知る機会となるという点で，特に年少の子どもの場合には有用であると認めていた（小松，1999）。その一方で，子どもの遊びがいつも象徴的意味をもっているとは限らない点や，子どもは意識して自由連想を行っているわけではないという点から，遊びを自由連想の代わりとして用い，遊びの背後にある無意識的な意味を解釈したり，遊び自体を治療的であると捉えたりすることに対しては否定的であった。

　メラニー・クラインは，アンナ・フロイトと同様に，子どもから「会話だけの手段では十分な材料を集めることは全くできない」ため，自由連想は困難であると考えていた。その一方で，

子どもの遊びは大人の自由連想と同じように無意識の活動であり，同じ構造をもっていると主張した。クラインは，子どもの遊びは，大人の夢のように，無意識を表現するための手段であると考えた。また，子どもの遊びを象徴的に理解することによって，子どもの不安や幻想，防衛，治療者への転移感情を読みとることができ，子どもがそれらに対しての治療者の解釈を通して洞察を得ることで，不安を軽減することができると強調した。クラインは，子どもがもつ不安は，遊びの中で抵抗や攻撃の形で表れると考えていた。そのため，治療者が状況をコントロールしながら，子どものもつ不安や罪悪感の解釈を繰り返していくという方法を用いることで，子どもの不安を和らげ，無意識へ接近しようとした。

2) 関係療法・子ども中心遊戯療法　　1930 年代に入り，タフト（J. Taft）とアレン（F. Allen）は子どもと治療者の関係のあり方に注目し，関係療法を確立した。関係療法において重要視されるのは，これまでの経験や無意識ではなく，治療者と子どもの「今，ここ」での関係であり，情緒的な関係の進展が治癒力となることが強調された。

　この関係療法の概念を踏まえ，クライエント中心療法に発展させたのが，ロジャーズ（C. Rogers）である。ロジャーズの弟子であるアクスライン（V. M. Axline）は，クライエント中心療法の流れを汲み，子ども中心遊戯療法を提唱した。子ども中心遊戯療法は，子どもをコントロールしたり変化させたりすることに努力を払うのではなく，子どもの行動は常に完全な自己実現を果たそうとする衝動によって起こるものであるという理論に基づいている（Landreth, 2012）。つまり，治療者が子どもの遊びを受け入れ，子どもをコントロールしようとすることのない環境の中で遊びが展開されることにより，子どもの成長が促進されることが重視されている。アクスラインは，遊びにより子どもと大人との安全な関係がえられるため，遊びの経験は治療的であり，その結果，子どもは自分の言葉で自分を表現する自由と余裕をもつことができると述べている（Axline, 1964）。アクスラインが提唱した，遊戯療法における「基本的な 8 原則」は広く知られており，我が国においても，ほとんどの遊戯療法の実践家が実際に遵守している原理であるといわれている（弘中，2014）。

　①子どもとの間によい関係（ラポール）を成立させる。
　②子どものあるがままを受容する。
　③子どもが自由に感情を表現できる許容的な雰囲気をつくる。
　④治療者は，子どもの表出する感情を敏感に察知し，適切な情緒的反射を行い，子どもが
　　自らの行動を洞察しやすいようにする。
　⑤子どもがもつ成長する力を信じ，自分の力で問題を解決していく能力を大切にする。
　⑥治療者は子どものあとに従い，決して指示・指導を行わない。
　⑦治療は緩慢な過程であるため，治療者は子どものテンポに従って焦らず待つ。
　⑧子どもの安全や健康を守り，治療関係の成立を助け，子どもがその関係における自分の
　　責任に気づくために，必要な制限を与える。
　（主な制限：治療時間，治療者への危険な身体的攻撃，備品の過度な破壊，危険な活動など）

　この 8 原則において，①から④までは，子どもとの適切な関係を成立させるための治療者の

姿勢を示しており，⑤から⑦までは子どもの中に存在する成長する力を認めたうえでの関わり方を示している（永井，2005）。このように，子どもの自主性を尊重することや，治療者が子どもと適切に関係を成立させることは，子ども中心遊戯療法のみならず，子どもへの心理療法を行う際の基本的な心構えとしても重要であると考えられる。

　　3）ウィニコットの理論　　ウィニコットは，アンナ・フロイトやクラインが確立してきた児童分析の領域においては，遊びの内容をどのように理解し，どのように治療に役立てるかという問題に関心が向けられており，遊ぶことそのものがもつ意義や役割については十分に注目されていなかったと指摘している（小松，1999）。ウィニコットは，遊びは精神療法における重要な要素の一つであり，「遊ぶこと（playing）」自体が治療であると考えた。ここでの「遊ぶこと」は，おもちゃで遊ぶ，ゲームで遊ぶといった，日常語として使われる意味と重なってはいるが，かなり抽象的で幅広い意味で使われている（小松，1999）。ウィニコットは，遊ぶことは，純粋に内的な主観の領域でも，外的な現実の領域でもなく，子どもと母親との間に横たわる領域（potential space : 潜在空間）にあるとした（Winnicott, 1971）。これには，ウィニコットが提唱した概念である，移行現象（transitional phenomena）が大きく関連している。移行現象は，子どもが母親と一体になり，一つの単位として存在しており，自分の外側にある世界の存在を認識していない段階から，母親と区別された主体の段階になるまでの中間の段階である。ウィニコットの考えでは，遊ぶことは創造的な過程であり，遊ぶことを通して内的な空想と外的な現実が織り合わされ，第三の領域である潜在空間が出現する。つまり，遊ぶこと自体が移行現象の一部であり，遊ぶことそのものが発達促進的な要素をもつ。そして，内的現実と外的現実のどちらに属するかを問いただされない，この体験の中間領域は，子どもの体験の大きな部分を占め，その後，生涯を通じて，芸術，宗教，想像力に富んだ生活，創造的科学研究等に付随する集中的体験の中に保持されていくと述べている（Winnicott, 1971）。ウィニコットは，子どもの心理的問題を，主に環境の側が子どもに適応することに失敗したために生じる発達の失敗と考え，子どもの治療の目的は，成長過程を促進し，成長を妨げている要因を取り除くことであるとも考えていたため（小松，1999），遊ぶこと自体が発達促進的であり，治療的であると主張した。子どもは，遊ぶことを通じて，外的世界とのかかわりに個人的な意味を見出せるようになる。精神療法とは二つの遊ぶことの領域，つまり患者の領域と治療者の領域とを重ね合わせることであり，治療者の仕事は，患者を遊べない状態から遊べる状態へ導くように努力することであるとしている（Winnicott, 1971）。

（2）遊戯療法の実際

　遊戯療法を実際に行う場合，どのように治療は展開していくのであろうか。そして，治療の展開のために治療者はどのようなことに気をつけるべきであろうか。経過の中で表れる課題や治療者に求められる技法について検討する。

1）遊戯療法初期における課題

　　関係性の形成　　まず，遊戯療法を始めるにあたり，子どもと関係性を築くことが最初の目標となる。子どもが自分自身の問題について明確に把握し，自分自身の意思で相談機関に来ることはほとんどない。親が心配してであったり，所属する学校や保育園の先生からの指摘であ

ったり，子どもは周囲の人に"連れてこられる"場合が多いと思われる。そのため，子どもは遊戯療法についてイメージができなかったり，何を求められているのかがわからなかったり，反対に自分に駄目なところがあるからだと思っていたり，さまざまな気持ちを抱えて来談する。そのような子どもと治療者の最初の出会いは，その後子どもと治療関係を発展させていくためにも重要なものとなる。小倉（1980）は，初回面接に，その子どもの問題からセラピーの可能性まで，すべての情報が含まれており，それをいかに繊細かつ精密に把握するかが大切であると述べている。どのような場所で，治療者はどのように声をかけるのか，そして子どもはその声かけにどのように反応するのか，といった点は，その後の子どもと治療者の関係性の始まりとなるうえで重要であるため，十分に配慮して検討し，観察をするべきであると考えられる。

　ランドレス（Landreth, 2012）は，子どもとの間で治療関係を築くために治療者が目標とすることとして，子ども中心遊戯療法の観点から以下の項目をあげている。

　　①子どもにとって安心できる雰囲気を作り出すこと
　　②子どもの世界を理解し，受け容れること
　　③子どもが情緒的な世界を表現するように励ますこと
　　④許容されている感じを作り出すこと
　　⑤子どもが決めるように促すこと
　　⑥責任を引き受ける機会を子どもに与え，コントロールしている感じを育てること

　子どもに何かを強要することなく，安心できる雰囲気を作ることで，子どもは自由に過ごすことができ，自分の気持ちを表現することができるようになる。そのような場所や人（プレイルームや治療者）は，子どもにとって特別な存在となることであろう。そのための第一歩として，子どもとの関係性の始まりを丁寧に築いていくことが求められる。

　遊戯療法における治療契約　　遊戯療法とはどのようなものかを子どもに直接伝えることは難しい。「自由に気持ちを表現する場所」，「治療者と信頼関係を築くのが目的」ということは，直接的に伝えるのではなく，治療者が目標として把握した上で子どもと関わっていくべきである。子どもには，「プレイルームでは好きなことやしたいことを自由にしていい」ことや，「したくなければなにもしなくてもいい」ことをまず伝える。子どもにとって自由な場所であり，自分の意志で過ごせる場所であるという点が伝わることが重要である。永井（2005）は，「したくなければ，何もしなくてもいい。ここは気持ちに反しての強制や支配を受ける場ではない」というプレイルームの精神は伝えにくいものであり，その点は言葉ではなく，一緒に過ごす治療者の態度の中で少しずつ子どもに伝わればいい，と述べている。すべて言葉で伝えるのではなく，治療者が子どもの気持ちを把握しようとしながら一緒に過ごす中で，態度として子どもに伝えていくことができると思われる。

　子どもの年代によっては，自分も問題について大まかに把握しており，言葉で表現できる子もいる。星山（2005）は，遊戯療法の導入時には，①どういうことで来所することになったのか，知っていることを確認する，②治療者はどんなふうにその来所理由を聞いているかを伝える，③来所理由を聞いてどう思ったか問う，④遊戯療法の時間と場所の意味について伝える，⑤治療者はどんなふうに関わっていくか伝える，という作業を行うと述べている。このように，子どもが自分の問題をどのように把握しているかを確認し，治療契約を結ぶことで，子ど

もは受け身になりすぎず，遊戯療法を展開させることができる。子どもといかに治療契約を結ぶかという点については，その子どもの特性や発達程度，言語能力等に合わせ検討することが重要である。

　　アセスメント　　遊戯療法を行うにあたり，子どもの状態や特性等をアセスメントし，十分に把握した上で関わることが重要となる。前川（2003）は，子どもとの出会いにおけるアセスメントの視点として，①ライフサイクルの視点，②行動や感情のコントロール状態を評定する視点，③心身の症状および障害の視点，④対人関係の視点の四つをあげている。まず，子どもの心理発達のプロセスや発達課題について踏まえた上で，現在はどのような状態であるのかを把握することが必要である。そのためには，相談が申し込まれた段階で，現在子どもが呈している症状や遊戯療法を受けることになった経緯，簡単な生育歴等を把握し，仮の見立てをしたうえで援助方針を決めていくことが求められる。

　　子どもの状態として，発達に偏りや特性があるか，行動や感情のコントロールが適切にできているかという視点で把握することも重要である。行動面において，衝動性のコントロールが適度にできているか，また，感情面において，過度に抑制されている点がないか，感情の表出に不自然な点がないか，等の視点から，子どもの特徴を捉えることができる。また，これらの状態は，子どもの発達の特性が影響しているものか，環境の要因が大きいのかについても，包括的に検討することが求められる。身体疾患や重篤な症状が疑われる場合には，医療機関への受診が優先される場合もある。現在の子どもの状態を適切に把握し，子どもにとって最適な支援のあり方を検討していくことが必要である。

　　以上の点を踏まえ，子どもにとって心理療法が適切であると判断された場合，遊戯療法を行っていく。子どもの状態によって，治療者のかかわり方や，プレイルーム等の環境の設備，枠や制限の設定等に柔軟な対応を求められることがある。症状の重い子どもにとっては，プレイルームで自由に遊ぶ，ということは，非常に侵襲性が高く，負担になるものかもしれない。そのような子どもに対しては，自己表現を最小限に抑えることができ，侵襲性が低い関わりから徐々に治療者とコミュニケーションを取り，関係性を築いていくような関わりが求められる。遊戯療法をどのような形で導入するのかは，機関によって大きく異なるだろう。大学院附属の心理発達相談室では，親子並行面接の形がとられることも多い。そのため，親や親面接担当者と十分に連携を取ったうえで，子どもの状態を把握し，関わることが必要であろう。また，子どもの状態は，遊戯療法を行う経過の中で変化していく可能性も考えられる。アセスメントは，最初に行うのみではなく，経過の中で定期的に検討を行うことで，その都度子どもにとって最適な関わりをすることができると思われる。

2）遊戯療法の場と遊具

　　プレイルームの環境と設備　　遊戯療法を行うにあたって，その場の雰囲気や設備などの環境は，子どもに影響を与えるものであるため，とても重要である。ランドレス（Landreth, 2012）は，プレイルームの物理的な構造として，内壁やドアに窓がなくプライバシーが守られた空間であること，掃除がしやすく耐久性が高い床や壁であること，おもちゃが十分にしまえるような棚があること，などの条件をあげ，子どもにとってもっとも自然なコミュニケーションの仕方を選択する機会が与えられることが大切であると述べている。日本の臨床心理士養成課程を有する大学院の附属相談室を対象とし，子どもの心理療法における物理的な環境に関す

る研究を行った丸山・永田（2014）では，プレイルームの物理的環境として「心地よい雰囲気」があることや，年齢や対象によって部屋が使い分けられるような「機能の分担」ができること，「安全性」などが考慮されていることが示された。また，石川ら（2015）は，プレイルームにおける子どもの空間使用と遊具の選択の調査から，以下の空間が重要であることを報告した。

①子どもたちが自由に使用をすることが可能で，多様な遊びを展開できる何も置かれていない一定の広さの空間
②箱庭や箱庭の砂，ミニチュアなどを使用した象徴的遊びを展開できる空間
③ソファなどが置かれゆったりと落ち着き，何もする必要のない子どもの心をほっと落ち着かせる空間
④トランポリンなどが置かれ身体的遊びを展開できる空間

　以上の空間が配置されたプレイルームにおいて，「内的現実を表現する遊び」「身体感覚を利用する遊び」「外的現実のルールに従う遊び」「感情を発散させる遊び」「情緒を落ち着かせる遊び」を中心に遊びが展開されるとした。このように，プレイルームはさまざまな遊びや過ごし方を保証する空間であり，子どもが安心して過ごせる場所だと実感することで，治療の展開が促されると考えられる。

　酒井ら（2021）は，子どもの心理療法における物理的環境の設定について検討し，遊戯療法を行う際に，「おもちゃ・設備」，「部屋の大きさ」，「自由度の高さ」等の観点から部屋が選択されていることを指摘した。特に，比較的構造化されていない「自由度の高さ」をもつ部屋に一定のニーズがあったことから，治療者のみならず子どもが主体的に面接構造を選択することが面接において肯定的に作用する可能性が示唆された。治療者も，部屋の構造や設備，おもちゃなどのアイテムの特徴を把握したうえで，治療の展開の中で継続的に物理的環境への配慮と工夫をしていく姿勢が求められると考えられる。

遊戯療法で用いられるおもちゃと道具　　プレイルームの設備と同様に，用意されているおもちゃや道具も遊戯療法において大きな影響を与えるであろう。ランドレス（Landreth, 2012）は，遊びは彼らの言語表現であるため，遊びの活動（言語）の幅を広く提供することによって，子どもたちの表現が促進されるようなおもちゃと道具（言語）が選定されなくてはならないと述べている。そして，おもちゃと道具の選定基準を以下のように示している。

①そのおもちゃ・道具は，幅広い創造的表現を促進するか
②そのおもちゃ・道具は，幅広い感情表現を促進するか
③そのおもちゃ・道具は，子どもたちの興味を引きつけるものか
④そのおもちゃ・道具は，表現的・探索的遊びを促進するか
⑤そのおもちゃ・道具は，言語化しなくても探索したり表現したりできるものか
⑥そのおもちゃ・道具は，決まった枠組みに従わなくても遊べるものか
⑦そのおもちゃ・道具は，自由自在な遊び方ができるものか
⑧そのおもちゃ・道具は，活動的な遊びに使える頑丈な構造をもったものか

　黒板やスケッチブック，クレヨン，粘土などのおもちゃは，子どもの創造的表現を促進する

であろう。プレイルームに箱庭が常設されていることもある。箱庭療法は，ローエンフィルド（M. Lowenfeld）が開発した世界技法を，カルフ（D. M. Kalff）が「Sand Play」として完成させた心理療法である。箱庭は，57cm × 72cm × 7cm の内側が青く塗られた箱に，適量の砂を入れ，砂を移動させたり中にミニチュアのおもちゃを置いたりして制作を行う。箱庭の制作は，自由度が高く，イメージを媒介として行うことができることから，臨機応変に用いられる一つの表現技法として有効である（弘中，2014）。

　子どもの感情表現を助けるおもちゃとして，人形やドールハウス，鉄砲や刀などの武器，トランポリンやパンチキックなどの運動用具があげられる。人形やドールハウスなどは，子どもの生活の中での家族を表すことができ，それゆえに直接的な感情表現をするために機会を与えることとなる（Landreth, 2012）。また，武器や運動用具は，子どものストレスを解消し，攻撃性を発散させるために有効である（深谷，2005）。

　おもちゃの使い方によって，子どもの活動が制限されることがないよう，決まった枠組みに従わなくても遊べたり，さまざまな用途で使えたりする応用の幅が広いおもちゃや道具をそろえることも必要である。自由自在な遊び方ができるおもちゃとして，積み木やブロックなどがあげられる。完成の形が決まっていない積み木やブロックなどのおもちゃは，見立て遊びの中でさまざまなテーマを発展させることができるだろう。また，もっとも創造的表現を行うことができる遊びの手段の一つとして，砂と水があげられる。砂と水は形がなく，子どもが求めるどんなものにでもなることができるし，砂と水で遊ぶのに正しい方法，間違っている方法というものはない（Landreth, 2012）。深谷（2005）は，砂や水に触れることで，子どもなりに抱えているストレスが発散され，情緒のバランスが保たれると述べている。しかしながら，砂と水は，手入れが必要であったり，汚れやすかったりすることから，設置してあるプレイルームが減っていることが現状である。砂と水を効果的に遊戯療法で用いるためには，遊戯療法の環境の設定や，子どもに対しての適切な制限等を検討しながら導入することが必要となるだろう。

　また，プレイルームにあるおもちゃや道具が子どもにとって扱いやすいということも重要である。操作が難しい道具や，ルールが難解なゲームなどは，子どもの活動を抑制させてしまったり，うまくいかない体験を繰り返すことになってしまったりするかもしれない。子どもが使いやすく，子どもの行動を制限しないようなおもちゃや道具は，「ここで自分の力で何かをすることができる。うまくできる」という感情を確立するために必要である（Landreth, 2012）。

　これらのおもちゃや道具を用いることによって，治療者と子どもとの関わりが生まれる。そして，子どもが用いたおもちゃによる遊びの意味を治療者が理解していくことによって，治療関係が成立していく。

　　3）遊戯療法における子どもの表現と投影　　子どもと治療者の関係性が形成され，プレイルームにも慣れてくると，子どもはより多彩な遊びを展開するようになる。その中で，子どもはさまざまな感情を遊びにより表現し，治療者に投影する。弘中（2000）は，遊戯療法において，治療者は，同年齢の子どもや母親，攻撃の引き受け役などさまざまな役割を与えられるが，その一つひとつの役割は，子どもの内的世界に存在するさまざまな対象の投影であると述べている。子どもの対人関係上の問題は，さまざまな役割を投影された治療者との遊びにおいて現れる。治療者は，子どもと遊びながら，誰を投影しているのか，そして子どもが表現する感情や，反応等を注意深く捉え，検討する。このような流れを経て，子どもの問題を扱うことがで

きるであろう。

　また，遊戯療法が行われる中で，繰り返し似た遊びや行動が表出することがある。これには，子どもが潜在的に抱えているテーマが表されていることが多い。何度も繰り返される遊びは，子どもが表現している情緒的な問題を暗示しており，このテーマを明らかにすることによって，治療者は子どもが遊戯療法のプロセスの中で何を探索し，経験し，どのようなことに取り組んでいるのかの理解に役立てることができる（Landreth, 2012）。そして，治療者がこのテーマを読みとって受け止め，洞察する中で，テーマについて理解しようと努める。子どもによっては，治療者が子どもの表出を助け，言語化することで子どもの理解が促される場合もあるだろう。それにより，子どもは自分が抱えていた感情を明確にすることができ，感情をうまく処理することができるようになると思われる。

　ムスターカス（Moustakas, 1955）は，遊戯療法を受けた子どもの事例を分析し，遊戯療法の治療プロセスを以下の五つの段階に区分した。

　　第1段階：散漫で否定的な感情が遊びのいたるところに表現される。
　　第2段階：不安や敵意などのアンビバレントな感情が表現される。
　　第3段階：両親やきょうだい，その他子どもの生活に登場する人物に向けた，より直接的な否定的感情が表現される。
　　第4段階：両親やきょうだい，その他子どもの生活に登場する人物に対して，肯定的および否定的なアンビバレントな感情が表現される。
　　第5段階：明確で分化し，現実的な肯定的かつ否定的な態度が表現される。子どもの遊びの中で肯定的な態度が優勢となる。

　このように，遊戯療法の経過の中で，子どもが表現する遊びは変化し，治療者もそれを受け止めていく必要がある。ムスターカスは，この最終段階は，治療者に十分理解され，受け入れられ，大事にされているという関係性によってもたらされるものであると述べている。遊戯療法の展開には，治療者との関係性が形成されていること，そしてその安定した関係の中で子どもが自由に気持ちを表現できることが重要であると考えられる。

4）枠と制限

　枠の設定　　山中（2001）は，子どもが自己表現する手段を「窓」という言葉で説明し，直接的に問題や症状の意味についての洞察を求めるのではなく，自らを表現しようとする創造力が自己治癒的な成長する力を促進するとしている。この点から考えると，子どもが自己表現のできる場をもてることが治療的であるため，遊戯療法はその場として機能することが求められる。遊戯療法の時間やプレイルームが，子どもの自己表現のために適切に機能するためには，時間と場所の非日常性を保証するために，枠の設定が大切となる。深谷（2005）は，遊戯療法において，①プレイルームという壁で仕切られた「空間の枠」，②50分という「時間の枠」，③していいことと，してはいけないことが，プレイルームのルールの形で提示される「行動の枠」の三つの枠が子どもの「守り」を果たすとしている。「空間の枠」と「時間の枠」については，プレイルームの設備や開始・終了時間などの，いわば外的な要因である。「行動の枠」を形成するプレイルームのルールとは，具体的には，遊戯療法の時間の中で話したことや遊んだ内

容は，ここだけのことであり，親にも秘密は守られること，プレイルームのおもちゃや子ども
が作った作品はプレイルームの中だけのものとしておくこと，時間を守ること，治療者への直
接的な攻撃や備品の破壊など，危険な行為をしないことなどがあげられる。これらの枠の設定
は，遊戯療法の時間が非日常的なものであり，守られた特別な場所と存在であることを保証す
るものである。

　遊戯療法における枠についての説明は，最初にすべて行うわけではなく，子どもが枠を越え
た行動をした際にその都度伝えていくことが多い。しかし，開始時間と終了時間の約束のみ，
最初に伝えておくことが大切である。筆者は，子どもと初めて遊戯療法を行う際には，「ここは
なんでも好きなことをして過ごしていい場所」であることを伝えたうえで，「お約束があるん
だけど，〇分になったらおしまいね。時計の針が〇のところね」と終了時間を明確に伝えてい
る。終了時間がわかっていることで，子どもはプレイルームで過ごす見通しが立ちやすく，安
心して遊ぶことができる。

　制　限　　時には，子どもが決められた枠や約束を破る行動を起こすことがある。具体的
には，決められた時間が過ぎても遊びをやめようとせず，プレイルームから出ようとしない退
室渋りや，プレイルームのおもちゃを家に持ち帰ろうとする行為，家からものを持ってくる行
為などである。遊戯療法において，治療者は子どものする行動に対して受容的にかかわること
が求められるが，すべての行動を容認することを推奨しているわけではない。上記のような，
決められた枠や約束を破る行動に対しては，治療者が制限をすることが求められる。ランドレ
ス（Landreth, 2012）は，制限される行動は，①子どもや治療者に対して，害を与えたり，危
険であったりするような行動，②治療の決まった手順やプロセスを妨害するような行動（しき
りにプレイルームから出ようとしたり，時間が過ぎても遊ぼうとするなど），③部屋や用具を
壊すこと，④プレイルームからおもちゃを持ち出すこと，⑤社会的に容認できない行動，⑥不
適切なやり方で感情を表すこと，であると述べている。遊戯療法は学習経験であり，制限は，
子どもたちが自己コントロールや，自分たちが選択の自由をもっていること，選択するという
こと，責任とはどのような感じがするものかということを学ぶ機会を提供するものである。ま
た，制限をすることによる治療者の目的は，子どもの行動をやめさせることではなく，むしろ，
その行動を動機づけている感情や望み，要求を，より受け容れられる形で子どもが表現できる
よう促すことである（Landreth, 2012）。すべての行動を受け入れるという形で，制限を行わ
ないことは，子どもの不適応行動を強化したり，無秩序な関係性や場所を提供したりすること
になりかねない。子どもの行動を制限することにより，遊戯療法は構造化され，プレイルーム
は安心・安全に過ごすことができる場所となる。同時に，子どもの行動を制限することは，治
療者の受容的態度を守ることにもなる。特に，治療者に対しての直接的な攻撃等の行動は，子
どもへの共感的・受容的な態度を保つことを困難にする。子どもとの治療関係を継続するため
にも，子どもの行動に制限を設けることは必要となると考えられる。

　しかし，子どもの行動を制限することは簡単ではなく，治療者に迷いが生じることも多い。
子どもの行動を制限することによって，治療者との関係性が壊れるのではないかという不安が
出てきたり，子どもが自由な表現をできなくなるのではないかと危惧したりした結果，制限が
適切に行われない場合がある。また，子どもが枠や約束を破ろうとする行動が，子どもの課題
や治療の展開を表している場合もある。永井（2005）は，子どもが取り決めを破る行動は，遊
戯療法の過程のどの時点で起こるかによって意味が異なるとしている。初期の場合は，取り決

めの意味が了承できていないか，治療者がどこまで受け入れてくれるかを試している場合が多く，中期は，心理的な退行が影響している場合が多い。また，後期には，制限を破ることが，自らの自立と独立を促す意味をもつ場合もあると述べている。子どもが枠や約束を破ろうとする行動を起こした場合には，どのような意味があるのかを慎重に検討する必要があるため，どこまで許容し，どこから制限するかという明確な区切りを設定することは難しい。それゆえに，治療者は迷うこととなるが，子どもがなぜ枠や約束を破る行動をするのか，制限によって守られるもの・損なわれるものは何か，と考えていくことは，子どもが抱える問題を考えることに結びついていると思われる。それぞれのケースにおいて，重点を置くポイントや，重視したい点を検討する中で，枠や制限は変化しうる可能性がある。スーパーヴァイザー等客観的な意見を踏まえながら，その時点での子どもの状態をアセスメントしたうえで，柔軟に検討を行うことも求められるであろう。

5）終　　結　　遊戯療法が展開するに伴い，来談した当初の問題や症状が解消していくと，終結が検討されるようになる。子どもの症状の解消に伴い，保護者から終結の申し出がなされることがある。また，終結が近づいてくると，子どもの来談の様子も変化することもある。これまでは欠かさずに来談していた子どもが，学校での用事や友達との約束を優先し，キャンセルすることが多くなったり，プレイルームに入ってもつまらなさそうな様子をみせたりすることがあるかもしれない。このような子どもの状態像も含め，アセスメントを行ったうえで，保護者や親面接者と十分に協議し，終結の時期を決定することが必要である。そして，子どもにとって突然の終結となることがないよう，あらかじめ子どもと終結の時期を相談することも重要であろう。

　終結が近づいてくると，治療者の分離不安が顕在化することがある（高石，2011）。治療者自身が必要とされなくなったことに対しての不安や，子どもの問題や症状が再発するのではないかという心配等の気持ちにより，治療者が終結をためらうこともあるだろう。深谷（2005）は，相談室はしばし鳥が羽を休める「止まり木」のようなものだとし，鳥は必要な時に止まり木で休み，再び飛び立つが，止まり木が鳥を追いかけることはない，と述べている。治療者の不安を先行させてしまうのではなく，子どもや家庭の状況を客観的に把握し，適切な終結の時期を見極めることが必要になるだろう。

●面接の実際──事例の提示

　本事例は，プライバシーへの配慮から趣旨を損なわない程度に修正している。

【クライエント】A　女児（来談当時小学2年生）
【主訴】学校場面での緘黙症状について。
【家族構成】父親（40代前半），母親（30代後半），A，妹（小学1年生）
【来談経緯】スクールカウンセラーより遊戯療法を勧められ，母親が相談室を調べて，来談に至った。
【生育歴・現病歴】妊娠時，出生時に問題なし。始歩1歳，始語1歳と，運動発達や言語発達に遅れはなかった。要求の指差しや共同注意行動については，母親は記憶があいまいで，乳児

期より，全体的に反応が薄く，ぼーっとしている感じだった，と語った。3歳で保育園に入園後，衣服のこだわりや指示の聞けなさを指摘された。この頃から，人前で話すことができず，保育園でも唯一話せる友達としか話すことができなかった。

　年長時，田中ビネー知能検査を実施し，IQは境界域という結果だった。就学時健診でも，1年ほど遅れがあると言われたが，通常級へ入学した。小学校入学後も，学校では話せなかった。Aは，「しゃべりたいけどはずかしい」と言っていた。小2からスクールカウンセラーとの面談に通い始めた。そこでも言葉が出る気配はなかったため，相談機関で遊戯療法を行うこと，学校では支援級でAのペースに合わせた支援を行っていくことを勧められた。その後，相談室に来室し，ほぼ同時期に支援級へ移動することとなった。

　【面接形態】隔週の頻度で母子並行面接を行った。Aの遊戯療法は，砂場やトランポリン，水場が備え付けられた広いプレイルームで行われた。このプレイルームには，中庭につながるドアがあり，希望によって外に出て遊ぶこともできた。中庭は，広いスペースが確保されており，設置してあるブランコを使用することができた。

　X＋2年3月に，前担当者が卒業のため，筆者（Thと表記）に引継ぎとなった。

　初回来談時は，言葉を発さず，ぬいぐるみを動かして遊んでいたが，小さな声であいさつができるようになり，そこから少しずつ言葉を発して前担当者と遊ぶことができるようになった。積み木を「赤ちゃん」に見立てたおままごとや，ボールを用いてドッチボールなどの遊びが展開された。その中で，Aが負けたりうまくいかないと，イライラした様子でおもちゃを投げたり，剣のおもちゃで前担当者を叩いたりすることがあった。また，頻繁に退室渋りが見られ，時間になってもプレイルームから出ようとしなかったり，廊下に座り込んで「遊びたかった」と泣いたりすることがあった。

　Thは，X＋2年4月からX＋3年4月まで，計23回の遊戯療法を行った。その過程を村瀬（1996）を参考にし，(1) 導入期，(2) 中間期，(3) 終結期に分けて報告する。

　以下，Aの言葉を「　」，Thの言葉を〈　〉で表す。

(1) 導入期

　前担当者との最後の面接の際に顔合わせを行った。#1でThが改めて自己紹介をしようとすると，「もう覚えた」とすぐにプレイルームへ向かう。プレイルームにある絵具やスケッチブック，トミカ，けん玉などいろいろなおもちゃを出し，「Aちゃんできるよ」「おうちにもある」と言う。#2, 3では，Aが家で作った折り紙のお花や編み物を「プレゼント」と言ってThに渡し，面接の中でも「先生もやる？」と作り方を教えてくれる。これ以降，Aは自分で作ったおもちゃやペットの写真を撮ったデジタルカメラ，スケッチブックなど，さまざまなものを持ち込むようになる。面接の初めにThに見せ，その後は使わずプレイルームのおもちゃで遊ぶことが多かった。

　#3では，風船を膨らませようとするがうまくいかず，「そうだ！」と水場へ行き，蛇口に直接風船をつけて水を出す。どんどん膨らんでいく風船にThが驚くと，Aは満足げな表情をする。水が入った風船をもち，「これ投げたらどうなるかな」とThを見る。水場に投げると風船が破裂し，「割れた！」「次は先生にあてる！」と笑う。〈やめてー〉と逃げるThの足元に風船を投げ，楽しそうに笑う。「先生の顔狙う」「自分にあてる」というAに，〈濡れたら風邪ひいちゃうよ〉〈お着替えがあるときにしよう〉と止めるとしぶしぶやめ，プレイルームにある風船

すべてに水を入れて壁に向かって投げつけ，床を水浸しにする。#4 でも水風船を作る。風船に目いっぱい水を入れると，A と Th で風船を一緒に持って割れないようにそっと箱の中に入れる。もう一つ風船に水を入れ，箱の中に入れようと押し込むと破裂する。「割れた！」と笑い，次々と風船に水を入れて壁に投げつける。投げつけても割れなかった風船は足で踏みつけて割る。Th も，A と一緒に風船を割っていると，プレイルームが水浸しになると同時に，二人とも足元がびしょぬれになり，〈ぬれちゃったね〉と共有して大笑いする。退室間際，「A ちゃん水浸し好きだから，次も水にしといて」と言う A に，〈それはちょっと難しいかもしれないな〉と伝えると，「えー？」と笑いながら退室。#5 では，A と A の父親の洋服を持ってきて，「着替え」と言う。〈水遊びするため？〉「うん。こっち（父親の服）は先生の」と言う。〈先生の分も持ってきてくれたんだね〉と言うと，「これやろ」とにやっと笑って風船を取り出す。風船に水を入れ，上から踏んで割り，プレイルームを水浸しにした。

【母親面接】

　A の障害について語る中で涙されることもあったが，面接を重ねるにつれ，A の姿をポジティブに捉える語りも増えていった。4 年生になり，担任教師に「筆箱を忘れた」と一言話すことができたと報告される。また，家事や子どもの世話をしない父親に対しての不満など，母親自身の思いが語られることもあった。

(2) 中間期

　#6 では，砂場で山と，その周りに道を作る。山の砂が崩れて道の一部をふさいでしまい，「土砂崩れだ」と言う。「泥を作りたい」と言うので，〈バケツの中だけにしよう〉と，砂を少しバケツに移し，その中に水を入れて泥を作る。作った泥を砂場の山の上に乗せようとするが，〈砂場が全部ドロドロになっちゃうから〉と止めると，「えー」と言いながらもやめる。その後，レゴを取り出して，「これ作りたい」と説明書通りに車を作る。Th がパーツを探し，A が組み立てる形で，車を完成させる。

　#8 では，黄色の布のボールを「オムライス」と言ってバドミントンラケットに乗せる。〈それ，フライパンみたいだね〉と Th が言うと，「コンロ作りたい」と言い，ブロックでコンロを作り，料理をする。フリスビーを「お皿」にして，「先生どうぞ」と渡す。「食べるところがいるでしょ」とブロックで机といすを作り，「レストランできた」と言って Th に料理をふるまう。#9 でも，レストランを作って料理をふるまいながら，「このあいだ誕生日だった」と報告する。〈おめでとう！〉と言う Th に，「でも A ちゃん大人になりたくない」〈どうして？〉「だってさ，みんなしゃべれって言うんだもん」〈大人になったらしゃべらなきゃいけないから大人になりたくないんだね〉と伝えると，「まあねー」と軽く返事をして遊び始める。#10 でも「オムライス屋さん」と言ってレストランを作る。出された料理を Th が食べようとすると，風船に水を入れながら，「ねえ，そこでみてるだけなの？」と Th をみてニヤニヤと笑う。水を入れた風船を壁に投げつけ，水浸しに。Th の顔を狙おうと風船を掲げるので，〈顔は嫌だから先生に向かって投げるのやめて〉と制止すると，「なんで？　楽しいじゃん！」と言う。〈そっか，A ちゃんは楽しいんだよね，でも先生は濡れるの嫌だから，顔狙うのはやめてほしいな〉と伝えると，「ふーん，いい人と嫌な人がいるんだね。でも A ちゃんは好き」〈そうだよね，A ちゃんは楽しいからやりたいんだよね〉「じゃあ自分にかける」と水風船を踏みつける。「ねえオム

ライスは？」と思い出したように言う A に，〈びしょ濡れのレストランになってるよ〉と言う
と，A は大笑いする。

　#12 では，「明日 B 君（支援級在籍の同学年の男児）としゃべるの。担任の先生とはお話し
てるんだよ。練習してる」とトランポリンで飛びながら Th に報告する。〈練習していて，A ち
ゃんはどう？〉と尋ねると，「恥ずかしいけど頑張ってる」と話す。砂場で山を作り，周りに道
を作る。山から砂が崩れ道がふさがると，「あー，もう，ちょっと，ふさがってるじゃん」と言
いながら修復する。道を作っている途中で，「これさ，水かけて泥にしよ」と言う。〈全部にお
水を入れるとドロドロになっちゃうからやめておこうか〉と制止すると，「ふーん」と不満げ
に了承する。#13 でも砂場に行き，「また山作る」と言って砂を掘る。「このあいだ B 君とお話
しした」「恥ずかしかったけどお話しできた」「先生が，B 君は A ちゃんとお話しした一番だっ
たから喜んでたよっていってた」と報告する。〈そうなんだ，A ちゃんすごいね〉と Th が言う
と，「あのさ，すごいねって言われると恥ずかしくてお話しできなくなるから」と言う。〈そう
だよね，あんまり言われると恥ずかしくなっちゃうよね〉「でも，あんまり恥ずかしくなくな
ってる」と話す。山ができると，「料理しよう」と言って，ブロックでコンロ，机，椅子を作
る。「先生そこに座って，注文して」と Th に指示し，Th が頼んだ料理を調理してふるまう。
「ソースはいりますか？」「お水もいる？」とコップに水を汲んで Th の前に置く。〈お水もらい
ます，ありがとう〉と飲むふりをする Th に，「おいしいですか？」と尋ねる。Th は，〈おいし
いよ〉と答える。#14 では，トランポリンで飛びながら，「A ちゃんね，もうお話しした人 8 人
になったよ！」「クラスは 15 人だから，あとお話ししてないのは 5 人」と，支援級の中で 8 人
と話したことを報告する。粘土でペットのハムスターを作ろう，と言って，粘土に絵具を混ぜ
て形を作る。A が茶色の粘土を細かくちぎっていたため，〈何作ってるの？〉と尋ねると，「エ
サ。先生エサ皿作ってよ」と要求する。Th が作ったエサ皿に，A が作ったエサを乗せる。#15
も，トランポリンで飛びながら学校で誰と話したか，について報告する。「お医者さんごっこや
ろう！」と言って，ざるで砂を濾し，「これが薬ね。あとは砂糖を作ります」と言う。〈砂糖が
いるんですか？〉「これがあれば患者さんも飲めるでしょ」と言って，薬に混ぜる。ブロックで
お店を作ると，「先生買いにきて」と要求。〈風邪をひいてしまったんですけど〉と言う Th に
薬を調合し，コップに入れて渡す。

【母親面接】

　担任教師が，学校で定期的に A と一対一で話す時間を作るなど，A が話すことに積極的に
介入していると報告される。クラスの子と話すことを先生が後押ししてくれた。友達と話せた
A のことを，「すごい」とテンション高く報告する。母親自身も，A の障害や緘黙症状について，受け入れが難しかった時期があったこと，しかし，「しょうがないって受け入れて進んでき
た。プロセスを踏まないと駄目なんだなと思った」と今までのことを振り返り，A 自身を受け
入れるような語りがみられた。また，A が学校で少しずつ話せるようになったため，相談室を
「卒業」することも考えていると話した。

（3）終結期

　#16 では，画用紙でクリスマスカードを作りながら，「ママがね，（相談室を）卒業してもい
いんじゃないかって言ってる」とぽつりと言う。〈そうなんだね。A ちゃんはどうしたい？〉

と尋ねると，「んー，もうちょっと来たい。だから，クラスのみんなとお話ししてからでどうかなって言ってた」〈そうか。それは難しいのかな？〉「んー，わかんない」と言って，トランポリンにブロックを投げ入れる。トランポリンで勢いよく飛び跳ね，ブロックが落ちると，「落ちたの拾ってよ！」とThにきつい口調で言う。すべてのブロックを落とすと，「やったー，Aちゃんの勝ち！」と笑う。もうすぐ終了時間であることを告げると，「じゃあ最後に先生と勝負する」と言って，トランポリン上で飛びながら手押し相撲をする。なかなか勝負がつかず，二人で大笑いしながらお互いに押し合う。勝負がつかないまま時間になり，〈もうおしまいの時間だよ〉と言うと，少し不満そうな表情をするが，「また次もやりたい」と言いながら退室する。

　#17では，ブロックで協力してコンロを作り，「目玉焼き」をThにふるまう。Thから，改めてAが「卒業」についてどう思っているかを尋ねると，沈黙の後に「まだ来たい」「だっておうちじゃ遊べないもん」とつぶやく。Aはぽつぽつと，支援級の子とはもう話せたこと，交流級の子とはまだ話せていないこと，まだ恥ずかしい気持ちがあることを話す。〈そうか，Aちゃんは頑張ってるんだね。まだここを卒業するのは嫌だなあって気持ちがあるのかな〉と尋ねると，下を向いてうなずく。Aの気持ちを母親に伝えることを提案するとうなずき，ぽつりと「6年生ももう卒業だよ」と話す。クラスに6年生が5人いて，みんな卒業するのでさみしい，と言うAに，〈みんな卒業で，会えなくなっちゃうんだね。さみしいね〉と伝え返す。面接終了後，Aの気持ちをThから母親，母親面接担当者に伝える。#18の最初に，家で母親と卒業について話したこと，A自身も「あと6回がいい」と思っていることを話す。卒業の日をカレンダーで確認し，〈じゃあそうしよう。Aちゃんいっぱい考えてきてくれたんだね〉と伝えるとうなずく。「レストランしよ！　先生準備して！」「Aちゃん作る人ね。先生食べる人」と言って，ブロックでレストランの用意をし，「注文はそれで呼んで」とトランシーバーを渡される。〈すいませーん〉とThが呼ぶと，「はーい」とAが来て，注文を取って料理をする。終了間際，「それでさあ，横山先生は，横山先生がさあ，横山先生と前遊んだ時にさあ」とThの名前を連呼する。終了後に，母親と母親面接担当者を交え，Aの卒業の日を共有すると，Aは「もう終わりの話はしたくない」とつぶやく。

　#19，20では，2人で人形を着替えさせたり，絵を描いたりと，一緒に協力して遊びを完成させる。#21では，作品箱から以前作ったハムスターを取り出し，「そうだ，妹が飼ってるハムスターも作ろうかな」と言って，色の違うハムスターを作る。Thはエサとエサ皿を作る。完成後，「お店屋さんごっこしよ，あ，やっぱりお医者さんごっこしよ」と言って，砂場で薬を作る。薬を作りながら，交流級の子ともお話ができたと報告する。〈そうなんだ！　Aちゃん頑張ってるんだね。〉「もう4年生終わりだから。最後に何しよう」と遊戯療法の最終回について触れる。〈何して遊ぼうね〉「最後に何したいか考えといて！」とThに託す。薬ができると，「動物病院にしよ」と粘土で作ったハムスターを持ってきて，Thに医者役を命じる。〈今日はどうしたんですか？〉「エサを全然食べなくて」〈じゃあお薬作りますね〉Thが作る薬に，「もっとざるで細かくしたらいいんだよ」とアドバイスをする。Aのアドバイスを受けながら完成した薬をエサ皿に乗せると，ハムスターが食べるふりをし，「あ，食べました」〈よかった，元気になったね〉と話し，終了する。#22では，「泥団子作りたい」と言って，バケツに砂を移して水を入れ，泥を作る。一つずつ丁寧に泥団子を作ると，「どれに置いたらいいの」と言っておままごとのお皿を持ってくる。一枚一枚，「これどうかなあ」とThに確認しながら選ぶ。Aが作ったお団子と，Thが作ったお団子を合わせ，「みたらしだんごや」を作り，Aが店員にな

る。

　最終回の #23 では，「はい」と手紙を渡される。中には A やペットのハムスター，妹の写真が入っており，トランポリンに座りながら一緒に眺める。〈みんなの写真も持ってきてくれたんだね〉「だって絶対に忘れてほしくないもん」〈絶対に忘れないよ。また何か困ったことがあったらいつでも来てくれていいからね〉と伝えると，「うん」とうなずく。「最後に何するか決めてきた？」と尋ねる A に，〈いっぱい考えたんだけど，一緒に決めたいなと思って〉と伝え，一緒に何をするか考える。〈あ，砂場で山作るのは？〉と Th が提案すると，「作る！」と言って，砂場で砂を掘りながら，5 年生になったこと，交流級の子ともお話ができたことを報告する。A と Th でそれぞれ反対側から，山の周りを囲う道を作り，初めて一周つながる。「ここに車走らせる」とミニカーを持ってきて，道に車を 2 列でぎっしりと並べる。渋滞した道から，一台の車が出て山の側面を走るが，山の中腹に頭から突っ込んでしまう。「事故です」〈大変だ〉「助けに来ました」とパトカーが道を通って助けに来る。「けが人がいるから救急車呼んで！」と言う A に，〈わかった〉と言って Th は救急車を走らせる。無事にけが人と事故をした車を運ぶことができ，〈助かってよかったね〉と言うと，A は「外で遊びたい」と言う。一つのブランコに，2 人で向き合って乗り，立ちこぎをする。最初はなかなか息が合わず，「なんでー」〈どうしたらいいんだろうね〉と大笑いする。だんだんとうまくこげるようになり。ブランコは大きく揺れる。終了時間になると，A は作品箱をみて，「持って帰りたい」と言う。Th は迷いながらも，〈一緒に作ったやつだもんね〉と言って，どれか一つだけにすることを提案。A はハムスターを持って帰るということで納得。退室し，母親に作品を見せると，『こんなの作ってたんだ』と驚く。〈A ちゃんと遊べて楽しかったよ〉と伝えると，「ずっと忘れないでね」と言い，手を振りあって別れた。

【母親面接】

　学校では順調に話せており，A の気持ちを尊重したうえで終結の日を決めることとなった。母親自身もこれまでの面接を振り返り，子どもの相談を主訴に来談したが，A のことに向き合う中で，自分自身とも向き合えるようになったこと，それが自分のためになった部分があったことが話された。

◉事例と面接過程の理解

(1) A の問題の理解

　A は，選択性緘黙の症状を呈したことから，スクールカウンセラーの勧めで来談している。選択性緘黙とは，他の状況で話しているにもかかわらず，学校などで話すことが期待されている特定の社会的状況において，1 ヵ月以上継続して話すことができない状態である（American Psychiatric Association, 2013）。選択性緘黙は，不安関連障害や，発達領域における脆弱性と高い親和性をもつことが示唆されている（青柳・丹，2015）。また，要因として，社会性の未熟さや自己表現をしないで周囲と関係を取ろうとする思いがあると推測されている（富田，2014）。A は，乳児期より反応が薄かったり，要求や共同注意の行動がはっきりとみられなかったりしたことから，他者と関わりをもつための社会性に脆弱さを抱えていたことがうかがわれる。加えて，自分の話せない状態について，「しゃべりたいけどはずかしい」と表現していた A から

は，自分の気持ちを抑圧し，他者に対して自己表現をすることの苦手さや，集団場面に対しての不安があることが推測された。これらの要因から，保育園や学校等の集団場面において，緊張や不安が強く，選択制緘黙の症状が表れていたと考えられる。

(2) 遊戯療法の展開

1) 遊び内容の展開　　前担当者の卒業に伴う引継ぎという形で，A と Th は出会った。村瀬 (1996) は，導入期は場面構成の段階であり，Th と子どものラポールを形成する時期であるとしている。遊戯療法自体は引き継いだものであったが，慣れた前担当者から Th に交代したことは，A にとって別れと出会いの経験であり，A と Th が新たにラポールを形成する時期であったと考えられる。引継ぎ後，Th との初回のセッションでは，Th の名前を「もう覚えた」と言って早々にプレイルームへ向かい，その後もプレイルームにあるおもちゃを「できる」「おうちにもある」と言って，自分がこの場について知っていることをアピールしていた。#2, 3 でも，自分がプレイルームの外で作った作品を持ち込み，Th に渡したり，作り方を教えたりすることで自分のできることをアピールしているようだった。生育歴より，A にとってこれまでの他者との関係は，自分ができないことが多く，劣等感を抱く関係性が多かったことがうかがわれた。そのため，物の持ち込みや知っている物のアピールは，A が自身の万能感を保ちながら自分を表現できる手段であったと思われる。

　導入期の遊びで特徴的なものは，風船を使った水遊びである。蛇口に直接風船を付けて水を入れ，水でいっぱいになった風船の口を縛ってから投げつける遊びは，導入期の過程の中で繰り返しみられた。水遊びは，遊戯療法においてよく見られる遊びのうちの一つだが，アグレッションを強く表出する子どもの場合，制限が必要となることがある。多田 (2009) は，遊戯療法における水の使用について考察する中で，水をまき散らすなどの必要以上のアグレッションの表出によって，物が壊れたり，セラピストが心理的あるいは身体的に傷ついたりした場合，クライエントに罪悪感などが生じ，治療の中断につながる可能性があるため，制限の対象となりうるとしている。その一方で，委縮した状態にあるクライエントの場合，生き生きとした水のイメージが立ち現れてくることは治療上大きな転機となりうると指摘し，クライエントの症状や病態などをしっかりと把握したうえで，心理療法場面で表現される水のイメージを捉える必要があるとしている (多田, 2009)。A の場合，水を使った遊びの後はプレイルームが水浸しとなり，環境を復帰させるために著しい労力が必要となる時もあった。しかし，A は水をそのまままき散らすのではなく，一度風船に入れて口を縛り，それを投げつけて破裂させていた。そのため，単なるアグレッションの表出ではなく，風船を一種の枠として用い，その中に水を入れることで，A は水をコントロールしていたと考えられる。また，水でいっぱいになり，いつ割れるかわからない風船は，自己表現がうまくできず，自分の中にため込んでいるような A と重なっている部分があるように思われた。水が入った風船を投げつけて割ることにより，A の中に抑圧されたものを投げつけ解放する側面があったと考えられる。

　中間期は，Th と子どもの関係が確立し，Th は受容的，許容的，共感的態度で接する一方で，制限を導入する時期である。また，子どもの自己表現が深まり，否定的感情が Th に対して表現されるが，Th との安定した関係の中でこれらの表現が受け止められると，自己に対しての否定的な感情に対して肯定的な感情が芽生えてくるとされている (村瀬, 1996)。#8 から，ブロックでレストランを作り，料理を作って Th にふるまうという遊びが繰り返しみられるよう

になった。#14 では，A が作った「薬」を，体調不良の Th にふるまっており，A が Th をケアする役割を担っているようだった。この時期は，学校で，担任教師から積極的に話すように介入が行われていた時期であった。A にとっては，話すタイミングや人などが外から半ば強引にコントロールされるような印象があり，負荷がかかるものであったと推測される。この，学校でのコントロールされる役割が Th に投影され，A が Th をコントロール（ケア）するという関係性が表れていたと考えられる。A 自身が作った料理や薬を Th に提示し，食べてもらうことで，ありのままの A 自身を Th に受け入れてもらいたいという思いもあったのではないだろうか。そして，Th が A からの要求にこたえ，ふるまわれたものを〈おいしいよ〉と食べることによって，A は受け入れてもらう感覚を享受していたのではないかと思われる。

　終結期には，A が「卒業」と表現する，終結がテーマとなる。この時期は，子どもが自分自身を受け入れ，行動にまとまりが増え，環境へのかかわりが多くなってくる時期であるとされ，Th の役割は子どもの現実世界へのつなぎ手となっていくことである（村瀬，1996）。終結の時期に関して，A が見せた駆け引きについては後述するが，終結がテーマとなってから，Th と直接触れ合う遊びや，Th の名前を呼ぶことや，一緒に協力して行う遊びが多くみられるようになった。これは，遊戯療法がすぐにでも終わるかもしれないという可能性が，A の見捨てられ不安をかきたて，Th とのつながりを直接的に感じられるような行動が喚起されたと考えられる。しかし，A と Th で終結までの回数を決め，「最後に何するか決めといてね」と言ったように，終結について自ら扱うことによって，A の中での気持ちを整理していったと思われる。

　後期で象徴的に用いられた遊びは，砂をつかった遊びであった。#22 では，泥団子を作り，「みたらし団子屋」を開いた。導入期では，風船に入れて投げつけることにより，部屋中に拡散させていた水を，バケツの中だけにとどめ，砂と混ぜて作った泥で泥団子を作成していた。水は，拡散してしまうものではなく，砂のような零れ落ちてしまうものをまとめる役割として機能し，おいしい「みたらし団子」を作ることができた。このことは，A が気持ちを抑圧するだけでなく，適度な形で表出ができるようになり，それによって意味あるものが生成された様子を表しているように思われた。最終回の #23 では，砂場で山と周りを囲う道を作った。これまでのセッションでは，山から砂が崩れ道をふさいでしまっていたが，このセッションでは，水を混ぜることなく，山と道を完成させることができていた。久米（2013）は，プレイセラピーにおける砂の意味について検討する中で，プレイセラピーにおいては，混沌や破壊を，プレイルームやセラピストとの関係性という守りの中で体験していくことこそ，クライエントの治癒において重要な意味をもつのではないだろうかと考察している。砂と水を混ぜる遊びは「混沌とした遊び」であり，混沌を十分に表現し体験する中で，「私」という自我を無意識という混沌の中から生じさせることができる可能性も示されている（多田，2009）。水遊びや泥遊びは，混沌とした遊びのうちの一つとして考えられ，A は，水遊びや泥遊びをする中で混沌と破壊の世界を体験していたと考えられる。最後に水を混ぜず泥を用いずに山を作り上げたことは，A がこの遊戯療法を締めくくろうとしていたことの表れではないだろうか。

　作った山の周りには，車がぎっしりと並び，渋滞となる。そこから逃れた車は山に登るが，事故を起こしてしまう。これらの表現から，A の中にはまだ抑圧されているものが多くあるように感じられた。しかし，事故が起こっても山は崩れず，パトカーや救急車によって無事に救助される。これらの様子からは，A の中に課題はまだ残っているものの，A 自身で対処できる力が身についている様子が表されたように思われた。

2) 枠をめぐる駆け引き　　経過の中で，A は持参したおもちゃを持ち込んだり，プレイルームを水浸しにしたりと，枠を越えて遊ぼうとする場面がたびたび見られた。永井（2005）は，制限と許容の問題について，ある程度の関係が成立すると，子どもは自らの問題に触れる形で取り決めを破る行動を起こし，それは，さまざまな形で枠を破ろうとする行動化の形をとるとしている。A の場合，自己表現の苦手さと気持ちの抑圧という自らの問題に対して，その気持ちを解放し表現する意味で枠を破ろうとしていたと考えられる。

　その一方で，「（水風船を）自分に当てる」と言う A に，〈風邪ひいちゃうからやめておこう〉と制限をすると，渋々ながらも納得し遊びをやめていた。A は，自ら枠を破って遊ぼうとする半面，Th が示す新たな枠に対しては従順である様子がみられた。セッションの中でも，自由奔放に遊んでいるように見えて，Th の言うことを聞く "いい子" であった A からは，周囲に気を遣い，自分の気持ちを抑圧する動きが働いていたことがうかがわれる。その中でも，駄目と言われても違う遊びの方法をみつける力をもっており，A と Th の中で，どこまで枠を越えていいのか，どこまでなら許されるのかという駆け引きがあったことが推測される。#6 で，砂場で山を作っていた A は，砂が崩れてしまいうまくいかないことを踏まえて，水を混ぜて「泥を作りたい」と主張した。作った泥で山を補強しようとしたが，砂場全体に水が混ざることを危惧した Th は，〈砂場が全部ドロドロになっちゃうから〉と止めている。その後，A は完成しないまま山を作るのをやめ，レゴで車を作るという遊びをし始めた。山を固めるということができなかった A は，それをあきらめ，より硬いレゴで強固な車を作り，守りを固めていたのではないだろうか。このように，制限に対して駆け引きをしつつ，代替の遊びを用いながら展開させていくという流れに，力をもつ A と，自由奔放になり切れない A の両方の姿が感じられる。

　また，学校で話すことについても，A は駆け引きを行っていた。#9 で語られた，「しゃべれって言われるから大人になりたくない」という言葉には，話したほうがいいとわかっていてもできない，という A の葛藤が表されていると考えられる。その後，担任教師からの積極的な介入もあり，学校で話せた場面が報告されるようになるが，その中でも，誰と話すか，どの順番で話すか，ということについては，A が駆け引きをして決めていたように思われる。終結期において，母親から「卒業」が示唆された時も，あと○人と話したら，あと○回来たら，と駆け引きをし，終結の時期を決定していた。これは，A が自分の気持ちを表出しながら周囲と駆け引きをし，現実に折り合いをつけていく過程でもあったと考えられる。集団の中で話さなくてはいけないということは，A にとって困難を伴うルールであり，緘黙症状は A が自分自身を守るために作った枠でもあったのではないだろうか。遊戯療法を通じ，自分の気持ちを適度に表出できるようになったことが，A が現実に折り合いをつけ，自分の中で設定されていた枠を越えるための手助けとなったと思われる。

●現代における社会的意義と課題

　遊戯療法は，子どもの体験世界に丁寧に寄り添い，遊びを通した表現を介してアプローチをしていくが，万能ではないのも事実である。"遊び" を前提とし，人と人とのかかわりの中で遊びを通して象徴的に表現されたものを扱っていく遊戯療法は，社会性や創造性の困難さを抱えている自閉スペクトラム症（Autism Spectrum Disorder：ASD）の子どもたちにとって有効な

のかは古くから議論が行われてきた。一方で，発達障害の概念の広がりにより，子どもの特性から生じてくるさまざまな困難さや，心理的支援の必要性にも目が向けられるようになってきており，"自己"の発達（Stern, 1985）や"主体"（subject）のなさ（河合，2010）に焦点を当てることで，遊戯療法が果たす役割も再認識されるようになってきている。

　その一方で，発達障害の中でも ASD 児は，切り替えの難しさやこだわりの強さから，遊戯療法の枠を守ることができなかったり，治療者との関係性を築くまでに時間がかかる場合も存在している。丹（2019）は，このような特徴をもつ子どもたちへの介入方法として，構造化プレイセラピーを考案している。構造化プレイセラピーは，①セッションの初めに今日遊びたいこと，やりたいことを書き出す，②その中で，今日特に遊びたい，やりたいことに優先順位をつけ，50分という限られた時間内で，それをいくつ，どの順番で遊んでいくか決める，③順番と内容を決めたら，今度は時間配分を考え，「スケジュール用紙」に書き込み，わかりやすい場所においておく，④スケジュールに合わせてプレイセラピーが開始される，⑤セッションの終了時に，今日の遊びのスケジュールがうまくいったかをスケーリングしてもらい，簡単な振り返りを行う（丹，2019 より抜粋）などのプロセスをとるが，治療者との信頼関係が確実に形成され，相互的コミュニケーションがはっきりと生じたり，プランニングと注意の切り替えを遊びの中で自然に体験することができたりすると述べられている（丹，2019）。こうした子どもの特性に応じた遊戯療法の技法の展開はこれからの課題となってくるだろう。

　また，現在，遊戯療法は，従来から多くの実践がなされている教育センターや大学附属の心理相談室のみならず，学校，児童心理治療施設，母子生活支援施設といった福祉領域，また小児医療の領域や，被災地での支援等，さまざまな心理的支援の領域で実践がなされていることが示されている（伊藤，2017）。つまり，心理職の活動の広がりに伴い，予防的な介入や，アウトリーチ型の支援が増え，時間・場所・料金など，子どもを守る枠組みが十分確保できない状況においても，子どもへの心理療法が求められる場面が少なからずみられるようになってきた。そうした場合，従来行われてきた遊戯療法の形態を，学校などの教育現場や，児童心理治療施設などの福祉現場，そして危機介入的な場で，そのまま当てはめても機能することが難しいことも起こってくる。現場のニーズは何なのかということを十分アセスメントするともに，なによりも目の前の子どもにとって，どのタイミングで，どういった心理支援が必要で，また置かれた状況の中で何が提供できるのか，十分検討していくことが必要となってくるだろう。そして，遊戯療法の適用が考えられる場合，その機関で，どういった枠組みを作ることが，治療者も子どもも守られた形での遊戯療法が実施できるのか検討をすることで，場自体を整えていくことも重要となってくるだろう。

　現在も，10 代の死因の一番は自死であり，いじめや不登校だけでなく，子どもたちが抱える問題は多様化してきている。子どもに対しての心理療法として杓子定規的に遊戯療法を用いるのではなく，現代社会の特徴を踏まえて，多様な視点から子どもへの支援のあり方や，遊戯療法の展開を今後，検討していかなければならないのではないだろうか。

引用文献

Allen, F. (1934). Therapeutic work with children. *American journal of Orthopsychiatry*, **4**, 193–202.

American Psychiatric Association（2013）. *Diagnostic and statistical manual of mental disorders* (5th ed.).

Washington, DC: American Psychiatric Publishing.（日本精神神経学会（日本語版用語監修）高橋三郎・大野裕（監訳）(2014).　DSM-5—精神疾患の診断・統計マニュアル　医学書院）

青柳宏亮・丹　明彦（2015）.　選択制緘黙に関する研究動向—臨床的概念の変遷を踏まえて　目白大学心理学研究, **11**, 99-109.

Axline, D. M. (1964). *DIBS in search of self.* Boston: Houghton Mifflin.（岡本浜江（訳）(1987).　開かれた小さな扉—ある自閉児をめぐる愛の記録　日本エディタースクール出版部）

Bowlby, J. (1969). *Attachment and loss, Vol.1, Attachment.* New York: Basic Books.（黒田実郎・大羽　泰・岡田洋子・黒田聖一（訳）(1976). 母子関係の理論 I　愛着行動　岩崎学術出版社）

Bowlby, J. (1988). *A secure base: Clinical applications of attachment theory.* New York: Basic Books.（二木　武（監訳）(1993). 母と子のアタッチメント—心の安全基地　医歯薬出版）

Erikson, E. H. (1950). *Childhood and society.* New York: W. W. Norton & Company.（仁科弥生（訳）(1977). 幼児期と社会　みすず書房）

深谷和子（2005）.　遊戯療法—子どもの成長と発達の支援　金子書房

弘中正美（2000）.　遊びの治療的機能について　日本遊戯療法研究会（編）遊戯療法の研究　誠信書房　pp.17-31.

弘中正美（2002）.遊戯療法と子どもの心的世界　金剛出版

弘中正美（2014）.遊戯療法と箱庭療法をめぐって　誠信書房

星山千晶（2005）.事例A—しっかり者の仮面の下に隠れていたAちゃんが自分を取り戻すまで　深谷和子（編著）遊戯療法—子供の成長と発達の支援　金子書房　pp.116-133.

石川佳奈・丸山宏樹・山下沙織・垣内圭子・小林佐和子・長柄雅子・松本真理子・森田美弥子（2015）.　大学附属相談室プレイルームの物理的環境に関する研究—空間と構成要素のもつ機能　名古屋大学発達支援精神科学教育研究センター心理発達相談室紀要, **30**, 35-46.

伊藤良子（2017）.　遊戯療法—さまざまな領域の事例から学ぶ　ミネルヴァ書房

河合俊雄（2010）.　発達障害への心理療法的アプローチ　創元社

川上綾子（2001）.　知性の発達　速水敏彦・吉田俊和・伊藤康児（編）生きる力をつける教育心理学　ナカニシヤ出版　pp.19-38.

小松貴弘（1999）.　A・フロイトからウィニコットまで—精神分析における遊戯療法　弘中正美（編）遊戯療法（現代のエスプリ389）　至文堂　pp.26-36.

久米禎子（2013）.　プレイセラピーにおける砂の意味　鳴門教育大学研究紀要, **28**, 321-327.

Landreth, G. L. (2012). *Play Therapy: The art of the relationship,* 3rd Ed. New York: Routledge（山中康裕（監訳）(2014). 新版　プレイセラピー—関係性の営み　日本評論社）

前川あさ美（2003）.子どもへの心理的援助を考える臨床心理面接—その出会いと関わり　臨床心理学, **3**, 327-334.

丸山宏樹・永田雅子（2014）.大学附属相談室の物理的環境　名古屋大学発達新鋭精神科学研究センター心理発達相談室紀要, **29**, 45-50.

松永邦裕（2012）.　発達段階に応じた不登校の子どもへの支援—子どもの発達における内的・外的環境の力動的関係の視点から　福岡大学研究部論集, **5**, 23-27.

三木ひろみ（2002）.　学習主体について知る　高橋健夫・岡出美則・友添秀則・岩田　靖（編著）体育科教育学入門　大修館　pp.30-38.

Moustakas, C. (1955). Emotional adjustment and the play therapy process. *Journal of Genetic Psychology,* **86**, 79-99.

村瀬嘉代子（1996）.　子どもの心に出会うとき—遊戯療法の背景と技法　金剛出版

村瀬嘉代子（2010）.　巻頭言　Giordano, M. A., Landreth, G. L. & Jones, L. (2005). *A Practical Handbook for Building the Play Therapy Relationship.*（葛生聡訳（2010）.　プレイセラピー実践の手引き—治療関係を形成する基礎的技法　誠信書房）

無藤　隆（2001）.　知的好奇心を育てる保育—学びの三つのモード論　フレーベル館

永井　撤（2005）.　子どもの心理臨床入門　金子書房

西村良二（2009）.　子どもの心の発達の理解と対応（2）—思春期・青年期　児童青年精神医学とその近接領域, **50**(3), 233-246.

小倉　清（1980）.　初回面接　野沢栄司・山中康裕（編）児童精神科臨床 1　星和書店　pp.53-104.

Piaget, J. (1945). *La formation du symbole chez l' enfant: Imitation, jeu et rêve, image et représentation.* Neuchatel et Paris: Delachaux & Niestlé S. A.（大伴茂（訳）(1988). 遊びの心理学　黎明書房）

酒井麻紀子・横山佳奈・吉田翔子・井手しほり・永田雅子（2021）.子どもの心理療法における物理的環境の設定—大学院附属相談室の実態を踏まえた検討　名古屋大学大学院教育発達科学研究科紀要　心理発達科学, **67**, 23-35.

笹森洋樹・後上鐵夫・久保山茂樹・小林倫代・廣瀬由美子・澤田真弓・藤井茂樹（2010）.発達障害のある子どもへの早期発見・早期支援の現状と課題　国立特別支援教育総合研究所紀要, **37**, 3-15.

Segal, J. (2004). *Melanie Klein.* 2nd Ed., London; SAGE Publications.（祖父江典人（訳）(2007). メラニー・クライン—その生涯と精神分析臨床　誠信書房）

仙田　満（2002）.　こどもにとって楽しい学校生活を　体育科教育, **50**, 32-36.

Stern, D. N. (1985). *The interpersonal world of the infant: A view from psychoanalysis and developmental psychology.* New York: Basic Books.（小此木啓吾・丸田俊彦（監訳）（1989）．乳児の対人世界　岩崎学術出版社）

多田和外（2009）．心理療法における水の使用についての一考察　大阪府立大学大学院人間社会学研究科心理臨床センター紀要，**2**，16-22.

Taft, J.（1933）．*The dynamics of therapy in a controlled relationship.* New York: Macmillan.

高石浩一（2011）．プレイセラピーの治療的展開に関する覚え書き　臨床心理学部研究報告，**3**，3-15.

丹　明彦（2019）．プレイセラピー入門―未来へと希望をつなぐアプローチ　遠見書房

富田和巳（2014）．小児心身医療の実践　診断と治療社

Winnicott, D. W.（1965）．*The maturational processes and the facilitating environment: Studies in the theory of emotional development.* London: Hogarth Press Ltd.（牛島定信（訳）（1977）．情緒発達の精神分析理論―自我の芽ばえと母なるもの　岩崎学術出版社.）

Winnicott, D. W.（1971）．*Playing and Reality.* London: Tavistock Publication.（橋本雅雄（訳）（1979）．遊ぶことと現実　岩崎学術出版社）

山中康裕（2001）．たましいの窓―児童・思春期の臨床（1）　岩崎学術出版社

コラム⑤ 遊戯療法における制限

　遊戯療法を行う際のセラピストの基本的姿勢として，わが国ではアクスライン（Axline, 1947）の「八つの基本的原理」がよく参照される（たとえば 弘中，2014）。ここでは，子どものあるがままを受容すること，自由に表現できるような許容的な雰囲気を作ること，子どもの主体性を尊重することなどと並んで，ときに制限を設ける必要性についても記されている。弘中（2014）は，「制限なき受容は真の受容ではない」と述べており，制限は遊戯療法の場を成立させる上で重要な意味をもつことがうかがえる。

　しかし，筆者は初めて遊戯療法を担当し，いざ実際のクライエントと関わってみると，「これは制限したほうがいいのか」と迷っている間に大惨事になったり，反対に制限に過度に気をとられてセラピーの場が窮屈になったりなど，制限をめぐる課題にしばしば直面した。このように実際のケースでは，自由で開かれた遊戯療法の場で，制限という一見矛盾した事柄をどのように扱っていけばよいのか，戸惑うことも少なくないだろう。そこで以下では，遊戯療法においてセラピストが制限をどのように捉え，その課題に向き合っていくのかについて「制限の機能」と「制限とセラピストの主体性」から考えたい。

　まず制限の機能について考えよう。遊戯療法における制限の種類には，面接時間などの「時間の制限」，部屋の出入りなどの「部屋（空間）の制限」，「過度な攻撃的行動の制限」，「器物破損の制限」，「物のやり取りの制限」などがあげられる（飽田，1999）。これらの制限を設ける理由としては，セラピーという非現実的な場を現実世界とつなげ，子どもが現実に向き合うことを支援すること，子どもおよびセラピストの安全性を保ち，その場を守られたものにすることなどが考えられる（弘中，2014）。

　このように遊戯療法では，一定のルールを設けることによってセラピーの場を保障する一方で，ただひたすらにルールを守らせればよいかというと，決してそうではない。飽田（1999）は「子どもが制限やぶりをするにはそれなりの意図がある」とし，「制限やぶりはただ制止するだけでは治まらず，その意味を理解しないことには解決しない」と述べている。つまり重要なことは，制限を守れているかどうかではなく，なぜその子が制限の対象となるような行為をしたのかを考え，その背景にある子どもの気持ちをくみ取ることだといえる。

　また，ランドレス（Landreth, 2002）は「制限は，それが必要になるまでは，必要ではない」と示しており，セラピストは最初からあれこれと制限を設けるのではなく，その子にとって必要なタイミングで制限を用いるべきであるとされる。関連して飽田（1999）は，制限は普段は意識されず，「制限やぶりの行動が現れた時に，にわかにその行動が"制限"の対象であることが意識される性質」をもっていると指摘している。ここから，セラピストはその場面に出会ってはじめて，"その子との間における"制限の問題に直面するのであり，その場面を通して子どもへの理解を深めようとする姿勢が重要といえる。これらをふまえると，制限は単なるルールではなく，子どものさまざまな表現から何らかの重要なサインをみつけるための一種の物差しとして機能すると考えられる。

　次に，制限とセラピストの主体性について述べる。遊戯療法では，ある子どもの行為が本来は制限の対象となりながらも，セラピストがあえて制限をせずに見守ること，すなわち「制限を超える」場合もある（飽田，1999）。では，制限を超えるという選択は，どんな場面で起こりうるだろうか。この問いへ答えの一つとして，弘中（2014）は，「枠を越える子どもの行為が，治療の新しい展開のために，あるいは袋小路の状態を破るきっかけを作るために生じているように理解できることがある」とし，制限を超える場合の判断基準として，子どもと対峙するセラピストがその先の創造性を感じられるかを取り上げている。また，飽田（1999）は，制限を超えることは「"制限をすることができないこと"とは全く異なった次元のこと」であると指摘した上で，制限を超える必要性を感じる時とは，セラピストが「命を張って来談者と向き合うことをも意味して」いると述べている。ここから，制限を超える場

合には，目の前の子どもから何を感じ，なぜ制限を超える必要があると思ったのかなど，セラピストが自身の内面で起こっていることを捉えながら，相応の覚悟をもって臨む必要性が感じられる。

　このように，子どもとの関わりの中で生じているセラピスト自身の心の動きにも焦点をあてること，そして相応の覚悟をもって臨むことは，制限を超える場合に限らず，制限を設ける場合にも共通していると考えられる。たとえば，ある場面で制限を設けようと思ったとき，単にルールを守らせることに固執しているのか，または何らかの危険を感じたとすると，なぜそのように感じたのかなど，セラピストがどういった感情や思考に動かされているかによって，その制限のもつ意味は大きく異なるだろう。徳田（2019）は，制限というテーマには，セラピストの感覚や直感，そしてセラピストがクライエントの何を一番大事にするかといった「臨床のセンス」が大いに試されると指摘している。つまり，各事例において制限をどのように扱うかには，セラピスト自身の主体性が大きく反映されると考えられる。加えて徳田（2019）は，制限を契機にクライエントとの間に新たなドラマが生じ，セラピーが展開されると述べている。だとすれば，制限の問題が浮上する場面とは，多かれ少なかれそのケースにおける重要な局面であり，セラピストはまずそこに足をとめ，制限をめぐるやりとりを介してクライエントと対峙する姿勢が必要となるのかもしれない。

　上述してきたように，制限に関する大まかなガイドラインはあったとしても，実際の場面で制限をどう扱っていくかは各事例に依拠するものであり，明確な答えは存在しえない。したがって，セラピストはクライエントとの関係性の中で，その事例における制限のあり方を考えていくしかないのだろう。結局このような曖昧な答えにしかたどり着かないが，この曖昧さに耐えながら，最後はセラピストが自分の直感を信じ，クライエントと共に制限をめぐる課題に取り組むこと自体に，制限の意味があるとも考えられる。遊戯療法における制限とどう向き合うかということは，クライエントとどう向き合うかにもどこか通じており，セラピストの主体性と覚悟が試されるものといえるのかもしれない。

引用文献

飽田典子（1999）．遊戯法〔プレイセラピィ〕──子どもの心理臨床入門　新曜社

Axline, V. M.（1947）. *Play therapy: The inner dynamics of childhood*. Boston: Houghton Mifflin.（小林治夫（訳）（1972）．遊戯療法　岩崎学術出版社）

弘中正美（2014）．遊戯療法と箱庭療法をめぐって　誠信書房

Landreth, G. L.（2002）. *Play therapy: The art of the relationship*. 2nd ed. London: Brunner-Routledge.（山中康裕（監訳）（2007）．プレイセラピー──関係性の営み　日本評論社）

徳田仁子（2019）．遊戯療法事始め　クライエントの表現の場を作るセラピストの「制限」について　遊戯療法学研究，18(1)，133-136.

コラム⑥ 思春期年齢にあたる児童の心理面接への意欲の乏しさ

　心理面接の初回において中学生や高校生のクライエントに来談した理由を尋ねると，「特にない」という返答をされたことが何度かある。思春期年齢にあたる児童においては，来談した理由を明確にし，その問題の解決もしくは改善を目指して継続的に会っていくという意味での心理面接への意欲の乏しさが見受けられる場合があり，セラピスト，特に若手心理臨床家にとって悩みの種となることも多い。一方で面接を進めていくと，彼らの意欲の乏しさには家族との関係や否定的な自己像など，複合的な意味が含まれていることが明らかになる場合がある。よって本コラムでは思春期年齢にあたる児童の心理面接への意欲の乏しさの背景をまとめ，彼らに対しセラピストがどのように治療関係を構築すべきかを検討していく。

　思春期という時期は，親からの精神的な自立にあたって心理的な危機を迎える段階であると考えられている（Hollingworth, 1928）。思春期は，親をはじめとした大人の価値観をもとに生活をしていた学童期を終え，自分らしさを確立するための準備を始める時期といえる。思春期年齢にあたる児童は，大人からの自立と大人への依存を並行させながら自身の考えや価値観を発達させていく一方，自身の悩みや葛藤について周りに打ち明けることが困難となることが知られている。後藤・廣岡（2005）は，思春期において児童らは深刻な悩みなど，ネガティブな話題であるほど家族などの親しい人物に打ち明けることが困難となり，むしろ親密性の低い他者に対してのほうが悩みを打ち明けやすくなる傾向にあると示している。しかし，実際にはたとえ生活上の困難があったとしても，中学生，高校生の児童らがスクールカウンセラーや地域の相談機関へ行くことを拒否する様子がみられる。大西（1989）が報告した事例においても，学校生活に困難を抱える児童が頑なに来談を拒んだため親面接のみを実施することになったとの記載がみられる。親からの精神的な自立や自分らしさの確立といった困難を抱え，親しい人にはネガティブな話題を打ち明けにくいといった傾向があるにもかかわらず，彼らは相談機関にかかることを拒むことが少なくない。その背景として，思春期年齢にあたる児童は自身が抱えている困難さや困り感への認識に欠く傾向にあることがあげられる（小此木ら，1982）。つまり，自身が困っていることや抱えている問題に対して無自覚であったり，大したことではないと問題そのものを否認したりするということである。このような場合，無自覚な当人に代わって，周りにいる大人が困り感を抱えて児童を相談機関へ来談させるケースも多い。しかし，家族や教師に強く薦められて児童が来談した場合には，心理面接に対する意欲が低下する傾向にあることが示されている（山口，2010）。以上を踏まえて考えてみると，思春期年齢にあたる児童は問題を抱えていたとしても，その問題を周りに打ち明けられないばかりか，自身の問題を問題として認識しておらず，周りの大人によって来談を薦められた結果，セラピストと出会うといった来談に至るまでの過程がみえてくる。彼らの心理面接への意欲が乏しいことは不自然な現象ではなく，むしろ意欲の乏しさそのものが彼らの困難を示していることがわかる。

　こうした背景をもつ思春期年齢にあたる児童に対し，セラピストはどのように治療関係を築いていくべきだろうか。冒頭で述べたように，筆者には，初回面接の際，思春期の児童に来談理由を尋ね「特にない」と返答をされた経験がある。当時の筆者は，児童のそっけない応答に戸惑い，児童の問題に関する踏み込んだ質問をすることができなかった。その後，別の事例でも，同じく思春期の児童から来談理由について「特にない」と返答をされる場面があった。しかし，前の事例での反省を生かし，自らの意思に反して来談に至ったことへの気持ちを慮るような声かけをしたところ，児童は来談までの気持ちや自身の問題について徐々に話し始めた。

　筆者自身の経験が物語っているように，若手心理臨床家の場合，専門家としての自信のなさや児童の素っ気ない態度から受ける傷つきなどによって，思春期年齢にあたる児童との治療関係を築く機会を失う場合がある。先述したように思春期の心理状態は複雑なものになり

やすく，その渦中にいる児童の心理面接への意欲が乏しいことは仕方がない面もある。一方で，心理面接への意欲が乏しいにもかかわらず，彼らは来談しセラピストと出会うという選択をとる場合があるのも事実である。思春期年齢にあたる児童との面接を通して筆者が感じるのは，心理面接への意欲は乏しいものの，彼らが"この面接で現状がなにか変わるかもしれない"という期待をもって来談しているということである。来談の理由について尋ねた際，「特にない」との答えが返ってきた際には，「言葉にしづらいことが何かあるのか」「特にないのであれば今日なぜ来談したのか」など，児童の「特にない」の意味を最大限に考え，活用することが児童を理解するための第一歩であるのではないだろうか。

引用文献

後藤安代・廣岡秀一（2005）．中学生が抱く「相談することに対する抵抗感」についての実態調査的研究　三重大学教育学部附属教育実践総合センター紀要，25，77–84.

Hollingworth, L. S.（1928）. *The psychology of the adolescent*. New York: Appleton.

小此木啓吾・片山登和子・滝口俊子・乾吉佑（1982）．児童・青春期患者と家族とのかかわり―とくに並行父母面接の経験から　加藤正明・藤縄昭・小此木啓吾（編）講座　家族精神医学3　ライフサイクルと家族の病理　弘文堂　pp.255–280.

大西俊江（1989）．青年期危機に関する臨床心理学的考察―二人の少女の事例から　島根大学教育学部紀要，23(2)，29–34.

山口裕也（2010）．初心者セラピストにおける「居心地悪さ体験」の探索的検討―内容と変化のきっかけに着目して　弘前大学大学院教育学研究科心理臨床相談室紀要，7，19–27.

4

ヒューマニスティック心理学

◉ヒューマニスティック心理学とは

(1) ヒューマニスティック心理学とその定義

1) **ヒューマニスティック心理学とは**　ヒューマニスティック・サイコロジー (humanistic psychology) は，当時の主流であった近代自然科学的な世界観に基づくと標榜する心理学への「革命」として，創始者の一人であり，名付け親でもあるマズロー (A. H. Maslow) によって提唱された心理学のカテゴリーの一つである。日本では，ヒューマニスティック心理学あるいは人間性心理学と呼ばれ，人間性回復，自己実現の心理学，健康の心理学とされる（村山，1991）。心理学史の専門家であるデカーヴァロー (DeCarvalho, 1991) は，創始者であるマズローとロジャーズ (C. R. Rogers) の基調として，ヒューマニスティック心理学の特徴は成長仮説 (growth hypothesis) から理解するものであると解説している。ここには，ヒューマニスティック心理学がそれまでの心理学とは異なり，人間の健康的で健全な面に光をあててアプローチしようとする姿勢が窺われる。本章では，「ヒューマニスティック心理学」あるいは「人間性心理学」として紹介していく。

2) **ヒューマニスティック心理学の定義**　ヒューマニスティック心理学について，マズロー (Maslow, 1964) は，「判然たる領域または学派というより，むしろ心理学全体にたいする一つの方向性」と述べ，「ヒューマニスティック・サイコロジー」という術語を用いた村山 (1983) も，「パーソナリティや心理療法に関する体系的な理論というよりは，心理学に対する一連の立場，価値といった方が適切である」とし，「「ヒューマニスティック・サイコロジー」は，特定の内容領域を示すというよりは，全体としての心理学に対する態度なり立場」とみることができよう」と述べている。つまり，学派としての知識や分析方法よりも，人間の全体性を重視し，人間をありのままに捉え，理解し，人間に内在する成長エネルギーを信じて関わっていこうとする態度や姿勢を重視している。水島 (1985) は，「人間性心理学は，内的自己実現傾向と価値志向性をもった自律的人間的創造的人間像が基本に据えられ，人間としての独自の成長モデル（成人における自己実現的成長を含む）が設定されること」が特徴であるとしている。その方法論も，「人間としての全体性，具体性，個別性へのアプローチを重視し，共感や参加観察を含んで，生きた人間を，しかも人間的関係性において」捉えようとし，「我－汝の関係を含んだ実践的研究が重視され」，「病理からの回復と積極的健康・自己実現とを連続線上に捉え」，「心理療法と成長のための訓練をほぼ同一原理で考えること」が共通項であるとしている。デカーヴァローは，ヒューマニスティック心理学においては，人間は生成する過程にある存在（being

in the process of becoming）であるという共通認識があるとまとめている。

　このようにヒューマニスティック心理学は，一貫して人間の潜在的な成長力に光をあてている。さらに，水島（1985）は，「人間を生きた姿において尊重しようとする主旨において，理論的にも実践的にも多くの心理学者，医学者そのほかの人間科学者の共感を呼ぶものである」として，人間に関わる者の基盤にあることを示唆している。

　3）ヒューマニスティック心理学の成り立ち　　ヒューマニスティック心理学は，それまで「人間」が不在であった当時のアメリカ心理学界を独占していた行動主義心理学のあり方に疑義を呈し，その歴史背景に哲学や思想を包含し，「人間」を取り戻す心理学として立ち上げられた心理学の一分野である。ロジャーズは，行動主義者にとっての人間は，生命のない，ただ反応するだけの有機体であり，受動的であり，自身の行動に責任をとれない無力なモノであると批判した。そして，人は「モノ」ではなく，また，「動物と同じ」ではなく，単なる「刺激によって反応する存在」ではなく，単なる「報酬によって動機づけられる存在」ではなく，「受動的存在」ではないことを強調した。また，病者を対象とした研究では，どうしても悲観的な結果が出ざるをえないことを指摘し，健康な人間には成長エネルギーや潜在的能力，自己実現的な可能性があるとし，健康的な側面を研究していく一有機体としてあるべき姿を研究していくことに比重を置くことも，ヒューマニスティック心理学における共通認識であるとした。

　行動主義心理学や精神分析が席巻していた当時，ヒューマニスティック心理学は現象学の流れや影響を受けながらも，そこに留まるのではなく，それまでの心理学において重視されていなかった信念，意志，自己像，感情などに着目したさまざまな概念やさまざまなアプローチの一つのまとまりとして誕生した（Brown et al., 1975）。そのため，歴史的背景や理念，学問としての分野も実践としての領域も驚くほど幅が広い。歴史的には，意を同じくする心理学者の希望で，まず，学会誌 *Journal of Humanistic Psychology*（ヒューマニスティック心理学雑誌）が発刊され，次いで，1963 年にマズローが，ヒューマニスティック心理学会を設立し，メイ（R. May），オールポート（G. W. Allport），フロム（E. Fromm），ロジャーズら 26 人が参集したという。マズロー（Maslow, 1962）は，ヒューマニスティック心理学に含まれるものとして「す

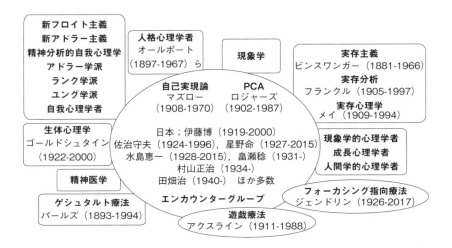

図Ⅱ-4-1　ヒューマニスティック心理学に含まれる立場（Maslow, 1962 をもとに筆者作成）

べての新フロイト主義者，新アドラー主義者，フロイト後継者，精神分析的自我心理学者，ア
ドラー学派，ランク学派，ユング学派，（中略）ゴールドシュタイン（K. Goldstein）らの生体
心理学の影響，（中略）形態療法，形態心理学，レヴィン心理学，一般意味論，オールポートら
の人格心理学者達の影響，（中略）実存心理学や精神医学，自我心理学者，現象学的心理学者，
成長心理学者，ロジャーズ派心理学者，人間学的心理学者」などをあげ，「完全なリストは不可
能である」とした。近年は，エンカウンター・グループやフォーカシング指向心理療法，交流
分析や現存在分析などの理論や技法が展開し，ヒューマニスティック心理学にはさらに多様な
立場が存在している。図Ⅱ-4-1 にマズローの当時の見解をもとにヒューマニスティック心理学
に属する大凡の理論関係を示す。ロジャーズ理論およびその流れを汲むものとそれ以外という
分け方が現実的といえよう。しかし，ロジャーズ派自体にも複数の支流がある。そのため，ヒ
ューマニスティック心理学に属する者は，自らの歴史的な立ち位置を確認する作業が求められ
るのではないだろうか。

(2) アメリカと日本におけるヒューマニスティック心理学会（人間性心理学会）

　アメリカ心理学会ヒューマニスティック心理学部会（https://www.apa.org/divisions/
div32/）では，「ヒューマニスティック心理学会は，人間の経験に豊かさがあることを認める。
その理論的基盤は，哲学的ヒューマニズム，実存主義，現象学を含んでいる。ヒューマニステ
ィック心理学会は，心理療法，教育，理論・哲学，研究，組織，経営，社会的責任や変化につ
いて探求するものである」としている。そこでは，人間をめぐる現象を細分化し機械的に客体
化・対象化して分析・解釈するのではなく，その個人の可能性や価値，自由，意味，感情，成
長可能性や自己実現，責任性といった人間が経験する独自の体験のあり方を尊重し，人間を全
体として捉え，教育や哲学，精神生活，実際の生活に加え，社会やその変動にも目を向け，人
間が生きることそのものに寄り添おうとする心理学として位置づけられている。

　日本では，1978 年の日本心理学会大会（九州大学）において「ヒューマニスティック心理学
についてのシンポジウム」がもたれて以来，「ヒューマニスティック心理学研究会」が重ねら
れ，1982 年に日本人間性心理学会が設立された。この学会の目的は，「人間性を理解し，その
回復と成長に貢献することを通じて，社会的に責任を果たしうる心理学の研究と実践を推進す
ること」とされている（https://www.jahp.org/）。また，「ヒューマニズム」という理念に囚わ
れずグループ・アプローチなど多様な立場や領域を包括しようとすることも目的の一つとされ
ている。星野（1994）は，学会名に用いる術語がもつ理念を深く検討し，学会設立以降も課題
意識を持ち続けていると述べており，理念探求への思いの強さがうかがえる。

(3) ヒューマニスティック心理学（人間性心理学）の特徴

　1）人間の本質について　　ヒューマニスティック心理学者には，人間の本質を「生成の過
程の中にある存在（being in the process of becoming）」と捉える共通認識がある。人間は，
前に進むものであり，自律的なものであり，選択する主体であり，適応的であり，変化しやす
く，休むことなく生成し続ける存在であると捉えられる。そのために人間は，十分に機能（ロ
ジャーズ）しなければならず，あるいは自律的に機能（オールポート）せねばならず，自己は
自発的に統合され，現実化されねばならず（マズロー），そこには自己のアウェアネスと集中
性の感覚（ロロ・メイ）が必要であり，存在の真実性（ブーゲンタール）が必要とされる。こ

のようなマズローとロジャーズらの成長仮説は，その後の人間性開発運動（Human Potential Movement）を育てる基盤となっていった（DeCarvalho, 1991）。以下，2），3）もデカーヴァローにもとづいて紹介する。

　2）**人間観とサイコセラピィの目標**　　成長仮説に基づくマズローとロジャーズは，健康な人間は，真実であり，独創的であり，創造的であるが，「必ずしもよく適応した人だとは言えない」としている。そして，サイコセラピィの目標は，単なる適応でなく，真実性（authenticity）であるとした。そして，自己実現者は環境を超越する能力を有しているという観点から，健康で，十分に機能した人間は，世論にふらふらと迎合して生きる人ではなく，環境条件に抵抗したり，闘ったり，無視したり，変えたりする能力に基づいているとした。また，「十分に機能する「自己を実現する」人は，自由な人であり，自由意志とは，心理的健康，有機体的なアウェアネス，選択などの副産物であり，内面的な実現傾向の中には，破壊性に向かう傾向や悪い性質を実現化することはない」とした。ここにもヒューマニスティック心理学の人間存在への深い信頼感が認められる。

　3）**心理学研究の方法論**　　マズローは，GHB（Good Human Being）研究などの心理的健康の研究によって心理学の主観的な局面を研究し，ロジャーズはサイコセラピィの主観的な局面を研究した。そして，人間性の科学は，観察者が同時に被観察者になりうるため，ユニークな科学が必要であるとした。さらに，人間性の研究は，現象学的知識から開始し，その後で，客観的，実験的，行動主義的な実験的研究に委ねなければならないとし，厳しい検証や批判も受ける必要があると述べている。また，現象学的方法と実験的方法は単に対立するのでなく，階層的統合が必要であるとし，研究においても「開かれている」姿勢を強調した。

　4）**人間性心理学の七つの特徴**　　村山（1983）は，「ヒューマニスティック・サイコロジー」と呼称し，その強調点について 1967 年のブーゲンタール（J. F. T. Bugental）および 1976 年のコーチン（J. Korchin）の文献をもとに七つをあげている。

1. パーソナリティを理解するためには，人間を全体として研究しなければならない。つまり全体像（Holism）。
2. もっとも重要なことは，人間の直接的経験であり，外側からみた彼の行動ではない。つまり現象学（Phenomenology）。
3. 科学的方法にはそのような経験の場から離れているのではなく，研究者もそこに関与していることが必要である。体験的知識だけでなく，直感的，共感的な理解が重要である。つまり，症状や問題などの部分に還元しないことを指す。
4. 個人の独自性を常に中心におかなければならない。つまり個性記述的アプローチ。
5. 生育史的または，環境的決定因よりも，目標，価値，希望および将来を重要視する。
6. 人間の行動を機械論的にあるいは還元主義的にみるものでなく，選択，創造性，価値，自己実現と言った人間独自の性質を強調する。
7. 人間は，与えられた刺激に反応する存在であるとともに，自ら前進的に行動していく存在である。彼に課せられた要求に順応するだけでなく，自ら積極的に求めることもで

きる。これまでは，人間行動の病んだ側面だけが過度に強調されたが，その積極面を強調する必要がある。

このように，ヒューマニスティック心理学は，広大な心理学ワールドにおいて，理論や技法を超えて，人間の全体性，主体性，成長可能性という点に積極的に着目するという人間存在自体を謙虚にありのままに捉えようとしているといえよう。

5) 四大技法におけるヒューマニスティック心理学の位置づけ──ロジャーズ派について

四大心理療法には，精神分析，分析心理学，行動療法，そしてヒューマニスティック心理学の代表的な技法であるクライエント中心療法が知られている。ユング派の河合（1982）は，クロッパー＆シュピーゲルマン（Klopfer & Spiegelman, 1965）によるユングのタイプ論を「患者（以下，クライエントと記す）の現実」と「治療過程（以下，心理療法過程と記す）」の二次元において考えようとした論文を元に，四大心理療法の学派の相違について図示した（図Ⅱ-4-2）。四つの技法において，心理療法過程とクライエントの内的現実に関する重みづけが表現されている。横軸の左方向は症状などのクライエントの外的現実であり，右方向は夢や自由連想などのクライエントの内的現実つまり無意識の探索の領域を示す。縦軸の上方向は外的な面に注目し，下方向は内的な面に注目する心理療法過程を示す。これらの組み合わせにより四つの領域ができる。このなかで，ヒューマニスティック心理学のロジャーズ派は左下の領域にあたる。河合は，ロジャーズ派は，クライエントの外的現実に目を向けるが，心理療法過程としてはクライエントの内的成長に焦点を当て，相手の感情を反射する（reflect）ことが主となるとした。クライエントの意識レベルや現実生活の適応のあり方を重視しながらも，面接では，クライエントの体験や感情などの内界に関わり，クライエントの自己成長によって抱えている問題や葛藤が変容していくことに主眼が置かれている。また，この図では，隣り合った技法は，理論やアプローチに近いものがあり，斜め関係にある技法は，それが遠いとされる。たとえばロジャーズは，精神分析が主流の時代にそれを批判し，クライエントの自己成長やセラピストの態度を重視した理論を提唱した。ゆえに，ロジャーズ派とフロイト（S. Freud）の精神分析派は対極の位置づけにある。河合は，技法とセラピストの相性，技法とクライエントの相性の可能性を論じ，セラピストの訓練過程においては，一つの心理療法の技法を基盤として身につけ，関わるクライエントによって必要な他の技法を身につけることが，力量を広げることにつ

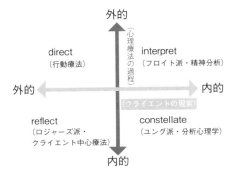

図Ⅱ-4-2　心理療法における学派の相違（Klopfer & Spiegelman（1965）を河合（1982）が図示したものについて「患者」を「クライエント」に「治療」を「心理療法」に修正し，療法名を加筆）

ながり，ユーザーであるクライエントの役に立つことを学会シンポジウム等でしばしば論じた。

　6）ヒューマニスティック心理学が関わる分野　　ヒューマニスティック心理学が展開する
分野は，カウンセリング，心理療法，人間の成長を目ざす教育，看護者訓練，組織開発など幅
広く，もっとも顕著で重要な分野は，エンカウンター・グループ運動とされる。その実践領域
も，学校領域，医療・看護における実践，福祉と保育における実践，産業領域における実践，コ
ミュニティにおける実践，異文化・多文化間コミュニケーション，社会的マイノリティと幅広
い。特にアメリカでは，教育への効果が高いとされる。さらに政治的な側面や地域の課題など
の世界でも展開されている。心理療法が「クライエント」と呼ばれる心理支援を要する人々を
対象にするのに比して，ヒューマニスティック心理学のアプローチは，医療を超えた「人間」
が存在する多様な領域において，独自の心理的アプローチを展開している。ヒューマニスティ
ック心理学は，心理学領域を踏まえつつも，それを超えた，「ヒューマニスティック・サイコロ
ジカル・アプローチ」という意味合いを有しているのではないだろうか。

●ヒューマニスティック心理学が準拠する理論・モデル・方法

　ヒューマニスティック心理学のアプローチは，その源流に現象学的・哲学的アプローチを包
含している。発展するに伴い，多彩なアプローチが展開されている。ここでは，代表的な理論
や技法として，マズローの自己実現論，ロジャーズのPCA理論への発展，フランクルの実存
分析（ロゴセラピィ）について紹介する。

（1）マズローの自己実現理論

　マズローはヒューマニスティック心理学の第一人者である。マズローは，ヒューマニスティ
ック心理学を「第三の潮流（third force）」と呼び，第一の勢力である「人間を深層において反
応する存在とみる」フロイトの精神分析学や精神力動論，第二の勢力である「人間を反応する
存在とみる」科学的心理学（自然主義，行動主義，操作主義，実証主義，物質主義等）に対抗
するものと位置づけ，「新しい普遍的包括的な生の哲学」として人間を全体として捉え，人間の
高次の価値の本性を明らかにしようとした。その後，精神分析については，自然主義の心理学
と同じ自然科学主義という理論パラダイムへの批判にすぎないとし，アドラー派，ユング派，
新フロイト派，自我心理学者等のフロイトの理論を認めている（村本，2012）。マズロー自身
は，ウィスコンシン大学時代は実験心理学のワトソン（J. B. Watson）の行動主義心理学に感
銘を受け，ハーロー（H. F. Harlow）の指導のもと博士学位の研究を行い，平行してフロイト
の著作などを読んだという。そして，第一子誕生というマズローにとって衝撃的な経験を通し
て生命の神秘さに打たれ，「行動主義的には生命を統制できないことを知った」（佐治・飯長，
1983）とされる。そして，マズローは，第一勢力と呼んだ精神分析では人間の病的で異常な側
面の研究に比重が置かれており，第二勢力とした行動主義では人間と他の動物を区別せず，い
ずれも正常で健康な人間を対象とする視点が欠如しているという思いから，人間の存在自体に
焦点をあてる観点を見出した。

　マズローが1943年に提唱した欲求階層（段階）説（Need Hierarchy Theory）は有名であ
る（図Ⅱ-4-3，表Ⅱ-4-1）。マズローは，動機理論において健全な動機理論（sound motivation

図Ⅱ-4-3　マズローの欲求段階〈Need Hierarchy Theory. Maslow, 1943, 1962, 1970〉

表Ⅱ-4-1　マズローの欲求段階〈Need Hierarchy Theory〉〈Maslow, 1943〉

生理的欲求 Physiological needs	人間の生存に必要となる基本的で本能的な欲求で，上層のどの欲求よりも優先される。食欲や睡眠欲などが当てはまり，他の生物にとっても必須の欲求であるが，人間がこの欲求段階にとどまり続けることはほぼないとされる。
安全の欲求 Safety needs	生存のために安全な「場」を求める欲求で，身体的な安全性，経済的安全性，生活水準の維持，良好な健康状態，予測可能で秩序ある生活状態を獲得しようとする欲求。生理的欲求と併せて，基本的欲求とされる。
社会的欲求 Social needs/Love and belonging	「所属と愛情の欲求」とも言われる。家族や友人，周囲の人々から受け入れられたいという欲求。一定の集団に帰属して，そこから愛情を得たいというもので，これが満たされないと，不安や孤独感を感じるとされる。生理的欲求，安全の欲求と併せて「物質的欲求」とも呼ばれる。
承認欲求 Esteem	「自尊心の欲求」とも呼ばれる。所属する集団から価値ある人間として認められ，尊重されたいという欲求。自己肯定感や自己評価に関連し，この欲求が満たされないと無力感や劣等感につながるとされる。ここまでの四つの段階は「欠乏欲求」とも呼ばれる。
自己実現の欲求 Self-actualization	自分の可能性を実現したいという欲求。自分のもつ才能やスキルを最大限に発揮し，それを具現化したいとする欲求。自己実現欲求によって創造性が発揮され，自己啓発的な行動につながるとされる。これ以降は，「成長欲求（metamotivation）」と呼ばれる。
超越的自己実現の欲求 Self-transcendense	統合された意識をもちながら高みをめざし，自我を放棄して目的に没頭する状態。承認欲求，自己実現の欲求と併せて「精神的欲求」「成長欲求」とも呼ばれる。

theory）を指向し，神経学者のゴールドシュタインが提唱した「自己実現（self-actualization）」の概念をより洗練させ，「自分のなりえるものにならねばならないという人間固有の高次な欲求・自我を超えた高次の次元の目標や理想を実現しようとする志向的欲求」と定義し直し，「人間は自己実現に向かって段階的に成長する」と仮定した。このことから，自己実現理論とも呼ばれる。それまでの心理学では，行動の原因の動機として，空腹などの単純かつ特定の欲求を満たすような欠乏動機（deficiency motivation）に重点が置かれていたが，マズローは，それだけでは満足できない人間が有する成長への欲求を存在欲求（being motivation）と呼び，GHB研究において，より高次の価値を求める人間についてリンカーンやアインシュタインらを対象に研究した。そこでは，マズローは，諸側面の自由を前提に，欲求段階を徐々に高い層に成長

する積み上げ式を提唱した。欠乏欲求である「生理的欲求」と「安全の欲求」は人間の生存と安全を守る基本的な欲求であり，これを基盤に，所属と愛情を求める「社会的欲求」が生じ，それが獲得された後，所属集団から価値ある存在と認められる「承認欲求」が他者との関わりで生じ，この四つの層が満たされて成長欲求（Metamotivation）である「自己実現の欲求」が現れるとした。そして，自己実現的な人間は，人間性に生命を与える指標的なあるいは究極的な価値を体現した人であり，「至高体験」をもった人であるとした。さらに後年，人口の2%が至るとする自我を放棄して目的に没頭する「超越的な自己実現欲求」を提唱した。ヒューマニスティック心理学が活動の主眼を自己実現とした理念と重なる。この欲求階層説は，産業界の組織行動論でもよく知られている（河野・三島，2011）。

　マズローはその後，ヒューマニスティック心理学に続く「心理学の第四勢力」として，個人や自我の枠組みを超えた普遍的で超越的なトランスパーソナル心理学を構想し，1969年にトランスパーソナル心理学会を設立した。目に見えない精神世界をさらに宇宙・超越体験・神秘主義・宗教性（霊性）にまで拡張しようとした。晩年には，人間性の中に善のみをみるのでなく，悪－悪行についての理論を発展させ，善と悪とを概念的に統合し，それによって包括的な理論の創造を目指したが，62歳で急死し，理論化には至っていないとされる。

(2)　ロジャーズのパーソン・センタード・アプローチ（PCA）

　ロジャーズは四大心理療法の一角を担う人物であり，ヒューマニスティック心理学の代表的な存在としてその著作や訳本が数多く，広く知られている。ここでは，『ロージャズ全集第8巻　パースナリティ理論』（Rogers, 1951）を基本に，バートン（Barton, 1974），佐治・飯長（1983），村山（1991），デカーヴァロー（DeCarvalho, 1991），田畑（2012）などを参照しながら概観する。

　ロジャーズの理論は「受容と共感」「傾聴」が有名で，セラピストの姿勢や人間がもつ成長力を強調した論調が多いことから，科学性が弱いと誤解されがちである。しかし，ロジャーズ自身は，「このやり方は効果があるのか」を重視した実証主義・実利主義者であり，誰よりも科学的実証を求め，面接場面の録音による分析などをいち早く取り入れ，スーパーヴィジョン体制を確立した人である。ロジャーズは，ユニオン神学校にて学ぶなかで心理学に出会い，さらにコロンビア大学で臨床心理学に出会い，その後，当該大学の教育学部で臨床心理学と教育心理学を専攻した。1928年の就職先であるニューヨーク州ロチェスターの児童虐待防止協会児童研究部での精神分析による実践研究を実施しつつも，クライエント中心療法につながる治療者側のあり方に関心を寄せた。当時，活動の多くは子どもが対象であったが，ある母親との面接を通して「何がその人を傷つけているのか，どの方向へいくべきか，何が重大な問題なのか，どんな経験が深く秘められているのか，などを知っているのはクライエント自身である」と気づいたと述べている。クライエントが呈する問題や症状の改善について，その答えを知っているのはクライエント自身であることを明確に述べた最初の論考であり，人間がもつ成長エネルギーへの大きな信頼を示している。マズロー同様に，1930年代に盛んであった精神分析へのアンチテーゼでもあろう。1939年の『問題児の治療』において，ロジャーズは，セラピストに共通する四つの要素として，客観性（受容と関心と深い理解を含む），個人の尊重，自己理解，心理学的知識をあげている。前の三つはそれぞれ後の，「共感的理解」「無条件の肯定的関心」「自己一致」に発展していく。

　1942 年の『カウンセリングと心理療法』では，それまで被治療者が患者（patient）と呼ばれていたのを「クライエント（Client）」と呼称し，「非指示的療法（non-directive therapy）」として知られるようになった。非指示的療法は，「ただ聞いているだけ」という誤解を受けやすいが，決して流されるままに聞いているのではない。ロジャーズがいう「聴く」とは，アクティヴ・リスニング（active listening）といえる積極的な傾聴姿勢を包含しており，多くの技法で重視されるセラピストの「待つ姿勢」とリンクする重要な姿勢であり，クライエントが有する自己実現傾向への信頼に基づいている。ロジャーズは，クライエント中心療法は，精神分析よりももっと大きくクライエントの自立と自己解釈を目指すものだとし，人間の自己理解を達成する能力を信頼すべきであるとした。また，行動の知的な解釈は，それがいかに正確であっても，それだけで行動を変えることはできないとした。この時期，ロジャーズ自身は「クライエント中心」「非指示的」の両方を用いていたという。その後，非指示的が単純なテクニックに陥ったり，ドグマ化されたりする懸念から，1940 年代終わりには，「クライエント中心療法（Client centered Therapy）」と呼ぶようになる。そして，対象がクライエントから教育場面などに広がるにつれ，「人間中心療法　（Person centered Therapy）」と変容していく。

　ロジャーズのパーソナリティ理論（Rogers, 1951）で有名なのは，自己概念という視点であり，経験（Experience）と自己構造（Structure）とを円で示した不一致の発達である。図Ⅱ-4-4のAとBはそれぞれ全体のパーソナリティ（The Total Personality）の構造に焦点をあわせるように描かれている。経験の円は，感覚的・内臓的経験の直接の場を表し，すべての感覚様式（sense modality）を通して個人によって経験されるすべてであり流動的な場でもある。自己構造の円は，自己構造あるいは自己概念として定義される諸概念の形態を表す。個人の特性や関係についての定型化された知覚（patterned perception）を，それらの知覚と結びついているさまざまな価値とともに示し，意識化されるものである。第Ⅰ領域は，自己概念および関係のなかの自己の概念が，感覚的・内臓的経験によって供給される証拠と調和あるいは一致している度合いを示す。第Ⅱ領域は，社会的もしくはその他の経験が象徴化されるにあたって歪曲され，その個人の経験の一部として知覚される現象の場の部分を示す。第Ⅲ領域は，自己構造と矛盾対立するがゆえに，意識することを否認されているような感覚的・内臓的経験を指す。図Ⅱ-4-4のAは，領域Ⅰが狭く，自己構造と経験とが不一致な状態で，緊張の状態にあるパーソナリティであることがわかる。図Bは心理療法が成功した後のパーソナリティである。領

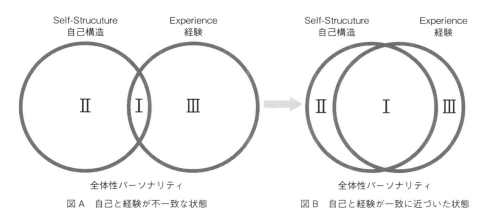

図A　自己と経験が不一致な状態　　　　　　図B　自己と経験が一致に近づいた状態

図Ⅱ-4-4　自己と経験の不一致の発達（Rogers, 1951 をもとに筆者作成）

域Ⅰでは経験と自己構造の重なりが大きくなり，全体としてのパーソナリティが安定するとしている。そこでは現象があるがままに知覚され，自己の象徴化にあたって歪曲されることもない。矛盾対立していた感情が自己構造へと統合されるのである。1951年の論文では，二つの事例を用いて12の要因がどのように変化するか詳述されている。

　興味深いのは，当時，二つの円が完全に一致することはないとしていることである。ロジャーズは「セラピィが自己と経験との完全な一致を決して達成するものではないこと，内面への投影されたことをことごとく拭い去るものではないこと，否定された経験の全領域を探査するものではないこと」を述べている（Rogers, 1951）。これは，人が生きる上では新たな心理的課題が発達段階に応じて生じ，都度，獲得した自己一致の観点から新たな対応ができるようになるなど，人の成長エネルギーは「少し未完成な部分（二つの円のズレ）」から生まれることを示唆しているのではないだろうか。

　ロジャーズ理論の中核的な理念は，「個人の価値や意義を認め，尊重すること」であり，クライエントは自己再体制化の能力を有していることから「クライエントの自己指示（self-direction）の能力を信頼すること」であり，「カウンセラーの自己理解」というカウンセラーの「操作的でない」純粋性と自己一致である。1957年の「治療上のパーソナリティの変化の必要にして十分な条件」の論文では，以下の六つの条件をあげ，「他のいかなる条件も必要でない。これらの六つの条件が存在し，ある期間継続するならばそれで十分である。建設的な人格変容の過程がそこにあらわれるであろう」と，揺るぎない自信をもって論じている（Rogers, 1957）。

　①二人の人間が心理的接触をもっていること
　②第一の人（クライエント（Client））は不一致の状態にあり，傷つきやすい，あるいは不安の状態にあること
　③第二の人（セラピスト（Therapists））は，この関係の中で一致（congruent）しており統合（integrate）されていること。
　④セラピストはクライエントに対して無条件の肯定的な配慮（unconditional positive regard）を経験していること。
　⑤セラピストはクライエントの内部的照合枠（internal frame of reference）に感情移入的な理解（empathic understanding：共感的理解）を経験しており，そしてこの経験をクライエントに伝達するように努力していること。
　⑥セラピストの感情移入的理解と無条件の肯定的な配慮をクライエントに伝達するということが最低限に達成されていること。

　その後，ロジャーズは，③の自己一致，④の無条件の肯定的配慮，⑤の共感的理解は本質的な条件であると強調し，セラピストの三条件として「純粋性（genuineness）または自己一致（congruent）」「無条件の肯定的な配慮（unconditional positive regard）」「感情移入的な理解（empathic understanding）」とまとめ，セラピスト自身が自らの体験に開かれていることを強調した。

　ところで，ここでいう⑤の内的照合枠によるクライエント理解とは，クライエントのいる場所からの世界の見え方や自分自身の見え方をカウンセラーが共有しようとする活動であり，その共有のあり方は，情動的同一化（emotional identification）ではなく感情移入的同一化

(empathic identification) とされる。そして，"as if" という「まるでその人であるかのように追体験する」セラピストの姿勢の重要性を述べている。精神分析で使用される境界例水準の特徴である "as if personality（正常であるかのようなパーソナリティ）" とは異なる概念であることは注意いただきたい。

　六つの条件は，非常にわかりやすい表現であるが，セラピストが実行実現しようとするにあたっては，セラピスト側の訓練，内省力，内的成長がかなり求められる。クライエント理解においては，クライエントの体験を追体験するとともに，片足は現実世界や客観世界に置き，相手に飲み込まれないことが重要であることは補足しておきたい。これらを踏まえた上で，ロジャーズは，セラピストの役割について，「クライエント中心療法においては，セラピストの目的はクライエント（自身）が自分の不適応の心因的な様相についての診断をなし，その診断を経験し受容することができる諸条件を準備することである」とした。ロジャーズが一貫して人間の成長エネルギーや主体性，自己実現への歩みを信頼し，心理療法においては，セラピストが心を使いながらも，あくまでクライエント自身が自らの力で解決していくクライエントの成長力や潜在力を信頼し，寄り添う姿勢の重要性を強調していることがわかる。この六つの条件についてユング派の河合（1983）は，条件③「セラピストの自己一致」と条件④「セラピストの無条件の肯定的配慮」が対極にある可能性を指摘し，自殺願望のあるクライエントを例にあげ，セラピストが③④の態度や姿勢を両立する難しさを述べ，その上で，「単純な並立的な考えによらず，次元の異なった体験をすることによって，治療者はそれらの条件が共存可能であることを体験するときがある。そのことこそが大切」と論じている。精神分析学派の成田（1997）も三条件の難しさについて「めったに実現されない"理想"」と述べている。ロジャーズ自身も，セラピスト自身に経験の不一致がある場合クライエントに伝えるべきかどうか，三条件の比重の重みや優先順位はどう考えるべきか，などに関する問いをあげている（Rogers, 1951）。これらの問いをさらに深めることもロジャーズ派には期待されているのではないだろうか。

　この後，クライエント中心療法は，心理療法の領域から，さらに教育や社会的活動など対象も分野も適用が拡大していく。ロジャーズは，集団や社会現象にも目を向けたエンカウンター・グループ活動を展開し，次第にパーソンセンタード・アプローチ（Person centered approach：PCA）に変容していく。そして，ロジャーズの理論は，弟子のアクスライン（V. M. Axline）の遊戯療法やジェンドリン（E. T. Gendlin）のフォーカシング指向心理療法へと引き継がれ，さらに発展し，コフート（H. Kohut）など他の理論にも影響を与えていく（岡村，1997）。

(3) フランクルのロゴセラピィ（Logotherapy，実存分析）

　フランクルは，『夜と霧―ドイツ強制収容所の体験記録』（Frankl, 1946）や『死と愛』（Frankl, 1952）でも著名な，オーストリアの精神医学者であり，心理学者である。4歳頃から生きる意味に関する問いをもっていたのは有名な説話である。もともとは精神分析のフロイトと個人心理学のアドラー（A. Adler）に師事し精神医学を学び彼らを尊敬しつつも，徐々に実存分析的理論を構築していった。第二次大戦中のナチスドイツによる強制収容所での凄惨極まりない体験を通し，フロイトやアドラーらの人間観や療法への限界を認識し，改めて自分の理論に確信をもって実存分析を唱え，「第三のウィーン学派」と呼ばれた。ロゴセラピィと呼ぶのは，実存分析とビンスワンガー（L. Binswanger）の現存在分析の英訳が "existential analysis" と同じであるため呼称を変更したという。フランクルは，精神医学の多くの著作において「単

に技法で人間に接近することは，必然的に彼らを操作する事を意味し，また単にダイナミックスで人間に接近することは，彼らを対象化すること，すなわち人間を単なるモノにしてしまうことを意味している」とアドラーとフロイトの学説を批判した。そして，「人間はものではない。無（nothingness）よりも，むしろこの，ものでないこと（no-thingness）こそ実存主義から学び取るべき教訓である」とし，「人間」としての視点の回復を強調し，「われわれは単に疾患を治療しているだけではなく，人間存在を扱っている」と，ヒューマニスティック心理学ならではの観点を力説している（Frankl, 1969）。

　フランクルは，人間の本質的欲求は，フロイトの言う「快楽への意志」や，アドラーが言う「力への意志」ではなく，「意味への意志」だとする。また，人間を「多様であるにもかかわらず，統一されている」存在であると定義し，生きる意味を探求し続けた。さらに，自己実現は人間の究極の目的でなく，「意味充足の効果であり，人生の志向性の無意図的効果である」とマズローの説を補完している。ロゴセラピィの人間観が，現象学的分析に基づく，「意志の自由」「意味への意志」「人生の意味」という三つの柱にあるとし，欲求が満たされ，成功しても空虚感を抱く心理的状況を「実存的空虚（existential vacuum）」と命名した。心理療法においては，「価値」に着目し，「創造価値」「体験価値」「態度価値」の概念をもとに，人が生きる上での態度価値の重要性を論じた。以下に，代表的なロゴセラピィのキーワードを紹介する。

- ロゴセラピィ（Logotherapy）：「人間が生の目的を発見することで心の解決をする」立場の心理療法であり，「人間は価値を志向する存在」であるとする人間観に根ざしている。「生きる意味」という術語もよく用いられる。
- 意味への意志（will to meaning）：フランクル自身の強制収容所での体験でもあり，人間には極限の世界においても失われない気高さがあるとし，人間のもっとも根本的な意志，もっとも根源的な欲求は，「自分の人生をできる限り自分の意志で充たしたいという意味への意志である」とした。
- 創造的価値（creative values）：創造によって，世界に対し何を彼が与えるかということ。たとえば，自分で仕事や芸術などを行った時，感じる充実感で，世の中に何かを与えることに生きる意味を見出すこと。
- 体験価値（experiential values）：出会いと経験によって世界から，何を彼が受け取るかということ。体験することで新しい知見を得たり，世界の素晴らしさを感じたりするなどによる気持ちを通して，生きる意味を見出すこと。
- 態度価値（attitudinal values）：彼が変えることができない運命に直面しなければならない場合に，窮境に対して彼がとる態度のこと。フランクルは，創造価値と体験価値の両方とも奪われた人であっても，なお充足すべき意味によって，正しく真っ向から苦悩することの中に存在する意味によって挑戦されているとする。そして，人間は死ぬ直前のぎりぎりの時まで意味をもっているとし，「人間には責任，つまり意味と価値を充たし実現する責任がある」と述べている。
- 逆説志向（paradoxical intention）：対象者が恐れていることをするように，（怖いことが）起こることが起きるように励まし，期待不安による悪循環についてユーモアをもって断ち切る方略を指す。たとえば緊張場面で「もっと緊張しろ」と自己指示するなどがある。
- 反省除去（dereflexion）：脱反省ともいい，反省過剰を中和するもので，過度に自分を省み

ることをやめること。反省過剰の根幹にある自己執着から解き放ち，自己離脱の方向に導くものとされる。

・自己超越（self-transcendence）：「人間は自分自身を忘れ，自己自身を無視する程度に応じてのみ，自己実現ができる」としている。何かに没頭し，自分を忘れている無我の境地や無我夢中の状態を指す。

●面接の実際（架空事例）

架空事例をもとに，ヒューマニスティック心理学の中でもロジャーズ理論に依拠した心理面接過程を紹介する。職場での対人関係を主訴に私設心理相談室に来談した成人女性の設定である。「　」はクライエントの，〈　〉はセラピスト（Th）の発言を示す。下線部分は，次の項での解説に用いる部分である。

【クライエント】Ａさん，40代後半女性，会社員

【主訴】職場で数年にわたって嫌がらせを受けていたのを気づかないでいたが，最近になって，同僚から知らされて混乱し，仕事に集中できない。不眠などがあり，混乱している。今後の対応を含め相談したい。

【来談経路】夫の学生時代の同期である臨床心理士の紹介

【家族構成】研究職の夫との二人暮らし。子どもはいない。実両親は数年前に病で他界。県外に弟妹がおり，夫の両親との関係は良好である。読書や観劇が趣味で，夫と行く落語や歌舞伎が楽しみという。

【生活歴および現在症】生育歴や友人関係で特に困ったことはない。正義感が強く，先生に意見することがあったらしい。中学・高校は，テニス部で，「下手だけど」副部長などを任されてきた。大学に進学し，ラケットサークルに入り，「気のいい仲間ばかりで」楽しく過ごし，今でも交流がある。卒業後，大手企業に総合職で就職。やりたい分野である現在の会社から声がかかり，両親の反対を押し切って転職。両親は，係長に昇進してようやく理解してくれるようになった。異業種交流で知り合った夫と「嫌いなものが一緒」で意気投合し30代前半で結婚。夫は理系の研究職で海外出張も多いが，Ａさんの話をよく聞いてくれる。「猫が子ども代わり」とのこと。6年前に12名程度の部署の長となる。たまたま取り組んだプロジェクトが成功し，社長からのご褒美で，県外の研究所に1年間研修に出向く。研修後は，長の職はいったん外れるシステムだが異論はない。研修から戻り，自分が部下の三人組から数年にわたり嫌がらせを受けていたことが判明し，不眠やめまいが出現する。かかりつけ医を受診し「会社での対人トラブルによるストレス」と眠剤を処方され，めまいについては経過観察となっている。心配した夫が大学時代の同期であった臨床心理士に相談し，「丁寧に聴いてもらった方がよいだろう」と，当相談室を紹介される。

【インテーク時の印象】中肉中背で肩までの髪を耳のところで留め，年齢相応のおしゃれをし，挨拶など常識的で疎通にも問題はない。不眠やストレスで疲れた様子が窺われる。「できる女性」というより，実直で抑制的な印象。

(1) インテーク面接

　ⓐ〈まず気になっていることはどういうことでしょうか〉「会社の部下から，自分が５年にわたって嫌がらせされていたことに気づかなかったんです」〈(繰り返して)，それは大変だと思います。お話を理解するために，まず，Ａさんご自身についてお聞きしますね〉に，すんなり了承する。相談申込書をもとに一通り属性や生育歴，生活歴を聴取する。〈では，対人関係トラブルについてお聞かせください〉と言うと，「わかりづらい話になるかもしれません」と前置きする。〈構いませんよ。時々事実確認させていただくと思いますが，自由にお話しください〉と返す。「研修から戻ってきた数日後，同僚の女性Ｂさんから相談を受けた。Ｂさんは，女性三人組と揉めており，４時間ほど話を聞くことになった」と語る。〈４時間も……〉「そうなんですよ，つい……」と苦笑する。「Ｂさんに"自分（Ｂさん）が転職してきてからずっと三人組からＡさんの悪口を聞かされてきた"と初めて聞かされ，何を言っているのかわかりませんでした」〈(傾聴)〉「ショックというか，混乱もしていて。でも，Ｂさんの話を聞くのが先決と言い聞かせて。……過去数年間の出来事と照合しながら聞いていたんです」〈(傾聴)〉「Ｂさんに，"自分が嫌がらせを受けて，彼女たちが言っていたＡさんへの悪口が全部嘘だったことがわかった"と言われたんです」〈(傾聴)〉「聞きながら，内心，長として一生懸命やってきた自分が悪口を言われていたことにショックを受けました……」とため息をつく。〈それはショックでしょうね〉に，肯く。Ａさんが研修に出向く前，重要な会議のため研修先から数回戻ってくるのを三人組に執拗に反対されたことが語られる。「Ｂさんから，"Ａさんは会社のお金で１回につき20万かけて帰ってきて好き勝手しようとしているから，会議の際に反対してほしいと電話で言われた"と聞かされたんです。そして，他のスタッフにも嘘をばらまいていたと聞かされたんです」とⓑ一気に話す。〈(傾聴)〉登場人物が多いため〈確認させてください〉と職場の構成や三人組との関係性を確認する。三人組の一人であるＣさんは，Ａさんの補佐役で，残り二人は「子鴨のようにＣさんに付いて回る」らしい。Ｂさんは転職組で弁が立つ人だという。「私は確かに出張費で行き帰りするつもりでしたが，私が会議に出た方が準備も経済的にも負担が少ない。早割で買うし。よかれと思っていたのに」と悔しそうに語る。〈Ａさんはよかれと思っていたのに，違う情報をばらまかれていたということですね〉「そうなんです！」「三人組が呆れるほどしつこく反対したんです。誰にも迷惑かけないのに，何ヵ月も無駄な話し合いをしました」〈無駄な話し合いをしなくてはならない状況だった〉「本当にしつこくて。研修を取り下げようと思うくらい」〈研修を取り下げてしまおうと思うくらいしつこかったんですね〉「そうなんです。本当にしつこくて……」「会議で別のスタッフから"出張費はどれくらいかかるんですか？"と聞かれて，何をわざわざ聞くんだろうと思いながら，"宿泊費もいらない，早割を使うので，多く見積もって往復３万円かな"と答えたんです」〈(傾聴)〉「Ｂさんは"それを聞いて，三人組ででっち上げていたのがわかった。悪口も全部でっち上げだったんだとわかった"と。それ聞いて力が抜けました。人間不信というか……」〈人間不信……Ａさんは気づかないところでやられて，さぞかしショックでしたでしょうね〉「ええ」「こんなことくらいで騒ぐのは大人げない，いい年なのに受け流せない自分の未熟さが嫌になったり……」〈大人げないとか未熟さが嫌になったりされたのですね〉〈私は大事な事なお話だとお聞きしていますよ〉に，肩の力が緩む。〈同僚として仕事する必要があるでしょうから，まずは事実を確認して，どう理解して，どう対応していくのがＡさんにとってよいのかを一緒に考えていく方向でいかがでしょうか〉「はい，よろしくお願いします」〈そうはいってもカウンセリングは話

すことで楽になることもあれば，しんどくなることもあります。そのときは遠慮なく仰ってください。不満を話すこと自体も大切ですから〉「はい，わかりました」ⓒ〈今日，お話しされていかがでしたか？〉「……そのまま聞いてもらえてほっとしました」と語り，内輪揉め程度に軽く扱われたくないので，社内のハラスメント部署には訴えるつもりはないという。週1回50分の心理面接を契約する。

【見立てと方針】

　Aさんが話す内容は整合性やまとまりがあり，情緒も内容と合致している。混乱は見られるが，基本的な健康度は高く，信頼していた人物からの裏切り行為を「初めて知らされ」ひどく困惑している。事実確認や力動，「三人組」やBさんの病態水準も見立てながら，まずは，Aさんの言い分を傾聴し，気持ちに寄り添い，日常生活を支えながら，Aさんが必要以上に自責的にならないよう，慎重に事実関係を共有し，対応を一緒に考えていくこととする。

(2) #1

　少し表情が明るい。「先日は聞いていただいてありがとうございました」〈嫌がらせされたことでもいいですし，それ以外のことでもお話しください〉「あの時，言わなかったんですが，一番ぞっとしたのは，研修先から戻ってきて，休みを取って自宅を片付けている最中に，Cさんから電話がかかってきたんです」〈電話がかかってきた〉「"ご馳走するからBさんを除いた女性三人でランチに行きましょう"って誘われたんです」〈そんなことがあったのですね〉「片付けもあるし，世界的な感染症拡大での自粛の時期でもあり，断ったんです。落ち着いてから自費なら，と」〈なるほど〉「……何年も悪口言っていて，親しげにランチに誘ってくるんだ，と怖くなりました」〈確かに怖くなりますね〉「あからさまにBさんを外すとか。悪口仲間に引き込みたいのかなと思いました」〈ふむふむ〉「そういう気味の悪さと，ショックと怒り。それ以来，寝付きの悪さや朝起きたときのめまいが始まったんです」〈そうだったんですね〉「電話があったのは，（嫌がらせの）事実を知る前なのに，電話があって以来"会社辞めたい病"に10日くらい罹ってました」〈"会社辞めたい病"ですか〉「ええ，今思うと，ランチの誘いが相当，気持ち悪かったんでしょうね」〈気持ち悪い〉「……思い起こすと，賛同して当たり前の事案でも，部下が理解してくれないと感じることが折々にあったんです。派遣社員が突然当てつけがましい態度を取るとか……すべて辻褄があった感じで，やっぱりそうだったかと思ったんです」〈他のことでも辻褄が合ったんですね〉「……そういうことを思っちゃ駄目なんだって抑えていたんです」〈（傾聴）〉「……Cさんは，私とスタッフとのパイプ役で，"Aさんが長でよかった""Aさんは凄いとみんな言ってますよ""みんなに伝達しておきますね"とか言ってたんです。まるっきり騙されていたんですね」〈騙されていた〉「そうなんです。こんなこと言う自分も嫌なんですが……（Cさんには）仕事を任せきれないんです」と業務上のムラや完成度の低さなど語る。〈（傾聴）〉「他者に仕事を振り分けるのはうまい，でも取りまとめも雑。重要な内容でもやっつけで終わらす。私が赤文字で直した書類をそのまま会議に出したり」〈なるほど〉「あ，次の長に提出する際には黒文字に変えてました」〈ああ，次の長には自分で作ったかのように出したということですね〉「そうなんです」「今思えば，そういう人なんですよね」「気分にもムラがあって，馴れ馴れしくしてきたり急に不機嫌に押し黙ったり」〈気分にムラがある〉「ええ，言うことも一貫性がないし……」ⓓ「……私も悪口言ってるみたいで，すみま

せん」〈……ここでは，Ａさんが話したいことを話す場ですから大丈夫ですよ〉「事実なんですが，なんか建設的でないというか」〈建設的でない〉「大人げないというか」〈大人げない〉（沈黙が続く）〈そう思われるのには何かありましたか？〉「ここに来る前に他部署の仲間に相談したんです。そうしたら"変な人はどこでもいる"ⓔ"あなたが誠実に仕事していたらわかってくれる人はきっと出てくると思うよ"と言われたんです」〈え？　長年嫌がらせされてきたのはＡさんですよね〉「ええ。私なりに誠実にやってきたのに，ずっと嫌がらせされて……向こうは私が気づいたと知らないから，これからもやられるのがわかっていて……それでもまだ私は誠実にやらなきゃいけないのって……」涙ぐむ。ⓕ〈傷ついてきたＡさんの方がさらに誠実にやれば，と言われた感じなのですね。……そう言われていかがでしたか〉「……無力感，というか誰も助けてくれない，一人。誰も味方がいない。私のしんどさはわからないんだなあ。どこでもある話だと片付けられたみたいで」「聞いてくれた仲間には感謝しています。でも……ⓖ味方にはなってもらえなかった感じ」〈味方にはなってもらえなかった感じ〉「ええ，私なりに誠実に一生懸命やってきたのに。ⓗＣさんも信用していたのに。これから退職までの長い期間，やられ続けながらさらに誠実にしろって言われても……」〈うーん，嫌がらせを受けてきたＡさんとしてはどうなんでしょう〉（沈黙）「……前の職場の先輩も，最初は，"酷い話だね"だったんですが，だんだん"何で長い間気づかなかったの""何で他の部下は忠告してくれなかったの"って私が悪かったみたいになって。しまいには"会社の評判を落としたらいけないし聞かなかったことにする"と言われて……」（ハンカチで涙を押さえる）〈そんなこと言われたんですね……〉ⓘ〈なんだか「傷つく人が我慢することで運営が回る組織」という感じを受けましたが，いかがでしょうか〉（はっとしたように顔を上げて）「そう……なんです。三人組は見逃されて，会社のために私が我慢しろと言われている気がして……それが社会的美徳なのかもしれませんけど」（長い沈黙）「……そうなんです」「Ｔｈが仰る通りです。なぜ守って貰えないのかという気持ち……無力感もありますし，怒りかもしれません」〈無力感，守って貰えない怒り〉「そうです」（納得したような感じで）「そうですよね……もし，自分の子どもがいじめ被害を受けたら，我慢しろというのかしら，自分の家族や知人が同じ目にあって，そのうち収まるから我慢しろというのと一緒ですよね」と納得したように語り始め，表情が明るくなる。それまで仕事が不十分でもＣさんのあるスキルを評価しており，引き上げようとしてきたといい，「私ってどこまでもおめでたいですね」と自嘲するように笑う。

(3)　#2

　　前回に引き続き，「嫌がらせの実態」について語り，その事実をさりげなく調べたことが語られる。Ａさんの行動力に驚くと同時に，それほど深刻な傷つき体験になっていたと感じ，Ａさんに返す。「現在の長が同じ目にあっているので忠告したいなと思っているんです」と語る。〈（傾聴）〉「でも，相談した人に"そんなことしたらＡさんの品が下がる""長が困ってなければ何もしない方がいい"って言われたんです」と，納得できない様子。〈繰り返して，傾聴〉「私は単に，お知らせしたいだけなんです」「別にいい人と思われることを目指してないし，ちゃんとした人が評価される世界を信じたい。自分がやらかした事実で悪口言われるのはいいんです。でも，でっち上げた嘘を言いふらされるのは容認できない。……（自分は）そうなんだなあと気づきました」〈でっち上げた悪口を言いふらされるのは容認できないのですね〉「そうです」「生き方が下手なんでしょうね」と苦笑する。

(4)　#3

　「あれからいろいろ考えて，実は私，これまでも結構闘ってきたんです」と，副社長に理不尽な形で部署が潰されそうになったときに，社長に直談判して守った話などをする。部署を守る闘いの時期は，『孫子の兵法』を持ち歩き，始計篇の「戦は無益（戦はしない，戦するなら負けない）」と「善く行くものは轍迹なし」が好きだという。その姿勢は父親譲りと語る。「その時も，三人組が"私たちは他部署と統合されてもいいと思ってるのに，Aさんだけが勝手に闘っている"と他部署の人に話していたと聞いたのを思い出したんです」〈（傾聴）〉「そのときもショックで。それを思い出して，この間，他部署の人に再確認したら"うん，Cさんが言っていたよ"だったんです」〈そんなこともあったんですね〉「薄々気づいて，傷ついていたのに，そんなことするはずないって蓋をしていたんでしょうね」〈そんなことするはずはないと蓋をしていた〉「そうなんです。気づきたくなかったんでしょうね。喧嘩上等の性格なのに」と苦笑する。「スタッフは仲良くありたいと願っていたのかも……。でも，これで納得がいきました」〈（傾聴）〉「はい。他のことでも複数の証言を得たんです」〈凄い行動力ですね〉「喧嘩上等人間ですから」と笑う。「ここに来るようになって，傷ついた方がさらに我慢するって，加害者を助長させるにすぎないと気づいたんです」〈なるほど〉「三人組には，常識的な対応では効果がないでしょうから，どうやって反撃しようかと策を練っているんです」〈ほう（感心して），反撃されるお気持ちになられたんですね〉「ええ，やられっぱなしでは悔しいし，5年間舐められてきて，今も舐めきっているだろうなと」「以前，"私を怒らせたら怖いんだけどね"ってCさんに言ったことがあるんですよ。"言ったのにね"ってとこです」〈（傾聴）〉「以前，Bさんから，Cさんに筋を通したこと言っても無駄だと聞いていたので，脅しをかけてみようと思って」〈（繰り返して）そこまで考えているのですね〉「ええ。夫は，最初は宥めてましたが，私が，子どもやあなたが同じ立場でやられたときに，"誠実にやればいつかきっとわかってくれる"なんてきれい事は言えないって言いました。部下は誰も忠告してくれませんでしたが，私が相手に一撃くらわせることは意味があるのかなって」〈なるほど（感心して聞いている）〉「女だてらに」（苦笑）〈そう思われますか〉「泣いて同情を得るとかあると思うんです」〈そういう方法を取る人もいるかもしれませんね〉〈お聴きしていると，それでは"Aさんが廃る"感じでしょうか〉「そうなんです。そういう人間なんです私は。夫も，"やらずに後悔するよりやってみたら。失敗したら会社を辞めてもいいよ"って言ってくれて」〈そうなんですね。ただ，巧妙な人達のようですから，一撃する前には，私に教えてくださいね〉「もちろんそうします」

(5)　以降のまとめ

　#4は，Cさんの生育歴，生活歴からはパーソナリティ障害圏の病態水準が推測された。「育てようとしてきた三人組に裏切られて辛い」と語る。この時点で不眠やめまいは消失したという。#5，6は「一撃」を待ち構えているが，Cさんが近寄ってこないと言い，「親でも子でもないし，三人組の存在自体どうでもよくなった」と語る。#8は，「一撃」を面接で否定されることなく聴いてもらい，実行するのはどうでもよくなり「軽く釘を刺した」ことが語られる。仕事以外は距離を取っているらしい。次第に，自分がターゲットになってしまったのは，自分にも問題あるのではないかと，自身を振り返る面接が続く。「私はただ一生懸命やってるつもりだったけど，ラッキーなことが多い。基本的にネガティブ人間だから，自虐的なこともつい言っちゃう。知らない間に人を不愉快にさせてるのかな」「女王様タイプの人には，ご機嫌とらな

いので目の敵にされることもある」など気づきや洞察が深まり，「でも，これも私ですものね。気をつけるところは気をつけながら，"本当の仲間"を大切にして，私は私でやっていこうと思います」と #20 で終結となった。その後，Ｃさんは転職し，三人組は解体したという。

●面接過程を中心に事例の解説

　本事例は，「部下からの嫌がらせ」というパワハラを主訴に自発来談し，後半は，その経験を通して，自己洞察を深め自己の再体制化をしていった事例といえる。以下に，主にロジャーズ理論の立場から解説を試みる。

(1) 事例の理解

　本事例は，誠実に生きてきた女性が，長期にわたり自分が知らない間にねつ造による悪口を流布された傷つき体験および部署や部下を大切にしてきたつもりが裏切られたショック，そのことに5年にわたり気づかなかった自分への悔恨や怒り，誰も忠告してくれなかった情けなさや寂しさから来る孤独と人間不信，相談した人に理解して貰えなかった孤立無援感など，まさに被害者支援に共通する心理状態が見受けられた。エピソードとしては「どこにでもある話」「変な人はどこにでもいる」という印象もある。しかし，当事者であるクライエントにとっては，自分の生き方や尊厳が脅かされた体験であり，嫌がらせ判明直後からの不眠やめまいなどの症状（身体化）からも，怒りだけでは説明できない深い傷つき体験となっていることが推察される。何より，その裏切りや攻撃は数年単位で行われており，「あなたが誠実にやっていたらわかってくれる人は出てくる」という助言は，クライエントをさらに追い詰めていた。状況および人間関係の見立てが必須であるが，クライエントが「内輪揉めと勘違いされたくないからハラスメント部署には相談しない」と語るように，「よくある話」に終始されてしまう懸念も否定できず，まずは「当事者にとっての問題の重み」に寄り添う姿勢が肝要である。

　Ｃさんを代表とする三人組は，信頼関係に基づいたつながりではなく，Ｃさんはパーソナリティ障害水準の病理性が推察された。病理性に基づく巧妙さで，クライエントがターゲットになった図式といえる。クライエントがターゲットになったのは，他者配慮性の高さに加えクライエント本人が自覚していない有能さや結果が賞賛されることへの嫉妬や妬みがあることは明らかであろう。また，クライエントの生き方としての正直さや心から信頼できる夫や仲間をもっている事実すらも，Ｃさんの劣等コンプレックスをかき立てる一因となっていたことが推察される。さらにはクライエントであるＡさんが上の立場にあり，「三人組を育てようとしていた」ことからは，「嫌がらせ」の背景には依存と攻撃の両面が見受けられ，同胞葛藤に加え，母親葛藤を向けられていた可能性もあろう。悪口をわざわざ告げたＢさんのあり方も気になるところである。

　心理療法においては，クライエントであるＡさんの傷つきや心の痛みがどういうことで起きているのかの事実の確認が重要である。しかし，何より重要なのは，その時の，まさに今のクライエントの感情体験がどうであったかに丁寧に寄り添い，傾聴し，受容し，共感する姿勢が必要である。三人組との安易な関係調整よりは，事実と照合しながら，クライエント自身がどのように体験し，どのように感じ，これからどうしたいのかという主観的な思いを丁寧に聴き，クライエント自身の解決方略を支える姿勢が優先される。とはいえ，今回のように病理

性が疑われる相手と対峙するにあたっては，必要に応じて行動を抑制する関わりも必要となる。最初から闘わずともすむ方略を一緒に考える関わり方もあるが，今回の事例の場合は，まずは闘いたい気持ちに寄り添い，本当に闘うときこそクライエントを支えていく覚悟が必要といえる。

　結果的に，「一撃」を加える発想に活路を見出したクライエントは，セラピストに「一撃」を否定されなかったことで収まりがつき，自ら事実確認を行い，常識的な方法で「釘を刺す」レベルで収めた。その後は，自分の側の課題に対峙しようとし，自己洞察を深め自己再体制化を行ったといえる。これらが成功したのは，自発来談にみられたクライエントの主体性や動機づけの高さであり，自分への嫌がらせの裏付けをとるなどの行動力であり，クライエント自身の内省力に代表される健康度の高さ，家族や周囲の支えなどのサポートがあったことは言うまでもない。

(2) 事例の解説 1──「傾聴」「受容」「共感的理解」について

　以下に，主にロジャーズ理論におけるセラピストのあり方という観点から解説していく。

　傾聴や受容，共感的理解が適切であったかどうかは，「クライエントが聴いて貰えた」と体験できたかどうかによる。セラピスト側が「共感的に聴きました（受容しました）」と思っても，クライエントがそう感じていなければ傾聴（受容）にはならない。理論的には，一切の評価をもたずにひたすらに聴くとされる。しかし，一切の評価軸をもたないわけではない。セラピストは自分の中に沸き起こるさまざまな感情（大変そう，そうなんだ，自分もそう思う，そうかなあ，本当かなあ……など）や評価尺度を抑圧否認するのではなく，自身の感情を感じながらも，まずは，「クライエントの言い分に耳を傾ける」存在である。若い読者の方は「傾聴訓練」として，授業などで「とにかく相手の話に口を挟まずに聞く訓練」を二人組で体験された事があると思う。そして，何か言いたくなっている自分を感じたのではないだろうか。そして，一切口を挟まず，「関心を寄せて聴く」なかで，相手の話が自ずと展開していくことを実感されたのではないだろうか。「関心を寄せて聴く」「相手の言い分に耳を傾ける」が傾聴や受容の基本であり共感的理解につながる。

　しかしながら，そのときの「聴き方」の声やトーンは書き言葉にするのは難しい。本事例の文中において，〈〈傾聴〉〉としたのはそのためである。リアルタイムでの二者関係のおける〈うん，うん〉の文字化は，日本語のもつニュアンスの多様性という難しさがある。たとえば，年長のクライエントに対して，若いセラピストが発する〈うん，うん〉は，失礼に聞こえることもある。自分の日常的な応答や声のトーンが，クライエントにとって，耳障りがよくないこともある。応答がどのように聞こえるのか，クライエントにどう感じられるかについて，ロールプレイなどの心理療法の訓練過程において互いに指摘し合える場や関係性が貴重である。自分の声や表情，身だしなみ，仕草など含めて，ビデオなどに録って客観的に観るのもお勧めである。〈うん，うん〉がそぐわなければ，〈はい……はい〉でもよい。〈うーん〉〈ふむ〉〈うん（そうなんだ）〉など合いの手のように意味をもつ反応が，ロジャーズが言う明確化や重要なテーマに道筋をつけている事につながる。クライエントに，〈ちゃんと聴いていますよ〉が伝わる頷きや表情も大切であり，〈そうなんですね〉という受容や共感を伝える傾聴によって，クライエントは気づきや新たな発見を生み出す。長い沈黙ではセラピストの方が待ちきれずに，つい言葉を発してしまいがちであるが，沈黙や熟考の時間を共有することによってこそ，クライエント

自らが次の段階に進むものである。

（3）事例の解説 2——感情の反射，明確化，セラピストの感情の自己開示など

　架空事例の下線箇所を取り上げ，クライエント－セラピストの関係の中で何が展開しているかを解説する。

1）インテーク面接

　下線ⓐの部分　　セラピストは面接の枠組みを押さえたいが，クライエントは早く聴いてほしいという思いがある。ケースバイケースだが〈まず気になっていることはどういうことでしょうか〉とクライエントの主訴を簡潔に聴くやり方がある。「会社の部下から，自分が 5 年にわたって嫌がらせされていたことに気づかなかったんです」〈繰り返して〉，それは大変だと思います。お話を理解するために，まず，A さんご自身についてお聞きしますね〉である。ここでは，おおまかに主訴の背景を把握する。さらに，「クライエントが使った言葉」を用いて伝え返した上で，〈それは大変だと思います〉などの共感的な思いを「言葉にして」伝える。そして，一通りの属性や生育歴などを聴いていく。この際，相談申込書などクライエント本人が書いたものを用いると，確認作業が共有されやすい。一通り，クライエントの来し方を把握した上で，〈では，対人関係トラブルについてお聞かせください〉と主訴に立ち返る。属性等から聞いても構わない。少なくとも，最初からカウンセリングモードになってしまうと，後々，クライエント理解に必要な情報が聞きづらくなってしまう。インテーク面接は，見立てるために，セラピストが情報を確認する作業がメインとなる。それでも，クライエントの話したい思いをきちんと受け止めた上で，聴取していくことが肝要である。

　下線ⓑの部分　　他の部分同様に，まずは，クライエントの語りをひたすら聴く。一気に話す。〈（傾聴）〉の部分は，「わかったつもり」で流してしまうと，後で，誤解やずれが生じる。必要に応じて，クライエントの語りをそがない形で確認することは大事な作業である。ここでは，登場人物が多いため〈確認させてください〉と職場の構成や三人組との関係性を確認する作業をしている。対人関係や部屋の構図などをクライエントに書いてもらってもよいし，セラピストが図に書いても共有してよい。「クライエントの語る内容をより理解するための作業である」という心づもりと，それがクライエントに伝わることが大切である。

　下線ⓒの部分　　インテークの終わりに，面接の体験について感想を聞くことは大切である。さらに，セラピストが面接を必要と見立てたらその旨伝え，何をしていくかを伝えていく。ⓒ〈今日，お話しされていかがでしたか？〉「……そのまま聞いてもらえてほっとしました」と，語られた上で，"内輪揉め程度に軽く扱われたくないので社内のハラスメント部署には訴えるつもりはない"と，新たな情報が語られている。これらを踏まえて改めて契約する流れになる。インテークのみで終了する場合も，その理由を丁寧に説明する。

2）#1　　下線部分全体が一つのまとまりではあるが，分割してⓓ〜ⓘという形で解説する。下線の面接場面は何でも話してよい場であるという保証から始まる。

　下線ⓓの部分　　いわゆる「オウム返しのようにクライエントの言葉を使って」応答をしている。セラピストが勝手にクライエントの言葉を言い換えたり，まとめたりせず，そのまま伝え返すこと（反射）が，クライエントにとっては馴染みよく，また，セラピストがクライエン

トの鏡となって，クライエント自身が何を言ったのかを再認識し次の展開につながる。ⓓの部分では，「大人げない」のやりとりのなかで沈黙が生じる。その前段から見られる一連の「私も悪口言ってるみたいで」「なんか建設的でないというか」の流れからも，否定的なことを口にすることにクライエントは抵抗があることがわかる。そのため，セラピストは，〈そう思われるのには何かありましたか？〉とクライエントに伝え返し，明確化を促している。この問いが，クライエントが否定的な言葉を抑圧しようとした背景のエピソードが語られる流れにつながっている。また，その後の傾聴を続けるなかで否定的なことを抑圧しようとすることが，クライエントが本来有している姿勢なのか，状況要因によるものかの見立てにもつながっている。

　下線ⓔの部分　　クライエントが他者に言われた言葉について，セラピストが〈え？　長年嫌がらせされてきたのはＡさんですよね〉と返している。これは，クライエントが他者に言われたことで傷ついてきたことを共感した上での発言であり，ⓓ同様にクライエントが否定的な感情を表現してよいことのメッセージであり，さらには明確化やクライエントの感情表出の促進をもたらす返し方である。否定的感情を抑圧しすぎるクライエントの場合は，クライエントの代わりに驚いたりすることも，クライエントの側に立った上での中立性とも言えるだろう。

　下線ⓕの部分　　ここはクライエントの感情の明確化にあたる。ⓕ〈傷ついてきたＡさんの方がさらに誠実にやれば，と言われたんですね。……そう言われていかがでしたか〉「……無力感，というか誰も助けてくれない」の部分は，クライエントの気持ちを反射しながら，〈そう言われていかがでしたか〉と聞き返すことで，クライエントの感情が引き出されていく。教科書的には〈そのときのお気持ちはどうでしたか？〉となるが，「気持ち」と聴かれるとクライエントにとっては言葉にしづらい場合もある。傾聴同様に目の前のクライエントが語りやすい言葉を磨くことが必要である。

　下線ⓖの部分　　ここは，傾聴とクライエントの言葉をそのまま用いた反射の典型例である。ⓖ「味方にはなってもらえなかった感じ」〈味方にはなってもらえなかった感じ〉「ええ，私なりに誠実に一生懸命やってきたのに」と傾聴と反射がベースとなりクライエントの語りが展開していく。

　下線ⓗの部分　　最初に納得できない助言を貰ったことについて，クライエントがどう感じたかをまず聴き返している。すると沈黙となり，新たに傷ついた助言の話が語られ，クライエントの感情が涙という形で表出される。ⓗ「Ｃさんも信用していたのに。これから退職までの長い期間，やられ続けながらさらに誠実にしろって言われても……」〈うーん，嫌がらせを受けてきたＡさんとしてはどうなんでしょう〉（沈黙）「……前の職場の先輩も，最初は，"酷い話だね"だったんですが，"何で長い間気づかなかったの""何で他の部下は忠告してくれなかったの"って私が悪かったみたいになって。しまいには"会社の評判を落としたらいけないし聞かなかったことにする"と言われて……」（ハンカチで涙を押さえる）〈そんなこと言われたんですね〉　セラピストは事実や思いを共感したことを〈そんなこと言われたんですね〉という言葉に込めている。クライエントの代わりに怒りや落胆を表現したともいえる。また，〈被害者のＡさん〉ではなくクライエントが使ってきた「嫌がらせ」という言葉を用いている。クライエントの言葉を改変しない例といえる。

　下線ⓘの部分　　ここは，これまでの傾聴や反射，共感に加え，セラピストが感じたことも伝えている。これは単にセラピストの解釈でなく，それまでの流れの中での受容や共感に基づいた明確化に向かうものであり，その後，クライエントの「気づき」につながっていく流れと

なっている。〈そんなこと言われたんですね〉①〈なんだか「傷つく人が我慢することで運営が回る組織」という感じを受けましたが，いかがでしょうか〉（はっとしたように顔を上げて）「そう……なんです。三人組は見逃されて，会社のために私が我慢しろと言われている気がして……それが社会的美徳なのかもしれませんけど」（長い沈黙）「……そうなんです」「Th が仰る通りです。なぜ守って貰えないのかという気持ち……無力感もありますし，怒りかもしれません」〈無力感，守って貰えない怒り〉「そうです」（納得したような感じで）「そうですよね……もし，自分の子どもがいじめ被害を受けたら，我慢しろというのかしら〜」の部分の〈なんだか「傷つく人が我慢することで運営が回る組織」という感じを受けましたが，いかがでしょうか〉の〈いかがでしょうか？〉には〈セラピストである私はこれまでのお話をうかがってこう感じましたが，主体的存在であるあなたにとって合致しているでしょうか〉という明確化である。それが合致していたからこそ，クライエントは自分が他者から助言されたことで自分がさらに追い詰められたことを再認識し，そこで生じた感情に開かれていっている。ここでは長い沈黙があるが，空虚な沈黙ではなく，クライエントが頭や心の中で思索を広げている事が伝わってきたため，セラピストは静かに，しかし時折〈うん，うん〉とつぶやくような感じで待ち続けた。こういった「待つ姿勢」が，クライエントが自己体験を理解し，汎化して捉えようとすることに広がっている。傾聴とは「いかに待てるか」と換言できる。この①部分は「答えはクライエントが知っている」というロジャーズ理論の基盤と重なるといえよう。

　他は紙幅の関係で略すが，目標は単なる適応や関係調整でなく，クライエントがクライエントらしく生活できることであり，基本は，傾聴，受容，共感的理解，明確化，セラピストの自己一致であり，クライエントが自分で答えをみつけ主体性を発揮する潜在力を信頼することである。

●現代における社会的意義と課題

（1）ヒューマニスティック心理学の動向にみる課題

　ヒューマニスティック心理学は，セラピストの姿勢や態度に重きを置く。理論や技法が幅広いこと自体が特徴であり，それが課題でもあろう。2012 年に刊行された日本人間性心理学会設立 30 周年を記念した『人間性心理学ハンドブック』をもとに，各国におけるヒューマニスティック心理学がおかれている 2000 年代の状況に触れ，共通する課題について概観する。

1）日本におけるヒューマニスティック心理学（人間性心理学）の動向　　『人間性心理学ハンドブック』の第Ⅰ部では，歴史的な流れを踏まえた定義やアプローチの特徴，実践領域，研究方法と倫理，世界における発展と展望，人間性心理学の可能性として〈意識〉〈からだ〉〈イメージ〉〈発達障害〉〈構成主義〉〈スピリチュアリティ〉〈生と死〉が展望として論じられている。第Ⅱ部は，「人間性心理学のワードマップ」として多くの理論や技法，実践領域が紹介されている。森岡（2012）は，改めてヒューマニスティック心理学が対象とする研究領域の幅広さと奥行きを指摘し，心理臨床だけでなく，コミュニティ創世やマイノリティの課題，民族のアイデンティティ，紛争解決にいたる社会実践に接点をもっており，対象とする範囲を特定することは困難な作業であるとしている。

　ロジャーズ派については，1997 年『こころの科学』にて「ロジャーズ−クライエント中心療

法の現在」，2003 年『現代のエスプリ』にて「ロジャース学派の現在」などの特集が組まれ，ロジャーズ派のあるべき姿の探究とともに，近年の認知行動療法などの隆盛による厳しい状況も垣間見られる。それでもなお，日本におけるヒューマニスティック心理学の流れは，アメリカに特徴的な楽観的な自己実現論や人間の尊厳と自由についての強調にとどまらず，人間性の否定的側面や葛藤（かっとう）や運命の受容（受苦），さらに東洋の視点に立つ宇宙内存在，文明内存在，「場」的存在としての人間へと理念と関心を広げている。2015 年には，村山らの監修による『ロジャーズの中核三条件』が刊行され，さらには心理療法の原点といえる概念を論じたメアンズ＆クーパー（Mearns & Cooper, 2018）や，統合的カウンセリングを提唱するスパレク＆スパレク（Spalek & Spalek, 2019）などの著書が相次いで翻訳されるなど，ヒューマニスティック心理学の未来に向けた取り組みが展開されている。

　　2）アメリカにおけるヒューマニスティック心理学の動向　　日笠（2012）は，アメリカにおいて 2001 年に *The Handbook if Humanistic Psychology: Leading Edges in Theory, Research, and Practice*（『人間性心理学ハンドブック』）が刊行され，ヒューマニスティック心理学の復権を主張するものと紹介しつつも，エリキンス（Elkins, 2009）の「アメリカ心理学会ではヒューマニスティック心理学は影響力を失っているという認識が一般的である」や，アメリカの *Journal of Humanistic Psychology* の発刊 50 周年記念特別号（2011 年）におけるタイラー（Taylor, 2011）ほかの「創設時のヒューマニスティック心理学は，1960 年代の時代精神を反映してカウンターカルチュアとして力をもっていたが，現在では時代遅れとみなされている」意見を紹介し，その原因は「心理学全体や主流文化のなかに人間性心理学が主張してきた価値が取り入れられたから」というポジティブなものから，「主流派と対立的であるために排除された」という見解までを紹介し，アメリカにおいては，「現代の心理学会の状況，社会の状況の中で，ヒューマニスティック心理学の理念と研究の復興が必要である」としている。そして，ポジティブ心理学の興隆とヒューマニスティック心理学の関係性についての課題に触れている。

　　3）イギリスにおけるヒューマニスティック心理学の動向　　サンダース（Sanders, 2004）は，*The Tribes of the Person-Centred Nation*（『パーソンセンタード・アプローチの最前線』）において，PCA（パーソン・センタード・アプローチ）諸派に共通の基盤を確認し，相違を論じ，今後の PCA の発展についてまとめている。イギリスでの PCA は枝分かれし，それらを統合するか否かの論争が起きているという。サンダースは「あくまでもイギリス人が書いたイギリスの」と断った上で PCA の諸派として，古典的クライエントセンタード・セラピィ（Classical Client Centered Therapy），フォーカシング（Focusing），体験的セラピー（Experiential Therapy），実存的心理療法（Existential Therapy），統合的パーソンセンタード・セラピー（Integrative Person Centered Therapy）を挙げている。さらに，メアンズとクーパー（Mearns & Cooper, 2018）は，心理療法における深い関係性について論考し，スパレクとスパレク（Spalek & Spalek, 2019）は，クライエントの多様性に応えるべく PCA，認知行動療法，関係療法，催眠療法に基づき，「存在」「感情の処理」「愛着」「思考」「意識／無意識」の五つの統合の概念を提示した心理療法の統合を提唱している。これらの動向は，ヒューマニスティック心理学の発展に向けた建設的な取り組みであると期待される。

4）中欧およびロシアにおけるヒューマニスティック心理学の動向　　森岡（2012）は，オランダやベルギーなど中欧のヒューマニスティック心理学の動向として，現象学における医療看護実践へのアプローチ，体験的心理療法，実存主義との交流などに触れ，独自の発展をしてきたことを紹介している。

　ロシアの動向については，革命以降 10 年間は精神分析運動の拠点がキエフやモスクワにはあったのち，*Journal of Soviet Psychology*（後発　*Journal of East Europian and Russian Psychology*）において，1980 年代後半からロジャーズの引用が増えていることを紹介し，倫理技術としてのカウンセリングや心理療法がロシアでも市民権を得てきたことを示唆している。ロシアの特徴は，ヴィゴツキー（L. S. Vygotsky）のペレジヴァーニエ（体験・心的体験）が重要な概念であり，それはプロセス的で力動的な概念であるとし，英訳は experiencing に加え，living through（体験を生き抜く）という意味を補っているという。そして，モスクワの臨床心理学者ヴァシーリュク（F. Vasilyuk）がこの概念を臨床心理実践に適用し，危機を生き抜き，葛藤やストレスを創造的なエネルギーに変えていく心的体験として生かしており，その心理療法のプロセスは，ジェンドリンの体験過程を踏まえつつ，体験を一般化・抽象化しようとする試みであると紹介している。また，「思考と言語，情動の体験，意識の発生的な基盤について先駆的な論考を残したヴィゴツキー心理学とヒューマニスティック心理学との統合を目指すロシア臨床心理学の動向は極めてオリジナルである」としている。

5）ヒューマニスティック心理学の共通課題　　2000 年以降，日本のみならず国際的にも，ヒューマニスティック心理学や PCA には，「存在意義は何か」という大きな課題が突きつけられている。ヒューマニスティック心理学の理念は他の技法においても共有されやすいが，水島（1985）が指摘するように「異論との対立に容易に決着をつけられないことそれ自体が非科学性として批判される」面もある。それでも水島は，ヒューマニスティック心理学が統一概念になっていない状況を指摘すると同時に，「人間性をその本質にまでさかのぼって問おうとするからには，人間学的視点が多様にならざるをえず，基本的に矛盾や対立を含んでいる」としている。心理療法に限らず一つのモデルができた後には，支流が生まれ，分派などが発生する。それらを対立項とするのか統合していくのか，包含していくのかも，ヒューマニスティック心理学に課せられた一つの課題であろう。他方，ヒューマニスティック心理学は，医療領域を超えて幅広く人間が生きる領域にアプローチしてきた実績がある。これらの実践を受け継ぎながら，今後の展開のあり方の模索と当時に，厳しい時代だからこそマズローやロジャーズらの創始の理念を再確認・再共有する必要があるのではないだろうか。

　心理臨床の世界は，医療領域での保険点数や訴訟大国といわれるアメリカの影響から，認知行動療法や短期間で終わる心理療法，心理検査においてもより簡便な質問紙法が盛んになっている。ヒューマニスティック心理学は，1960 年代に心理学の主流が操作的行動科学に傾き，部分的法則性偏重傾向にあったことへのアンチテーゼから生まれた。精神科診断における DSM 以降の操作的診断や法則定立的な研究法が跋扈している現代こそ，人間を全体として捉えようとする理念が見直され，自然科学的価値観と相補していく価値の再形成をしていくことが，ヒューマニスティック心理学の存在意義につながっていくのではないだろうか。

（2）ヒューマニスティック心理学の社会的意義と展望

　世界規模で COVID-19（新型コロナウイルス感染症）が拡大し始めた 2020 年春に本章の執筆に着手した。感染症拡大の回避のため，ソーシャルディスタンス，フィジカルディスタンスという生身の人間関係を遮断する方略がとられた。人間にとって欠かせない「人間関係」や「愛着」を遠ざけることで生き延びようとする厳しい方針である。この方略は，「一時的」「緊急避難的」対応であったはずだが，長期化し，感染への不安や恐怖，感染者やその周囲への差別や攻撃，ケアする医療人やその家族への言われない差別や偏見が増幅し，人間関係を対立関係に落とし込む状況が続き，目に見えない脅威に人間がいかに不安や恐怖を覚えてしまう存在であるかが露呈した。さらに，親族ですら死に目にも葬儀にも立ち会えない事態が生じ，死者の尊厳までもが損なわれていった。ワクチン接種による予防策が推奨される一方で，Long COVID，Post COVID と呼ばれる後遺症が顕在化している。表情や声，接触が制限されるなか，対人関係がうまく作れない，対人関係を持たないことに慣れてしまう大人や子どもが増えている。どの世代でこの苦難の時期を迎えたかによってもその影響は異なるであろう。今後は，特に子どもの育ちの姿に長期的視野での見守りや支援が必須となると考えられる。また，急激な AI 移行期に問われた「人間とは何か」の問いが，感染症を契機に新たな問いとして突きつけられているのではないだろうか。加えて，新たなウイルスや国際紛争など，不穏な状況が勃発し続けており，今後，心理支援のニーズは高まるであろう。そういったなかで，ヒューマニスティック心理学は，どのように役に立てるのだろうか。

　村山（1983）が，ヒューマニスティック心理学の本質について「全体としての心理学に対する態度なり立場」と述べたように，その意義は「人の心を支援する」にあたっての基盤となる姿勢を培うことにある。目の前の対象を症状別にあるいは悩み別に分類するのでなく，「症状や悩みを持った一人の人」として全体像を捉える姿勢が，当たり前のようでありつつ難しい課題である。高度医療化し，細分化され，技術が発展するほどに，人は「モノ」化されてしまい，全体で人間を見，生身の人間関係を紡ぐことが希薄になってしまう。人間存在や人間の潜在力，成長仮説を信頼していこうとする姿勢こそ，自然災害やウイルス，戦争などによる不穏な社会情勢下において，改めて注目される指針となるのではないだろうか。

　ヒューマニスティック心理学は展開する分野も実践領域も幅広い。水島（1985）は「人間学の種類は研究者の数だけ存在する」と問題提起をしつつも，「各研究者が生きている現実のなかで人生の把握をすることが人間学を深める」ことになるとし，「研究者の数だけある」をポジティブに転換できるとした。ヒューマニスティック心理学の各学派が積み上げてきた臨床実践こそが，困難な時代での心理支援やヒューマニスティック心理学の展望につながっていくことが期待される。

　ヒューマニスティック心理学は，さまざまな心理療法の訓練過程において，人間の全体性や独自性を基軸とする人間哲学につながるものである。ロジャーズやフランクルの理論で初期教育を受けた筆者にとっては，心理面接や専門とするコラージュ療法，ロールシャッハ法においても，人に関わる基本であることを実感している（中原，2020）。ユング派の氏原（1997）も類似の体験を述べている。心理支援に関する理論や技法が多様に展開されている現代においてこそ，心理臨床の初期訓練をヒューマニスティック心理学で学ぶことは，対象を「○○さんその人」「○○の悩み（病）を抱えるその人」として全体として生きる人間である，という態度や姿勢を培うのに，とても貴重な理論や技法と考える。これらの人に関わる姿勢に関する理念を基

盤とし，目の前のクライエントや状況，抱える問題の質によって，適した視点や技法を取り入れ，セラピストの力量に厚みをもたせていくことで，そのアプローチは統合的なものとなり，「応用性の高い」スキルをもったセラピストとしての成長につながる事が期待される。

　ヒューマニスティック心理学は，医療領域を超えて多様な領域や分野に関わり，非常に応用的な側面を有し，なおかつ臨床心理学（心理臨床学）という独自性を有している。心理療法においては，個人の心理療法あるいはプレイセラピィなどの個人心理療法で力をつけ，その上で，集団，グループ，組織などに関わっていくことが，ぶれない軸を有し，かつ応用力をもった心理臨床家に育っていく道のりとなり，そのことが「ヒューマニスティック・サイコロジカル・アプローチ」という概念につながっていくのではないだろうか。

引用文献

Barton, A.（1974）. *Three world therapy: An existential-phenomenological study of the therapies of Freud, Jung, and Rogers.* Palo Alto: National Press Books.（馬場禮子（監訳）（1985）. フロイト，ユンク，ロジャーズ　岩崎学術出版社）

Brown, C. & Compos, J. J. et al.（1975）. *Psychology today: An introduction*（3rd ed.）. Del Mar: Random House.（南　博（監訳）（1976）. 図説現代の心理学Ⅰ　パーソナリティ　講談社）

DeCarvalho, R. J.（1991）. *The growth hypothesis in psychology: The humanistic psychology of Abraham Maslow and Carl Rogers.* San Francisco: Mellen Reseach University Press.（伊東　博（訳）（1994）. ヒューマニスティック心理学入門―マズローとロジャーズ　新水社）

Elkins, D. N.（2009）. Why humanistic psychology lost its power and influence in American psychology. *Journal of humanistic Psychology.* **49**(3). pp.267–291.

Frankl, V. E.（1946）. *Ein Psycholog erlebt das Konzentrationslager- Österreischische Dokumente zur Zeitgeschichte 1.* Wien: Jugend und Volk.（霜山徳爾（訳）（1988）. 夜と霧―ドイツ強制収容所の体験記録　みすず書房）

Frankl, V. E.（1952）. *Aerztliche Seelsorge.* Wien: Franz Deuticke.（霜山徳爾（訳）（1988）. 死と愛―実存分析入門　みすず書房）

Frankl, V. E.（1969）. *The will to meaning: Founfations and applications of logotherapy.* New York: The New American Library, Inc.（大沢　博（訳）（1979）. 意味への意志―ロゴセラピイの基礎と適用　ブレーン出版）

日笠摩子（2012）. 21世紀の人間性心理学―海外の動向　日本人間性心理学会（編）人間性心理学ハンドブック　創元社　pp.178–185.

福島　章（1990）. 総論―心理療法の歴史と比較研究　小此木啓吾・川合隼雄・成瀬悟策・福島　章（編）臨床心理学大系　第7巻　心理療法①　金子書房　pp.1–35.

星野　命（1994）. 人間性，人間尊重者，人道実践家について考える　人間性心理学研究，**12**(1)，1–3.

星野　命（1997）. 現代社会における人間性の三次元，特に悪の（非人道的・背徳的）次元について　人間性心理学研究，**16**(1)，87–94.

星野　命（2010）. 人間性・人格の心理学　星野命著作集Ⅰ　北樹出版

飯長長一郎（監修）（2015）. ロジャーズの中核三条件〈受容〉―無条件の積極的関心　カウンセリングの本質を考える2　創元社

河合隼雄（1982）. Jungのタイプ論に関する研究―文献的展望　京都大学教育学部紀要，**28**，1–16.

河合隼雄（1983）. 人格論における対極性　佐治守夫他（編）岩波講座精神の科学2　パーソナリティ　岩波書店　pp.277–307.

Klopfer, B. & Spiegerman, J. M.（1965）. Some demensoins of psychotherapy. In Frey-Wehrlin, C. T.（ed.）. *Spectrum Psychologiae. Eine Freudesgabe.* Festschrift zum 60. Geburtstag von C. A. Meier. Zürich: Rasher Verlag.

河野昭三・三島斉紀（2011）. Maslow動機理論の基礎的視点に関する一考察　甲南経営研究，**52**(1)，145–167.

Maslow, A. H.（1943）. A theory of human motivation. *Psychological Review,* **50**, 370–396.

Maslow, A. H.（1962）. *Toward a psychology of being.* Princeton: D. Van Norstrand.（上田吉一（訳）（1964）. 完全なる人間―魂のめざすもの　誠信書房）

Maslow, A. H.（1970）. *Motivation and personality.*（2nd ed.）. New York, London: Harper & Row Publishers, Inc.（小口忠彦（訳）（1987）. 人間性の心理学　産業能率大学出版部）

Mearns, D. & Cooper, M.（2018）. *Working at Relational Depth in Counselling & Psychotherapy,* 2nd Ed.. Los Angeles: Sage（中田行重・斧原　藍（訳）（2021）. 「深い関係性リレイショナル・デプス」がなぜ人を癒すのか―パーソン・センタード・セラピーの力　創元社）

水島恵一（1985）．人間性の探究　人間性心理学大系第1巻　大日本図書

守屋　洋（1984）．孫子の兵法　三笠書房

村瀬孝雄（編）（1997）．ロジャーズ—クライエント中心療法の現在　心の科学，**74**，13-96.

村本詔司（2012）．人間心理学の源流　日本人間性心理学会（編）人間性心理学ハンドブック　創元社　pp.16-29.

村山正治（1983）．ヒューマニスティック・サイコロジー　佐治守夫他（編）岩波講座精神の科学2　パーソナリティ　岩波書店　pp.421-275.

村山正治（1991）．ヒューマニスティック・心理学　河合隼雄・福島　章・村瀬孝雄（編）臨床心理学大系　第1巻　臨床心理学の科学的基礎　金子書房　pp.127-150.

村山正治（編）（2003）．ロジャース学派の現在　至文堂

村山正治（監修）（2015）．ロジャーズの中核三条件〈一致〉　カウンセリングの本質を考える1　創元社

森岡正芳（2012）．欧州における潮流—およびロシアの動向　日本人間性心理学会（編）人間性心理学ハンドブック　創元社　pp.194-201.

中原睦美（2020）．心理支援におけるコラージュ療法の理論と実践　藤山直樹・笠井清登（編）こころをつかうということ—今求められる心理職のアイデンティティ　岩崎学術出版社　pp.200-243.

成田善弘（1997）．めったに実現されない"理想"精神科医の立場から　特別企画　ロジャーズ　クライエント中心療法の現在　こころの科学，**74**，95.

日本人間性心理学会（編）（2012）．人間性心理学ハンドブック　創元社

野島一彦（監修）（2015）．ロジャーズの中核三条件〈共感的理解〉　カウンセリングの本質を考える3　創元社

岡村達也（1997）．クライエント中心療法と精神分析—「ロジャーズとコフート」試論　特別企画　ロジャーズ　クライエント中心療法の現在　こころの科学，**74**，69-73.

Rogers, C. R.（1951）. A theory of personality and behavior. In *Client-centered therapy*. Boston: Houghton-Mifflin. pp.481-533..（友田不二男（訳）（1967）パースナリティと行動についての一理論　伊東　博（監訳）（1967）．パースナリティ理論　ロージァズ全集8　岩崎学術出版社　pp.89-162.）

Rogers, C. R.（1957）. The necessary and sufficient conditions of therapeuthic personality change. *Journal of Consultation Psychology*. **21**. 95-103.（伊東　博（訳）（1966）．パーソナリティの変化に必要にして十分な条件　伊東　博（監訳）サイコセラピィの過程　ロージァズ全集4　岩崎学術出版社　pp.117-140.）

Rogers, C. R.（1959）. A theory of therapy, personality, and interpersonal relationships as developed in the client-centered framework. In Koch, S.（Ed.）*Psychology: A study of a science, vol. III, formulation of the person and the social context*. New York: McGraw-Hill. pp.184-255.（畠瀬　稔（訳）（1967）クライエント中心療法の立場から発展したセラピィ，パーソナリティ，及び対人関係の理論　伊東　博（監訳）パースナリティ理論　ロージァズ全集8　岩崎学術出版社　pp.165-270.）

佐治守夫・飯長喜一郎（編）（1983）．ロジャーズ　クライエント中心療法—カウンセリングの核心を学ぶ　有斐閣

Sanders, P.（2004）. *The tribes of the person-centred nation: An introduction to the schools of therapy related to the person-centred approach*. Ross-on-Wye: PCCS Books.（近田輝行・三國牧子（監訳）（2007）．パーソンセンタード・アプローチの最前線—PCA諸派のめざすもの　コスモス・ライブラリー）

Spalek, B. & Spalek, M.（2019）. *Integrative counseling & psychotherapy: A text book*. London: Routledge.（髙橋依子（監訳）（2022）．統合的なカウンセリングと心理療法への招待—クライエントの多様性に応える　北大路書房）

田畑　治（2012）．パーソンセンタード・アプローチ　日本人間性心理学会（編）人間性心理学ハンドブック　創元社　pp.54-61.

Taylor, E.（2011）. JHP at fifty. *Journal of humanistic Psychology*. **51**(4). pp.402-407.

氏原　寛（1997）．クライアント中心療法から出立して　特別企画　ロジャーズ　クライエント中心療法の現在　こころの科学，**74**，92.

コラム⑦ 心理臨床における契約

　筆者が初めて言語面接を担当したとき，「この面接のどこで契約をしているのか」と指導されて答えられなかったことを覚えている。それ以来筆者は「契約」を強く意識しており，契約が心理療法における関門の一つだと感じている。筆者の場合，契約するまでは緊張が解けないし，「今から契約の話をしよう」と意気込むと途端に口数が多くなるし，契約に関してクライエントと合意が得られるとほっと安心する。筆者の中で「契約が成立した＝専門家としてクライエントに認めてもらえた」という感覚があるからかもしれない。それだけに契約がうまくいかないときには焦ってしまう。しかしそういった場合でも面接を重ねていくうちに目標を共有できたと感じることがあり，契約に沿って面接するのではなくて，面接の過程でクライエントの気持ちや考えが整理され，契約に至る場合もあるのではないかと思う。つまり契約は心理療法のスタートにあるとは限らず，心理療法の過程にあるかもしれないし，もしかしたらゴールにあるのかもしれない。そこで本コラムでは，外的枠組みを決めるだけの契約にとどまらない，心理臨床における契約について考察していきたい。

　心理臨床における「契約」にはさまざまな定義がある。小此木（2002）は，治療契約を「治療の開始に当たって，治療者と患者の間で治療目標や方法，治療の期間，面接のルールなどについてなされる取り決めや約束」と定義している。さらに島田（2010）は契約の過程について「患者（クライエント）はこの治療を通して自分がどうなりたいのか，何を得たいのか，という治療目標＝ゴールを明確に意識化し，治療者に伝え，さらに，治療者との間で合意に達する必要がある」「目標を明確化すること自体が治療的である」と述べている。つまり契約とは，面接の枠組みを決めるだけでなく，クライエント自身が目標について考える機会であるといえるだろう。したがってセラピストは，セラピストが一人で勝手に面接の目標や方法を決めるのではなく，クライエント自身も主体的になってそれらについて一緒に考えていくものであるということを認識する必要があるだろう。

　これに関連して島田（2010）は契約を結ばないことに関する危険性にも触れており，クライエントがセラピストを自分を治してくれる人」という万能的な治療者と思ってしまう可能性があると述べている。このような危険を回避するためにも，契約をセラピー開始時に行う重要性は心理療法の基本の一つであるし，臨床心理学を専攻する大学院生が最初に学ぶことでもある。

　ここまで述べてきたように契約は不可欠なものであるが，筆者自身の臨床を振り返ってみると，契約がスムーズに進まないことも多かった。たとえばクライエントが面接の目標に関する話題を避けようとしていたケースや，「クライエント主体」であることの共有がうまくいかず，クライエントと対立してしまったケースもあった。これらの経験から，契約の過程自体，つまり目標の明確化や共有により，クライエント自身が問題に対処していくことができるという確信をもつことが，クライエントの変化にとって新しいステップになりうると筆者は考えている。島田（2010）が「契約自体が治療的である」と述べているように，筆者も契約の過程に心理臨床の過程が凝縮されているのではないかと感じる。このように考えると，契約までに時間をかけてもよいかもしれないし，極端に言ってしまえば契約した時点でクライエントの困り感がなくなり，終結ということもありうるのではないだろうか。

　それにも関わらず，契約が面接の始まりに起こるとはどういうことだろうか。むしろ契約を面接の始まりに行わなければいけないという大前提すら疑問に思えてくる。しかしその一方で，基本として学んできた「契約はセラピー開始時に行うべきものである」，「契約をせずに進めていくのは危険である」ことの重要性も理解しているつもりである。そうすると「契約は開始時に行わなければいけない」という大前提と，それへの違和感とをどのように整合させればよいだろうか。

　多くのクライエントは困ってすぐに来談するのではなく，何らかの対処をしようとしてそ

れでもうまくいかずに来談する人が多いのではないかと思う。つまり来談したときにはすでに「これまで頑張ったけどうまくいかなかった無力感」を抱えている可能性がある。このような状況にいるクライエントが自身の力を信じ、「自分自身が何とかしていくんだ」と感じるためには、まずはセラピストがクライエントの力を信じる必要があるのではないだろうか。しかし出会って間もないクライエントの力を無条件に信じることは不可能であるし、口先だけの「あなたには力がありますよ」という言葉には何の意味もない。そこで、インテーク面接がとても重要な意味をもつと筆者は考えている。その人が歩んできた経歴や来談につながった経緯といった情報を収集していきながら、情報の中からクライエントの力や強みを見つけ出していくことが必要なのではないか。さらに契約までの短い期間でそれらを手早く見つける必要があるため、セラピストはクライエントの力を見出すことにアンテナを張っていなければいけないと思う。それができて初めて、セラピストは「一緒に頑張っていきましょう。あなたには力があると信じています」というメッセージを伝え、クライエントがそのメッセージに納得し、契約に至ると考えられる。そしてこのような契約こそがクライエント自身が現状を変化させようとすることを促し、その後の面接過程、あるいはクライエントの人生そのものにも影響を与えるのではないだろうか。

　「契約」という言葉の響きは一見事務的な手続きにも思えるが、心理臨床における契約はその意味にとどまらない。契約はインテーク面接でセラピストがどう在ったかを反映するものでもあり、また、その後のセラピーの機能を決定づけるものでもあり、それ自体がセラピー過程でもあるといえるだろう。ここでは大学附属相談室の言語面接における契約について扱ったが、子どもを対象としたプレイセラピーや、学校や病院、福祉施設など多職種が関わる場所では契約過程が異なっているかもしれない。今後の臨床の中で、さまざまな心理臨床における契約についても検討していきたい。

引用文献

小此木啓吾（2002）．治療契約　小此木啓吾（編）精神分析事典　岩崎学術出版社　p.343.
島田涼子（2010）．心理療法における治療契約の意味　心身健康科学, 6(2), 72–76.

コラム⑧ 心理臨床における記録

　心理臨床を学ぶにあたり，面接の内容をできる限り詳細に記録することは，基本として教わるように思う。しかし，何のために記録を取るのか，面接を記録として残すことにどんな目的があるのか，ということについての理解は人によってさまざまであろう。心理臨床における記録とは，どのような意味をもつのかということについて，今一度考えたい。

　記録を残す目的として，クライエントに対する責任はもちろん，面接を振り返り方針の見直しを行うためや，セラピストの技能向上や訓練に役立てるためなどがあげられる。特に，公認心理師・臨床心理士の資格取得を目指して大学院で学ぶ院生にとっては，スーパーヴィジョンやケース・カンファレンスにおける，自分自身の技能向上のためという側面が大きいのではないだろうか。スーパーヴィジョンの場においては，詳細な記録が求められることも多い。そのため，クライエントの基本的な情報をきちんと把握できているか，スーパーヴァイザーからの質問にすべて答えられるのか，クライエントの語った重要な点を聞き落としていないか，など，不安に思う場面も多いだろう。抜けのない，詳細な記録を残すために，私たちはしばしばメモを取りながら面接を行う。しかしながら，自分の不安を解消するために，詳細な記録を残そうと思うあまり，面接中にメモを取ることに精一杯になっていないだろうか。

　かく言う筆者も，たくさん話すクライエントに対し，重要な話を聞き漏らさないように，必死で面接中にメモを取っていたことがある。しかし，そのメモをあとで読み返すと，自分が何をもって面接を行っていたのか，話していたクライエントの様子はどうだったのか，ということをまったく覚えていなかった。面接中のメモの中に，文字として内容は残っていたが，生き生きとしたクライエントの様子は残っておらず，自分自身がセラピストとしてクライエントと向き合えていなかったことに気づき，愕然とした覚えがある。渡辺（1994）は，逐語的な記録は，正確にしようとすればするほど，そちらに意識が集中され，今，目の前にいるクライエントとのかかわりに集中することを難しくさせてしまう可能性を指摘している。詳細に書くことにこだわりすぎて，目の前のクライエントとの対話がおろそかになっては本末転倒である。クライエントの話したことを一言一句正確に残すことが，クライエントと真摯に向き合うことと必ずしもイコールではないのかもしれない。

　また，セラピストは，面接や自身の訓練に役立てるための私的な記録だけではなく，公的な記録を残すことが求められる。八木（2012）は，対人援助職における記録とは，自分のための備忘録ではなく，商品とそれを選択した判断基準を第三者にも理解してもらうためのものとして存在していることを指摘している。公的な記録としては，セラピストはすべての詳細な記録を残すことを求められているわけではない。

　記録の取り扱いについて，公認心理師法第41条では，秘密保持義務が定められている。また，日本臨床心理士会倫理綱領第2条においても，秘密保持について定められており，業務上知りえた対象者及び関係者の個人情報及び相談内容については，その内容が自他に危害を加える恐れがある場合又は法による定めがある場合を除き，守秘義務を第一とすること，と述べられている。しかしながら，自傷・他害の恐れがある場合や，ケース・カンファレンスなど，専門家同士で話し合う場合などは除かれる。また，クライエントによる明示的な意思表示（裁判資料としての使用など）がある場合は，例外となることも示されている。公的な文書としての記録の作成においては，必要な情報を過不足なく記載できているか，内容がクライエントや第三者への名誉棄損となっていないか，専門家としての判断が明確に記載されているか，などの点について，注意が必要である。そのため，記録の内容は，すべてを残すのではなく，むしろ第三者にも理解しやすいように，過不足なく整理することが重要となるだろう。

　上述のように，面接の記録には，私的なもの，公的なものにかかわらず，その態度や内容

について専門家としての吟味が必要となってくる。しかし，残す内容を吟味することと，詳細な記録が求められることは，矛盾した立場にあるのではないか，と疑問が生じる。そもそも，何を基準として，どのように吟味をしたらよいのだろうか。

　記録を書くという行為には，もとよりセラピストの主観が大きく関与している。いくらメモを取っていても，テープで録音したものを起こすわけではないので，クライエントの語った内容を完璧に覚えておくことはできない。この点について，永田（2015）は，何が記録として書かれ，何が記録として残らないかを理解することは，クライエントの内面の理解にとどまらず，セラピスト自身の無意識の防衛を把握することが可能となる，と述べている。つまり，面接の内容を記録として残す中で，クライエントの理解だけではなく，セラピスト自身の理解も深めることになるのである。セラピストが記録を書き，またそれを媒介に語ること自体が意味をもつのではないだろうか。

　妙木（2005）は，治療者が書くことが，クライエントへの生き生きとした興味を保ち，そのことが治療関係を補うという治療的な意味について指摘している。私たちは，面接終了後に記録を書くことによって，面接場面を追体験し，セラピストとクライエントの対話を内在化させることによって，クライエントへの理解を深めていくのではないだろうか。笠井（2011）は，面接場面の中で何が起きているのかを観察し理解し続ける，セラピストの内的なリファレンス機能が，面接全体を支えていくと述べている。心理臨床家にとって，記録を書くという作業を通して，面接を振り返り，セラピストの洞察を深めていくこと，また，それによって，クライエントへの理解を深め，治療関係を補うことが大切なのではないだろうか。その繰り返しの中で，専門家として何を記録に残すのか，という基準も築かれていくのだろう。

　日々の業務に追われる中で，義務として課せられる記録は，時によっては煩わしいものとなりうる。しかしながら，記録を書くことは，スーパーヴァイザーのためでも，セラピストの備忘録のためでもなく，クライエントによりよい面接を提供するために重要なのである，ということを心に刻みたい。

引用文献

笠井さつき（2011）．精神分析技法と心理臨床技法　臨床心理学，11(6)，825-830.
永田雅子（2015）．事例検討の方法　金井篤子・永田雅子（編）臨床心理学実践の基礎　その2　心理面接の基礎から臨床実践まで　ナカニシヤ出版　pp.21-32.
妙木浩之（2005）．精神分析における言葉の活用　金剛出版
渡辺久子（1994）．スーパービジョンのジレンマ　精神療法，20(1)，27-31.
八木亜紀子（2012）．相談援助職の記録の書き方─短時間で適切な内容を表現するテクニック　中央法規出版

5

認知行動療法

◉認知行動療法とは

　1991 年に，30 年間の認知療法（Cognitive therapy）の歴史を振り返り，創始者アーロン・T・ベックは次のように述べた（Beck, 1991）。認知療法誕生の現場を描写した貴重な証言であるため，少々長い引用となるが，以下に示す。

　抑うつ的な患者さんについて，私が最初に目を留めたのは，精神分析治療遂行中の彼らの言葉遣いと自由連想に基づくものでした。私が驚いたことの一つは，患者さんは，ある特定のタイプの思考を経験しているのですが，彼らはそれにぼんやりとしか気づいていなくて，自由連想中もそれを報告しないということでした。その思考に注意を向けるよう指示しないと，彼らは全く気づかないのです。その思考は患者さんの意識の流れの辺縁にあるように思われましたが，それは，患者さんの心的生活において，ある重要な役割を果たしているようにみえました。この思考（認知）は，まるで反射のように，すばやく，かつ自動的に生じる傾向にありました。それは，意思（volition）あるいは意識的コントロール（conscious control）の下にはなく，その人〔患者さん〕からは，実にもっともらしい〔内容であると〕と思われていました。抑うつ的な患者さんの場合，その思考の後にしばしば不快感情（an unpleasant affect）が続きますが，〔感情に〕先立つ自動思考（automatic thoughts）には，全然かほとんど全く気づかないのに，この感情には大変よく気づくのです。この「自動思考」に対して，患者さんの注意を向けさせ，「今何を考えていますか？」という認知面での探り（a cognitive probe）を入れると，患者さんは，ひとつらなりの自動思考を報告し始めました。これらの思考と結びついて出てきたのは，剥奪・病気・敗北といった否定的なテーマでした。それらは一まとまりとなって，現在・過去・将来の経験についての否定的な見解というカテゴリーに，はまっていたのです。後に，もっと重症の抑うつ患者さんに関わった際には，こうしたタイプの思考は，もはや辺縁的ではなく，意識を占領し，反復的であることがわかりました。また，患者さんの抑うつ的思考における様々な誤謬にも気づき，選択的抽象化（selective abstraction），過度の一般化（overgeneralization），二分思考（dichotomous thinking），経験の否定的側面の誇張（exaggeration of the negative aspects of their experiences）と名づけました。さらに私が気づいたのは，抑うつ的な患者さんは，自分が引き受けた仕事が否定的な結果になるだろうと予測する傾向があり，自分の人生全般について，長期にわたる悪い結果を予想する，ということでした。そうした否定的予期の程度が高いこと（絶望　hopelessness）は，自

殺の前兆であると思われました。この現象は，あらゆるタイプのうつ病，すなわち反応性（非内因性），内因性，双極性，器質性，に普遍的であると思われました。また，主診断がうつ病，統合失調症，他の障害，のいずれであるかに関わらず，抑うつの症状がある場合には，いつでもこの現象が現れるのです。うつにおける否定的思考の常在性を説明するために，私は，否定的認知シフト（a negative cognitive shift）の存在を措定しました。認知の体制（the cognitive organization）に変化があり，その人に関連する多くの肯定的情報が選別除外され（filtered out／認知的封鎖 cognitive blockade），一方，否定的な自己関連情報は容易に認識される，としたのです。

　以上の引用の中に，すでに CBT のテーマがすべて含まれているのは興味深い。すなわち，①症状の背景に認知的な機構が存在する。②それは，患者さんの思考，感情，行動のすべてを支配しているにもかかわらず，患者さん本人は当初それに気づかない。③この機構には，独特の特徴があり，複数の病態に共通した operation が認められる，の 3 点である。
　認知行動療法（Cognitive Behavior（Behaviour）Therapy：CBT）は，単独の研究者／実践者によって提唱された，ある限定された理論と技法ではない（Dozois et al., 2019；Evans, 2015；Farmer & Chapman, 2016）。複数の研究者／実践者によって提唱された，（部分的には対立や用語・概念の重複や非一貫性も認められる）複数の理論と技法の，いわば「緩く括られた」集合が，CBT の実態であるといえるが，これを便宜上 CBT と呼んでいるのである。
　それらの共通点は，以下の三点にまとめられる（Dozois et al., 2019）。①認知的活動は行動に影響する。②認知的活動はモニターされ，変更しうる。③望まれた行動変容は，認知的変化によって影響されうる。これらは言い換えれば，covert behavior → overt behavior との方向を示す理論軸であるとも表現できよう。
　具体的な技法は，たとえば以下のように分類することも可能である（Dozois et al., 2019）。

（1）　認知的再構成（cognitive restructuring）

　クライエントが自分の生活する世界を理解する枠組みにアプローチし，クライエントの生活を妨害している特徴に介入し，より適切な形式に変えていく一連の技法である。例：悲観的なものの見方を修正する。

（2）　対処スキル療法（coping-skills therapies）

　クライエントが現状で習得していないために，困難が生じているスキルを同定し，その習得を試みる一連の技法である。例：不良品について，店員に問い合わせるスキルを習得する。

（3）　問題解決療法（problem-solving therapies）

　これはいわば「手順」や「段取り」を学ぶための技法であり，クライエントが困難に直面した時に，順番にどのようなシーケンスを経て進めていくかを具体的に練習する一連の技法である。例：しめきりの迫った原稿を三本抱えている時にどうするか。

◉ CBT の歴史

　ではここで CBT の歴史を簡単に振り返ってみよう（Cottraux, 2017；Ruggiero et al., 2018, 筆者の見解も含む）。その歴史は三つの波（vague, wave）に分けられている。

（1）第一の波——行動への着目
　この時期は、「認知という媒介因」（the cognitive mediator, 古い言葉でいうと、S-O-R の O に該当）を考慮しない介入法が実施された。ウォルピ（J. Wolpe）、アイゼンク（H. J. Eysenck）、スキナー（B. F. Skinner）等が、その代表的研究者／実践者である。

（2）第二の波——認知への着目
　この時期は、「認知という媒介因」を導入した介入法が実施された。ケリー（G. A. Kelly）、マイケンバウム（D. Meichenbaum）、ベック（A. T. Beck）、エリス（A. Ellis）等が、その代表的研究者／実践者である。

（3）第三の波
　この時期は、「媒介因」の内容がより精緻に検討された介入法が開発された。カバット＝ジン（Kabat-Zinn, 2013）による「マインドフルネス」（Mindfulness）の研究／実践は、特に注目すべき契機であり、複数の技法の中に組み込まれた。リネハン（M. Linehan）、シーガル（Z. V. Segal）ら、ヘイズ（S. C. Hayes）などが、この時期の代表的研究者／実践者である。

　CBT の誕生から、その後の広範囲にわたる展開においては、以下のさまざまの病態・障害への適応が試みられ、一定の成果が得られている（Lorenzo-Luaces et al., 2016, 一部筆者が追加）。すなわち、社交不安（Social Anxiety）、パニック／恐慌（Panic）、心的外傷後ストレス障害（PTSD）、強迫性障害（OCD）、大うつ病（Major Depression）、全般性不安と特定の恐怖症（Generalized Anxiety and Specific Phobias）、自閉症スペクトラム障害（ASD）（Gaus, 2007）、注意欠如多動性障害（ADHD）（Ramsey & Rostain, 2008；Zylowska, 2012）、パーソナリティ障害（Personality Dosiorders）（Linehan, 1993；Young et al., 2003）、統合失調症（Schizophrenia）（Steel, 2013）、双極性障害（Bipolar spectrum Disorders）（Bosco, 2015）などである。

◉理論と技法

　ここでは、CBT の技法の詳細について紹介する。
　すでに述べたように、CBT は一枚岩の理論・技法ではなく、複数のそれらの集成、複合体であり、またその中で集合と離散が観察される全体である。そのため、限られた紙数で、そのすべての理論・技法を語りつくすのは難しい。
　そこで、ここでは、特定の理論・技法に偏らず、出来るだけ統合的・異文化交流的なスタンスから、CBT の現状を述べてみたい。複数の理論・技法を見渡した時に広がっていることが感知される仮想的な場の中で、その都度の必要性に応じて、柔軟に動いてみたいのである。
　当初、CBT は「疾患特異的」（disease specific）な療法として提唱されることが多かった（例

：アーロン・ベックのうつ病，マーシャ・リネハンの BPD，デビッド・クラークの不安障害，等）。ところが，アメリカ精神医学会による DSM の出版と普及に伴い，特に英語圏の「異常心理学」（Abnormal psychology，精神病理学（Psychopathology）の名称が使われる場合もある）の教科書は，歴史と研究法の後に，DSM の診断名がずらりと並ぶという章立てになってしまった。これはある意味，心理学としての独立性が脅かされた事態といえる。さらに，精神疾患における併存症（Comorbidity）の多さを鑑みると，果たして「一疾患に対応する特定の療法」が，理論的にも治療効率的にも適切なのかどうかという疑問が生じてきたのである（実際，特定の疾患の治療技法として提起されたものが，その対象を次々と拡大していく例が非常に多い）。

　こうした疑問に対して，新たに提起されたのが「診断を超えるアプローチ」（Transdiagnostic Approach）及び「事例定式化アプローチ」（Case-Formulation Approach）である。

(1) 診断を超えるアプローチ（Transdiagnostic Approach）

　ハーヴェイら（Harvey et al., 2004；Mansell et al., 2008）は，DSM-5 に代表される「カテゴリー的な概念化」によっては，臨床像の複雑さや個々の患者独自の情報は捉えきれないと批判し，また，併存症として，複数のカテゴリーが同時に診断される事例の多い事実もふまえ，「診断を超えるアプローチ」を提唱している。

　彼らの方法は，複数の認知・行動領域における障害を実験心理学的に明らかにしようとするものであるが，それらの障害の多くは，さまざまな疾患カテゴリーに共通していることが見出されている。そのいくつかを以下に例示する。

①外的・内的刺激への選択的注意（Selective Attention to External・Internal Stimuli）：特定の刺激が前景化して体験される。例：パニック障害における身体感覚への過敏さ，抑うつにおける否定的な刺激からの強い影響。

②選択的記憶・反復的記憶（Explicit Selective Memory, Recurrent Memory）：特定の記憶が持続して想起される。例：PTSD における心的外傷に関連した刺激への記憶の偏りと反復する侵入的な記憶。

③感情的な推論（Emotional Reasoning）：十分な根拠のないところで否定的・悲観的な考えを決めつける。例：抑うつと摂食障害における曖昧な状況の否定的解釈。

④反復的思考（Recurrent Thinking）：不快感情を生む内容について，繰り返し考え続ける。例：全般性不安障害と強迫性障害における「心配（Worry）」。

　同じ発想で，フランクとデヴィソン（Frank & Davidson, 2014）は，診断を超える介入を分類・整理した。カウンセラーは，「いかなるメカニズムが解決のための目標となるかを判断したうえで，介入法を選択する」ことになる。それらは，以下に示すように「理解と動機づけを拡張する介入」，「問題から立ち退く（一歩下がる）を促進する介入」，「変化のための中核的方略」，「特定の問題への補助的スキル訓練」の四カテゴリーから成る（一部略）。

1）理解と動機づけを拡張する介入

①心理教育（Psychoeducation）：クライエントの問題の特徴と対処法について教育する。

②両価性と変化への動機づけについての対話（Ambivalence and Motivation to Change）：変化についてクライエントの感じている複雑な心境を解明する。

③コスト - 利益分析（Cost-Benefit Analysis）：クライエントの置かれている状況について，そのコストと利益について解明する。

④価値を同定する（Identifying Values）：ACT の技法。クライエントの価値観を明らかにする。

2) 問題から立ち退く（一歩下がる）を促進する介入

①問題の解体と分析（Problem Deconstruction and Analysis）：問題を小分けにして，扱いやすくする。

②セルフモニタリング（Self-Monitoring）：クライエントが自らの内的・外的行動を，特定の基準に沿って内省・観察する。ここで求められているスキルは，メタ認知（Metacognition）と呼ばれる。これは，「〔自分の〕認知に向けられた認知」(cognition applied to cognition)（Fisher & Wells, 2009）であり，自分の内的過程を観察し，報告することである。

③マインドフルネス（Mindfulness）：仏教の瞑想法に由来する，特殊な自己調律。

④離脱したマインドフルネス（Detached Mindfulness）：ウェルズ（A. Wells）らの自己観察法。内的擾乱から距離を置く。

⑤受容とヴァリデーション（Acceptance and Validation）：自己の経験していることを否定せず，その存在を認め・受け入れる試み。

⑥認知的デフュージョン（Cognitive Defusion）：ACT の技法。思考内容を事実と受け止める状態から脱出する技法。

3) 変化のための中核的方略

①行動活性化（Behavioral Activation）：行動回避から発する悪循環から逃れるための技法。セッションとセッションの間に，一貫して正の強化の源となるような，それまでとは異なる行動にかかわること（Kanter et al., 2009）。

②行動随伴性（Behavioral Contingencies）：先行要因とその結果の連合を変化させる技法。特定の行動を増加させたり，減少させたりするために，行動の先行要因（antecedents）を変化させる方法は，随伴性マネジメント（Contingency managemant）と呼ばれる（Farmer & Chapman, 2016）。「こうすればこうなる」の，最初の「こう」と二番目の「こう」のつながりが随伴性である。たとえば，飲酒行動を減らしたい場合に，「赤ちょうちんを見ると居酒屋に入ってしまう」の随伴性をどうマネージするのか？

③認知的再構成（Cognitive Restructuring）：認知の枠組み，固定した理解のスタイルを変化させる技法。

④スキーマの変化（Schema Change）：主として生活歴に由来する持続的で広範な確信を解除する。ヤングのスキーマ療法等（Young et al., 2003）。

⑤行動実験（Behavioral Experiments）：認知を固定させている，行動のパターンから離れるために，新たな行動を試してみる（Bennett-Levy et al., 2004））。

⑥注意の焦点づけ練習（Attention-Focusing Exercises）：何に注意を向けるかによって，自

分の状態がどう変わるかを吟味する。

⑦先延ばし方略（Postponement Strategies）：反復される不適切な反応を遅延させる試み。

⑧曝露（行動的・認知的・感情的・内受容感覚的）（Exposure）：回避されているさまざまな種類の刺激に意図的・体系的に接近する（Abramowitz et al., 2011）。

⑨慈悲心（compassionate mind）トレーニング：CFT の技法。強い自己批判という特徴に対して，それを緩和する新たな自己への関わりを学ぶ（Gilbert, 2009）。

⑩苦痛に耐えるスキル（Distress Tolerance Skills）：DBT の技法。事態をさらに悪化させずに，危機的状況を生き延びること，現実を受け入れること，自由になること，の三つを目標とする（Linehan, 2015）。

⑪感情調節スキル（Emotion Regulation Skills）：DBT の技法。自分の感情を理解し，名づけること，望ましくない感情の頻度を減らすこと，感情面での傷つきやすさを減らすこと，苦悶を減らすこと，の四つを目標とする（Linehan, 2015）。

⑫効果的な対人関係スキル（Interpersonal Effectiveness Skills）：DBT の技法。自分の望んでいることを満たしつつ，他人の要求にも巧みに対処すること，人間関係を構築すると共に，破壊的な関係を終わらせること，中道を歩むこと，の三つを目標とする（Linehan, 2015）。

4) 特定の問題への補助的スキル訓練

①呼吸法再トレーニング（Breathing Retraining）：気持ちを落ち着かせるような呼吸の仕方を工夫する。

②漸進的筋弛緩法（Progresive Mustle Relaxation）：不安やストレスの結果生じている，身体の筋緊張を和らげる。

③応用リラクセーション（Applied Relaxation）：不安の兆候に早めに気づき，身体の緊張緩和を通して，不安に対処する。

④ガイデッド・イメージリー（Guided Imagery）：安全と落ち着きの感情を引き起こす心的イメージを意図的に思い浮かべる。

⑤アンガー・マネージメント（Anger Management）：怒りの感情をうまく取り扱えるようになるためのさまざまな練習。

⑥問題解決（Problem Solving）：人生で直面するさまざまなストレスや障壁に対処するための練習。

⑦行動の体系化と計画立案（Organization and　Planning）：遂行機能（executive function）に関わる問題に対処する。

⑧時間マネジメント（Time Management）：作業や生活での時間配分についての練習。遂行機能に関わる。

⑨睡眠の問題への対応（Treatment of Sleep Problems）：不眠にかかわるさまざまな要因に対処し，睡眠の質を改善する。

(2) 事例定式化アプローチ（Case-Formulation Approach）

パーソンズ（Persons, 2008/2019）が提唱している，このアプローチは，日本の心理臨床の土壌に馴染みやすい，「個から普遍へ」の指向性を有している。彼女は，以下の四つの観点から

の事例理解を枠組みとして，支援を進めている（一部略）。

1）症状・障害・問題（Symptoms, disorders, problems）　クライエントの問題は包括的に把握されることが望ましい。そのためには，症状の記載だけではなく，クライエントからみた生活の在り様が，生き生きと把握されるのがよいだろう。対人関係，仕事，学校，身体の不調，経済的側面，住環境，法律的な事柄，趣味娯楽などの視点から，クライエントにふさわしい記述として，まとめていく。

2）メカニズム（Mechanisms）　クライエントの問題と症状を引き起こし，維持させているのは何かを検討する。メカニズムの解明・理解に当たっては，これまでの CBT 研究で蓄積されてきた概念を援用していく。その例を以下に示す。

①適切に機能しない認知的コンテンツ〜信念と自動思考（Dysfunctional cognitive contents 〜 beliefs and automatic thoughts）："Dysfunctional" とは，「本来の機能を邪魔している」，といったようなニュアンスで捉えるとよい。自動思考は，本稿冒頭で Beck が指摘しているように，クライエントの頭の中に意図せず浮かび続けている観念である。信念は，クライエントが継続的にもち続けている，否定的な前提のことである。たとえば，「私は悪人だ」，「世間とは危険な場所だ」等（Briers, 2012）。

②適切に機能しない認知的プロセス〜注意の偏りあるいは反復的な否定的思考（Dysfunctional cognitive process 〜 problems with attentional biases or repetitive negative thinking）：注意は対象や環境の一部に焦点を合わせる機能で，本来は生存のために適応的に働くはずなのだが，これが自分に苦痛を与えるような焦点を結んでしまう。反復的な否定的思考の例としては，嫌なことをいつまでも考え続ける，反芻（Rumination）という心的現象があげられる。反芻はクライエントにとって「百害あって一利なし」なのだが，たとえば，「考えずにはいられない」，「考えに考えた結果何かが得られるかもしれない」，「常に考えていないと罪悪感を覚える」などの発言がみられる。

③問題をはらむ随伴性〜患者の不適切行動に報酬を与える家族構成員（等）（Problematic contingencies 〜 family members who reward the patient's maladaptive behaviors）：ここで注目されているのは，家族関係における随伴性である。これは，家族も気づかず実行している場合が多いので，家族面接の導入が必要となってくる。

④感情調整の問題（Problems with emotion regulation）：感情を平穏に保つためには，素質，環境，スキルの三点に注目する必要がある。このバランスが保てないパターンはさまざまである。

⑤スキルの欠如（Skill deficit）：さまざまなスキルがあるため，習得すべきスキルを明確化することが必要である。

⑥条件づけられた感情反応（Conditioned emotional reactions）：いわゆる恐怖条件づけ（fear conditioning）が，これの一例である。生育歴や外傷体験に根をもつ場合がありえよう。

3）促進要因（Precipitants）　ある一定の歴史を担っているクライエントが，今この時点で発症し，来談するに至った背景について，考察しておくことが望ましい。複数の要因の重ね

合わせ，発達段階の移行期，特定の出来事が負荷となるようなパーソナリティ特性，などがその例として考えられよう。

4）メカニズムの起源（Origins of the Mechanisms）

起源を問うということは，「そもそもなぜ？」を問うことである。由来を問うということは，過去から現在に至る物語を問うということである。この点において，CBT は精神分析に極めて接近していると，個人的には思われる。

　起源を問うことは「大仕事」であり，覚悟のいることであるから，この領域を取り扱うかどうかは，クライエントとカウンセラーの十分な話し合いが必要である。

●事　　例

　では，以上をふまえた上で，実際の事例をみてみよう。本事例は複数の自験例に基づいているが，全体としては，介入の手順を例示するためのフィクションである。

　【クライエント】45 歳の既婚女性 A さん。専業主婦。初診の前年から始まる軽度の抑うつと不安のため，近医精神科を受診して，抗うつ薬・抗不安薬・眠剤などを処方され，睡眠の状態等はやや改善したが，その他の症状については著変なく，主治医の指示と本人の希望により，カウンセリングへの導入となった。

　【家　　　族】同世代の夫。技術者。無口で穏やかな性格。4 月に新高 3 の長女。受験生。頑張り屋。やや遠方の高校に自転車で通う。

【初回面接でのクライエント本人の話】「こちらの病院に初めて伺ったのは，去年の 9 月です（現在は 4 月）。その頃，夫の仕事が忙しくなり，帰りが夜の 11 時を過ぎることが多くなっていました。休日出勤も増え，普段は穏やかな夫が疲れてイライラしているようにみえました。一人娘も次の年から受験生になるので，そのことについての心配もありました。夜寝るときも「これからどうなるんだろう」といろんなことをまとまりなく考えていたら，そのうち眠れなくなりました。」

　「眠れないので，朝起きるのがつらくなって来ましたが，頑張って起きて家事をしていましたが，最初に変だなと感じたのは，娘と主人のお弁当を何にするか全然思いつかなくなった時です。キッチンの椅子に座ってボーッとしている時間が増えました。こんなことじゃいけないと思いますが，身体が重くて動かなくなって来ました。」

　「最初は今みたいに精神科のクリニックに通うなんて夢にも思いませんでしたが，きっかけは，娘に「ママ最近元気ないんじゃない？」と言われた時でした。そう言われた途端に涙がとまらなくなって，娘もびっくりしていたので，申し訳なかったと思います。こちらのクリニックは娘が探してくれました。」

　「こちらで先生〔精神科主治医〕に診ていただいて，「軽いうつですね」と言われて，お薬をのむようになりました。今は前より眠れるようになりましたし，泣けてくることもなくなりました。ただまだ家族のことで心配なことがたくさんあって，考えると不安になってきます。それを先生〔精神科主治医〕に話したら，「カウンセリングを受けてみますか」と言われて，受けてみることにしました。よろしくお願いします。」

【クライエントがカウンセリングで解決したいこと，カウンセリングの目的】

「病気になる前は，家のことも，子どものこともできていました。それがまたできるようになりたいです。」

【初回時 Summary（カルテに記載したものの概略である）】

「45歳の既婚女性。専業主婦。元来「心配性」の性格であり，家族からもそのように指摘されていたが，「何事も早めにきちんと済ませていく」スタイルでさまざまなことをこなしてきたという。

不調を自覚するようになったのは，昨年の9月頃で，当時夫が仕事のため精神的に余裕のない「ピリピリした」様子で，それが気持ちの負担になっていたことに加え，翌年から一人娘が受験生となることへの「心配」が高まり，「今思うとかなりしんどくなっていた」という。その後まもなく，不眠，昼間の倦怠感，頭が働かない感じ，涙もろさ，など出現。長女の勧めで，当院初診となった。処方された薬に対しては特に抵抗感はなく，睡眠と昼間の「だるさ」のある程度の改善を実感している。しかし，「心配事」は絶えることがなく，「一人で考えていると堂々巡りになってしまう」ため，カウンセリングの開始を希望した。

初回面接での話し合いに基づき，「現在生活の支障となっている，憂うつや不安にうまく対処するための方法を身につける」を支援目標に設定し，定期的なカウンセリングを継続していくことになった。」

【面接経過】4月から約1年間，二週に一回の面接を翌年3月まで継続。12ヵ月で約20回の面接を実施。その後，数ヵ月 Follow Up 面接を行った。以下では前期，中期，後期，終結期の4期に分けて考察する。

(1) 前期（#1 〜 #5）——最初の介入レベル／もっとも身近で生活の支障となっている心的現象に焦点づける

まず話題となったのは，起床時の「憂鬱な気分」であった。この問題に最初に取り組むことにした。この時期，「毎日の辛さ」は，日によって変動はあるが，最悪の時期を過ぎ，それでも10点満点（一番辛い状態が10）で，6〜7程度の状態であった（クライエント自身による評価）。

そこで，以下のような手続き1を導入した。

①手続きの導入にあたっての説明。「今一番お困りのことから取り組んでいきませんか（クライエントの応答「それでいいです」）。まず朝の憂鬱な気分をどうするかを考えましょう。」

②起床したときにどんなことを考えるかを列挙する。

③考えたことが，どんな気持ちを生むかを内省する。

④昼間に朝と同じことをしているかどうかをチェックする。

⑤気分は現実ではなく，自分が考えている内容によって導かれていることを説明する。一面的な考えを「考え続ける」（反芻：Rumination）ことが，気分を悪化させ，行動を抑制する例について，クライエントに実例を出してもらいながら，話し合う。

⑥別のやり方を試してみることをクライエントに提案する。まずクライエントからのアイデアについて話し合う。

⑦カウンセラーからいくつかの「工夫」を紹介する。

・嫌な気分になったら，その時自分が何を考えているか，自分に何を言っているかを点検
する。決めつけるような否定的な内容が多い。

・「気分は労わろう，考えは相手にせず流そう」の方針で進める。自分に対してするのが難
しければ，親しい友人に接するつもりでやってみるとよい。

・気持ちの和らぐことを実行する。「考え続ける」（Rumination）ことは，気分をさらに悪
化させ，行動を抑制するため，別のルートを試みる（ここではクライエントと話し合っ
て，具体的な行動の案をみつけておく）。

⑧次回までの課題（⑥・⑦）を確認し，次回の面接で，その結果について検討する。上手く
いったことは続け，上手くいかなかったことは対策を考える。

⑨設定した目標が達成されるまで，⑥〜⑧を継続する。

⑩ある程度達成された時点で，「まだ物足りないのは，どんな点ですか」「何点くらいだとい
いと思いますか」「その足りない x 点分には何が含まれているのでしょう。どのようにな
ると，その x 点がプラスされますか」等を尋ねてみる。

(2)　中期（#6 〜 #10）──介入レベルの深化／連関性の現出

　この時期は「毎日の辛さ」が，4〜5程度に改善したが，状態が悪化するきっかけを明らか
にしていった。そこで，手続き2を導入した。

①手続きの導入にあたっての説明。「どんな時に調子が悪くなるのかを考えてみましょう」。
話し合いの結果，以下が明らかとなった。

・家事が要領よくできない時：「自分で考えていたことがうまくいかなかったり，買い忘
れがあった時とか，ちょっとイライラしてしまいます。あー，あたしはダメ主婦，ダメ
母だわ，って思ってしまいます。もう亡くなりましたけど，主人のお母さんが完璧な人
で，お母さんなら完璧にこなすだろうなとよく思います。」

・夫が不機嫌な時：「もともとマイペースで口数の少ない人なんですが，穏やかな人でし
た。でも最近仕事が忙しくなってからは，あからさまにイライラしてる態度をみせるこ
とがあります。新聞を乱暴にテーブルに放り出したりとか，舌打ちしたりとか。怖くて
何も聞けないんですけど，私のせいじゃないかと思うと不安になります。」

・テレビで大学入試のニュースをやっている時：「つい見てしまうと，いやーな気持ちに
なります。（カウンセラー「その時どんな考えが頭に浮かんでいますか」）娘の入試のこ
とです。大丈夫かなー，とか，悩んでいるのに聞いてあげられてないんじゃないか，と
か，お友だちのお母さんのこととか，自分が高校生の頃のこととか，大昔ですけど（笑）」
ここで重要な内容が語られていることは了解できるであろう。以上の中から，どの部分
を，どの程度扱うかについては，複数の選択肢がありうる。次節の「事例の解説」を参
照のこと。

②カウンセラーからいくつかの「工夫」を紹介し，クライエントと共に検討する（どの部分
を，どの程度扱うかについての，一つの選択肢である）。

・"Workability"（Strosahl & Robinson, 2008）について説明する。今，自分がやっている
ことが，自分の目標達成に役立っているかどうかを点検する。役立たないやり方は止

め，役立つやり方で進める。

・自分の目標達成に役立つ行動のプランを，カウンセラーとクライエントが話し合いながら決めていく。Ａさんの場合は，以下のプランを実行することになった。

プラン１：面接場面で次回面接日までの家事の予定表を作成。無理なくできる程度の内容に調整する。ペース配分に留意する。作業量よりも，安定して継続できるという側面を重視する。

プラン２：夫との面接を実施し，現状について，カウンセラーから説明する。夫からみて現在心配なことも話していただく。

プラン３：大学入試のニュースを「つい見てしまう」ことを止める。TVのスイッチを切る，他のことをする等，別の行動に置き換える。気持ちが楽になるような別の行動を考えて，実行する（面接時間内に具体的な行動を決定しておく）。

③次回までの課題を確認し，次回の面接で，その結果について検討する。上手くいったことは続け，上手くいかなかったことは対策を考える。

④ある程度の改善がみられた時点で，「これまでうまくいった方法」，「今後留意すべきこと」，「不調の前兆となる変化・出来事」について，振り返り，まとめておく。

夫との面接

　この時期に，夫との面接を実施することができた。クライエントと夫が同席での面接を希望したため，その構造にて行った。

①**夫からの話**

「お世話になっております。カウンセリングを受けるようになってから，（妻は）何か明るくなってきたような気がします（Ａさん頷く）。前は波があって，沈んでいる時もありましたけど，私としては見守るしかないかなと。まあ仲は悪くないと思うんですけど，元々あまり会話のない夫婦なので（Ａさん苦笑する），調子悪くなってからもあんまり変わりません。娘はよく話してるようですけど。私の方は，ちょっと仕事が忙しくなってて，それで一杯一杯みたいなところはありますね。何か私の方で気をつけることがあれば，教えていただきたいと思います。」

②**カウンセラーからの説明**

・「「現在，生活の支障となっている，憂うつや不安にうまく対処するための方法を身につける」を目標として，カウンセリングを継続しています。」

・「カウンセリング開始の頃と比べると，うまく対処できる時が増えてきています。」

・「ご家族の様子をみていて，憂うつや不安になってしまう時にどう対処するかを今話し合っているところです。」

③**今回の夫婦同席面接での話し合いにおける合意事項**

・関係者全員の協力が目標達成のためには大切である。

・夫婦がそれぞれの現状（今どんな状況か，どんな気持ちでいるか，良いことも悪いことも含めて）を，意識して今までよりも少し多く，相手に話すようにしてみる。

・何か気になることがあれば，遠慮なくカウンセラーに問い合わせる。

夫との面接後

　その後のセッションでは，クライエントから次のような話が語られた。「主人に来てもらっ
て，少しホッとしました。あの後「何かイライラしててごめんね」って謝られました。珍しい！
《笑》。不安になるのは相変わらずなんですけど，何か周りがどうこうというより，私が勝手に
ハラハラソワソワしてるんだなって感じがわかる時がでてきました。」

(3)　後期（#11 〜 #20）——自律的転回・展開。

　この時期に，カウンセラーからクライエントに最近の様子について尋ねると，以下のような
内容が語られた。「一日が穏やかに過ぎていきます。季節が変わっているのを感じることがで
きます。あ，庭にこんな花が咲いたなと気づきます。一番つらいときは何も目に入りませんで
した。目に入ったものは，すべてが悲しみを耐えているようにみえました。今は違います。人
が重荷に感じられなくなりました。何かとても多くのことを求められているような圧迫感はも
うありません。とても楽になりました。ああそうか，こんな感じで生きていけばいいんだとわ
かりました。うまくいかないことがあっても，自分にとって大切なものを忘れることはもうな
いでしょうね」。この段階で「毎日の辛さ」は，0 〜 1 程度（ほぼ0）となった。

(4)　終結期（#20 以降）

　本人の希望により，月1回のペースでの面接（内容は日常生活の報告とこれまで学んだスキ
ルの brush up ないし elaboration である）を数ヵ月継続後，本人から「そろそろ大丈夫かと思
います」との申し出があり，カウンセリングを終了した。夫は「相変わらずマイペースですが
元気です」，娘は第一志望の大学に合格し，大学生活を楽しんでいるとのことであった。

◉事例の解説

　ここまで提示してきた A さんの事例に関して，総論的な解説を加えたい。

(1)　最初の介入レベル／もっとも身近で生活の支障となっている心的現象に焦点づける

　問題の内容と特徴に即して，支援の目標と介入の方法が決定されるが，まずは，クライエン
トが一番困っている部分から着手する（事例によっては，一番困っていることが，一番解決の
難しい大問題であることもあり，そのような場合は，着手の順番づけに関して工夫が必要であ
る）。

　介入の開始後，介入への反応を継続的に査定する必要があり，それに応じて，その後の介入
の針路を調整していく。ここで，標準化された評価尺度（BDI 等）を使用することもありえよ
う。

(2)　介入レベルの深化／連関性の現出

　一つの問題を取り扱い，それについてある程度の進展がみられると，今度は，まるで絡み合
った糸でつながれたように，次の問題が姿を現してくる（連関性の現出）。長い経過の中で，
時々驚くような連関性が姿を現すことがあり（たとえば，幼少期に遡る家族関係やパーソナリ
ティ形成にかかわる事実等），それは大抵クライエントとその関係者にとって意義深いもので

あるが，何をどこまで扱うかについては，唯一の正解はない。カウンセラーとクライエントとの話し合いの中で決められていくことである。ただし，ヴァン・デン・ベルク（van den Berg, 1972）のいうように，「最初にどの隅から持ち上げようとも，〔最終的には〕絨毯全体を持ち上げることになるのが常である（No matter at what corner we start first, we always lift the whole carpet）」というのが，臨床家の実感であろう。直面せざるをえないものには，いずれ直面することになる，といった表現が可能だろうか。これは，「思考－感情－行動－生物学的・身体的側面〔での反応〕」の四つ組（Padesky & Mooney, 1990）においてもいえることであろう。

（3）自律的転回・展開

　Aさんの面接過程における「ああそうか，こんな感じで生きていけばいいんだ」との実感への到達は，カウンセラーである私にとってもうれしい驚きであった。正直にいうと，この時私は，内心素に戻り，「凄いじゃないか」と感服していたのである。この時点で，Aさんの中では，カウンセラーの支援の枠を超えた，何か自律的な動きが始まっていたのだと思う。

　「隅から隅までカウンセラーの管理下にあるクライエントの内面と外面」とのイメージは，もしそういうものがあるとすると，間違っているように思われる。そのようなものは「人間管理の極致」であるといわざるをえない（フーコー（M. Foucault）は，それを「パノプティコン（Panopticon）」の用語を援用して批判した（Gutting, 2005））。クライエントの変化は，理論や想定を超えたところで動き出す場合があるし，それが「主体性」ということの本当の意味ではないだろうか。

　後で，このことについて考えていて，このような心的状態は，マインドフルネスの研究者たちが述べている，"Non-judging"（ジャッジせず）（Kabat-Zinn, 2013）や"Decentering"（脱中心化）（Segal et al., 2013）に近似しているのではないかと思い当たった。

　これは特定の手続きから直接導き出された結果というよりは，「森を切り開いた土地にいつのまにか咲いた花」とのニュアンスであろう。手入れを怠りさえしなければ，花は季節のめぐる度ごとに咲くであろう（状態としてのマインドフルネスから，特性としてのマインドフルネスへの変容）（Tang et al., 2015）。

（4）その他に考慮すべきこと

1）自分自身のオリエンテーションに関するメタ認知の重要性　　CBTだけに限らないが，特定の理論・技法を選択する自分自身について，振り返っておくのは重要であると思われる。技術は，常にそれを使う人と共にある。特定の技術を使っている自分自身の在り方について振り返るのだから，これは「メタ認知」（Metacognition）である。

　ハイデガー（Heidegger, 1954）は，技術をめぐる，彼の講演（"Die Frage nach der Technik"）において，次のように述べている。「技術とはたんに手段ではありません。技術とは，顕現させるあり方の一つなのです」。ではCBTの「技術」に「顕現」されているのは，何なのだろうか。プロクター（Proctor, 2008）は，CBTに関する諸家の主張を検討する中で，次のような危険性を警告している。

　　セラピストの権威は科学へのアピールに拠っています。（中略）「知識」と研究の「エヴィデンス」は疑問に付せられることなく，事実として提示されます。そして，セラピストは，

この知識を提示する，客観的なポジションにいるとみなされています。

　とどのつまり，クライエントの見解は「非合理的」であるとして却下され，セラピストの科学にアピールするモデルの方が優越しており，この〔私たちの〕文化において科学が依然有している権威のもとで，クライエントが反論することは難しくなってしまいます。一つの考え方が全ての人の答になるというアプローチが丸ごと，それぞれのクライエントの自律性に敬意を払うことに真っ向から対立しているのです。

　こうした陥穽を避けるためには，技法を絶対の前提と考えず，いくつかの"skillful means"として，その導入にあたっては，クライエントと話し合いながら進めていく慎重さが求められるように思う。

　2）事例の問題特性と支援環境のキャパシティ　　自分の実践が，どのような場で行われている（または，行わざるをえないか）を認識しておくことは，常に重要である。実践は真空あるいは夢幻郷の中で行われている訳ではなく，必ず独特の風土をもつ文化的場所の中で行われている。時には，実施すべき事柄が，その場の事情によって実施できない場合もあろうし，事例の問題特性が，その場では受け入れかねるような性質をもつ場合もあるだろう。私たちはここでもまた，「個と集団」・「社会的制約」・「時代精神」といういつもながらの課題に直面することになる。今自分が何を犠牲にしているのか，ここで何を犠牲にしてはいけないのか，を検討しておくことが望ましい。自分自身の行き詰まりに対しては，CBT を活用しても一向に構わないのである。

●新型コロナウィルスの時代と CBT

　本稿を執筆している時点（2020 年前半）で，未知のウイルス SARS-CoV-2（Severe Acute Respiratory Syndrome CoronaVirus 2）及びその感染症 COVID-19 は，日本を含む世界の複数の国家において，（公衆衛生・健康管理の領域でも，社会経済活動の領域でも，心理学的な領域でも）猛威を振るっている。このパンデミックがいつどのように終息するのか，はっきりとした見通しは立っていないように思える。世界全体を巻き込むこの現状は，あらゆる人の心に影響を与えない訳にいかないだろう。

　ここでは，インチャウスティ（Inchausti et al., 2020）の論考を元に，こうした事態について，CBT の観点も交えながら，考えてみたい。

（1）誰が苦しんでいるのか？

　COVID-19 の与える心理的影響は，罹患した患者さん本人のみならず，以下のようなグループにも及んでいる。

　① COVID-19 の治療に従事する専門家たち
　② COVID-19 による近親者の喪失や健康面・仕事面での脅威にさらされている人たち
　③ COVID-19 の流行以前から，何らかの精神障碍をもっていた人たち

（2）どんな苦しみであるのか？

心理的影響の内容は，以下の通りである。

①現状に対する正常な反応：（感染への）恐怖，激しい怒り，強迫，罪悪感，窮屈さ，権威への反発，一時的に感情と行動が制御できなくなる

②症状の域に達するもの：抑うつ，不安，不眠，複雑性悲嘆症（complicated grief disorder），PTSD，トラウマになりうる出来事に対する脆弱性

（3）対処の肝要は何か？

ここからは，私見を述べる。

1）状況の不確実性とそこからもたらされるもの　　世界中が，本性の不明な謎の実体に翻弄されている状況を指し示す用語の一つとして，「不確実性」（uncertainty）があるだろう。「不確実性への不耐性」（intolerance of uncertainty）は，パーソリティ特性の一つであるが（たとえば，Bottesi et al., 2019 を参照），それが与える負荷に個人差があるとはいえ，多くの人にとって「不確実性」は，何とも落ち着かない心境に至らせる原因となりえよう。

この「座りの悪さ」は，何とかそれを解消しようとする方向へ，人を動かすと思われ，たとえば，それは次にあげるような行動であると思われる。

①感染や流行の事実を認めず，否定する。あたかもそれが存在しないかのようにふるまう。

②不安に駆られて頭に浮かんだことをすべて確定した事実のように思いこんでしまう。

③ネットや TV のニュースを見続ける。

④あえて外出したり，感染の可能性の高い密集環境に入り込む。

⑤不安を鎮めるために，大量のマスク，消毒薬，ガーゼ等を果たして今それだけの量が必要なのか吟味しないまま買い込む。

⑥所属する集団の凝集性の高まりと共に，同調しない個人への攻撃行動が出現する。

⑦自分の仕事を全うしなければ，と思う反面，十分やれていない，しんどいのでもう仕事を止めたいと考える自分が情けない，申し訳ないと感じる。

2）本来の自分の能力が発揮されることを阻害している要因から最初に手当てする　　これは，いかにも CBT らしい発想であると思われる。

①何が自分を消耗させているかを考えてみる。以下に例を示す。
  ・いつも大変だ大変だこうしちゃいられないと自分を急かしている。
  ・コロナのニュースを見ることが止められない。
  ・マスクをしていない人をみるとカッとなる。
  ・どうしてこんなに我慢しなければいけないのかと思う。
  ・労働時間が長すぎる。睡眠時間が足りない。
  ・来客が激減して，経営が成り立たない。
  ・常に感染の危険にさらされている。
  ・大切な人が亡くなった。

・自分の元々の病気に加えて，さらにコロナの心配もしなきゃいけない。

・相談相手がいないので，いつも一人でやっている。

・身近に大きな危機が押し寄せているにもかかわらず，何の解決策も見出せず，ただひた
すら苦しい。

②これ以上消耗しないために何ができるかを考えてみる。以下に例を示す。

・時間をかけて話を聴いてもらおう。否定せず共感して聴いてくれる人がいい。まずは
そこからだ。この重荷を下ろそう。

・たまには，テレビもパソコンも消して，お茶でもゆっくり飲もう。

・一日に一つは，自分が楽しいと感じることをしよう。楽しいことをする時は，片手間で
はなく，それに集中しよう（Linehan, 2015）。

・安全で守られていると感じられる場所を探そう。そこで誰にも邪魔されず，しばらくの
時を過ごそう。短時間であっても，日々求められ，頭を一杯にさせられることからいっ
たん離れていよう（Kennedy, 2014）。

・一人では何としても解決できない現状の不条理な困難を，SNS を通じて発信してみよう。

・時には夜空を見上げて，大きく光る星の数を数えよう（曇りと雨の日は避けよう）。

③今すぐ実行し，変化を観察する。うまくいったことは続ける。うまくいかなかったこと
は，別のやり方を考える。

　以上のような，心理学的な意味での状況の理解と対処法の練習（やり方は他にもあるだろう
し，心理学ですべてが解決できる訳ではないことは言うまでもない）は，現状の問題が完全に
解決し，私たちの生活に見通しが開けるまでの間，ささやかかもしれないが，その正しい意味
における自己効力感を私たちに提供し，そして私たちを持続して支えるのではないかと思われ
る[1]。

●結　語

　カークシー（Kirksey, 1972）は，正常と異常の問題について論じる中で，特定の考え方が支
配している状態を，舞台にピンスポットが当たり，その一点だけが浮かび上がっている場面に
例えている（舞台はスポットライトの照らす場所以上の広さをもつにもかかわらず）。この比
喩に明らかなように，CBT の技法を援用した介入は，現実についての一面的な理解を突き崩
し，多様な認識のあり方についての地平を開示する。そしてもっとも意義深いのは，この「新
たな地平の開示」であると言うことができるだろう。

　CBT がクライエントに提供するのは，「自由への解放」であって，「またもや別の縛りへの囚
われ」ではないのである。

1）なお，以下の web サイトは参考になる。（2020 年 12 月追記）
Emotional Well-Being and Coping During Crises 〈https://psychiatry.ucsf.edu/copingresources/
wellbeing#:~:text=Maintaining%20social%20connections%20is%20critical,video%2C%20text%2C%20or%20email.〉
How do our cognitive biases influence us during COVID-19? 〈https://en.adioscorona.org/questions-reponses/2020-
07-19-comment-nos-biais-cognitifs-nous-influencent-ils-pendant-l%E2%80%99%C3%A9pid%C3%A9mie-de-covid-19.
html〉

引用文献

Abramowitz, J. S., Deacon, B. J., & Whiteside, S. P. H. (2011). *Exposure therapy for anxiety: Principles and practice*. New York: The Guilford Press.

Bennett-Levy, J., Butler, G., & Fennell, M. J. V. (Eds.) (2004). *Oxford guide to behavioural experiments in cognitive therapy*. Oxford: Oxford University Press.

Beck, A. T. (1991). Cognitive therapy: A 30-year retrospective. *American Psychologist*, **46**(4), 368–375.

Beck, A. T., Rush, A. J., Shaw, B. F., & Emery, G. (1979). *Cognitive therapy of depression*. New York: The Guilford Press.

Bosco. M. R. (2015). *The bipolar workbook: Tools for Controlling Your Mood Swings*. 2nd ed. New York: The Guilford Press.

Bottesi, G., Noventa, S., Freeston, M. H., & Ghisi, M. (2019). Seeking certainty about intolerance of uncertainty: Addressing old and new issues through the intolerance of uncertainty scale revised. PLOS ONE 〈https://doi.org/10.1371/journal.pone.0211929〉(2022 年 5 月 1 日確認)

Briers, S. (2012). *Brilliant cognitive behavioural therapy*. 2nd ed. Harlow: Pearson.

Clark, D. A., & Beck, A. T. (2012). *The anxiety and worry workbook: The cognitive behavioral solution*. New York: The Guilford Press.

Cottraux, J. (2017). *Les psychothérapies cognitives et comportementales*. 6e éd. Issy-les-Moulineaux: Elsevier Masson.

Dozois, D. J. A., Dobson K. S., & Rnic, K. (2019). Historical and philosophical bases of the cognitive-behavioral therapies. In Dobson, K. S. & Dozois, D. J. A. (Eds.). *Handbook of cognitive-behavioral therapies*. 4th ed. New York: The Guilford Press. pp.3–31.

Evans, I. M. (2015). *How and why thoughts change: Foundations of cognitive psychotherapy*. New York: Oxford University Press.

Farmer. R. F., & Chapman, A. L. (2016). *Behavioral interventions in cognitive behavior therapy: Practical guidance for putting theory into action*. 2nd ed. Washington, DC: American Psychological Association.

Fisher. P., & Wells, A. (2009). *Metacognitive therapy: Distinctive features*. London: Routledge.

Frank, R. I., & Davidson, J. (2014). *The transdiagnostic road map to case formulation and treatment planning: Practical guidance for clinical decision making*. Oakland, CA: New Harbinger Publications.

Gaus, V. L. (2007). *Cognitive-behavioral therapy for adult asperger syndrome*. New York: The Guilford Press.

Gilbert, P. (2009). *The compassionate mind*. London: Constable.

Gutting, G. (2005). *Foucault: A very short introduction*. Oxford: Oxford University Press.

Harvey, A., Watkins, E., Mansell, W., & Shafran, R. (2004). *Cognitive behavioural processes across psychological disorders: A transdiagnostic approach to research and treatment*. New York: Oxford University Press.

Hayes, S. C., Strosahl, K. D. & Wilson, K. G. (2012). *Acceptance and commitment therapy: The process and practice of Mindful Change*. 2nd ed. New York: The Guilford Press.

Heidegger, M. (1954). "Die Frage nach der Technik". (森 一郎 (訳) (2019). 技術とは何だろうか―三つの講演 講談社)

Inchausti, F., MacBeth, A., Hasson-Ohayon, I., & Dimaggio, G. (2020). Psychological intervention and COVID-19: What we know so far and what we can do. Preprint. April 2020.

Kabat-Zinn, J. (2013). *Full catastrophe living: using the wisdom of your body and mind to face stress*, New York: Pain and Illness. New York: Bantam Books.

Kanter, J. W., Busch, A. M., & Rusch, L. C. (2009). *Behavioral activation: Distinctive features*. London: Routledge.

Kennedy, A. (2014). *Honoring grief: Creating a space to let yourself heal*. Oakland, CA: New Harbinger Publications.

Kirksey, B. (1980). HESTIA: A background of psychological focusing. In Hillman, J. (Ed.). *Facing the gods*. Irving, Tex.: Spring Publications. pp.101–113.

Leahy, R. L. (2005). *The worry Cure: Seven steps to stop worry from stopping you*. New York: Hachette.

Linehan, M. M. (1993). *Cognitive-Behavioral Treatment of Borderline Personality Disorder*. New York: The Guilford Press.

Linehan, M. M. (2015). *DBT skills training handouts and worksheets*. 2nd ed. New York: The Guilford Press.

Lorenzo-Luaces, L., Keefe, J. R., & DeRubeis, R. J. (2016). Cognitive behavioral therapy: Nature and relation to non-cognitive behavioral therapy. *Behavior Therapy*, **47**(6), 1–19.

Mansell, W., Harvey, A., Watkins, E. R., & Shafran, R. (2008). Cognitive behavioural process across psychological disorders: A review of the utility and validity of the transdiagnostic approach. *International Journal of Cognitive Therapy*, **1**(3), 181–191.

長野郁也 (2013). 心理臨床的な治療と基本的な視点　小林芳郎 (編著) 生きる力を育てる臨床心理学　保育出版社 pp.74–77.

長野郁也 (2014). 心の悩みには，どのようなものがあるか―心理的な障害とその種類　小林芳郎 (編著) 新しい心理学へのアプローチ　保育出版社　pp.147–149.

長野郁也（2014）. 困難な状況で感じる幸福　土肥伊都子（編著）自ら挑戦する社会心理学　保育出版社　pp.150–154.

Padesky, C. A., & Mooney, K. A. (1990). Presenting the cognitive model to clients. *International Cognitive Therapy Newsletter*, **6**, 13–14.

Persons, J. B. (2008). *The case formulation approach to cognitive-behavior therapy*. NewYork: The Guilford Press.

Persons, J. B., Brown, C. L., & Diamond, A. (2019). Case formulation-driven cognitive-behavioral therapy. In Dobson, K. S., & Dozois, D. J. A. (Eds.). *Handbook of cognitive-behavioral therapies*. 4th ed. NewYork: The Guilford Press. pp.125–168.

Proctor, G. (2008). CBT: The obscuring of power in the name of science. *European Journal of Psychotherapy & Counselling*, **10**(3), 231–245.

Ramsey, J. R. & Rostain, A. L. (2008). *Cognitive behavioral therapy for adult ADHD: An integrative psychosocial and medical approach*. New York: Routledge.

Ruggiero, G. M., Spada, M. M., Caselli, G., & Sassaroli, S. (2018). A historical and theoretical review of cognitive behavioral therapies: From structural self-knowledge to functional processes. *Journal of Rational-Emotive & Cognitive-Behavior Therapy*, **36**, 378–403.

Segal, Z. V., Williams, J. M. G., & Teasdale, J. D. (2013). *Mindfulness-based cognitive therapy for depression*. 2nd ed. New York: The Guilford Press.

Steel, C. (Ed.) (2013). *CBT for schizophrenia: Evidence-based interventions and future directions*. Chichester: Wiley-Blackwell.

Strosahl, K. D., & Robinson. P. J. (2008). *The mindfulness and acceptance workbook for Depression: Using acceptance and commitment therapy to move through depression and create a life worth living*. Oakland: New Harbinger Publications.

Tang, Y. Y., Holzel, B., & Posner, M. (2015). Traits and states in mindfulness meditation. *Nature Reviews Neuroscience*, **17**(1). DOI: 10.1038/nrn.2015.7

van den Berg, J. H. (1972). *A different existence: Principles of phenomenological psychopathology*. Pittsburgh: Dequesne University Press.

Young, J. E., Klosko, J. S., & Weishaar, M. E. (2003). *Schema therapy: A practitioner's guide*. New York: The Guilford Press.

Zylowska, L. (2012). *The mindfulness prescription for adult ADHD: An 8-step program for strengthening attention, managing emotions, and achieving your goals*. Boston: Trumpeter Books.

コラム⑨ 心理面接の効果

　心理面接にはどのような効果があるか，またどのような心理面接には効果があるのか，という問題はクライエント，そして社会にとって極めて重要である。しかし実際にこの基本的な問いを向けられたとき，いかに答えるのかに専門家の個性や来し方が端的に表れるように思う。効果の検証方法はもちろん，そもそも何をもって効果とするか定義することから容易ではない。歴史的にみても，効果に関する研究やそれらを取り巻く議論は，科学的研究のあり方や学派間の対立という根深い問題と連動してきた（岩壁，2004）。効果をめぐる複雑さと困難を前に，これからの私たちはどのように心理面接と向き合っていくべきか。日本の心理臨床において効果がどう語られてきたかを概観しつつ，今一度考えてみたい。

　効果に関する研究を，心理面接の成果を問い，その有効性を向上させる試みとして広く捉えると，現在にも通じる日本の研究の有り様は事例研究に端を発すると言える。事例研究は心理面接が個別の内的体験や物語性と切り離せないことを前提とし，個に特化した検討こそ「個から普遍に至る道をひらく」という考え（河合，1992）に基づき発展した。この考えは客観性と普遍性を主とする科学観とは対比される，「臨床の知」（中村，1992）に属するものとされた。

　臨床の知という考えに対峙し，効果の語られ方を変えたのが，英米由来のエビデンスベイスト・アプローチである。エビデンスという用語は，狭義には厳密に統制された効果研究の知見であり，広くは特定の学派の主張ではなく，経験的な根拠に基づいた知見という意味で用いられる（杉浦，2004）。下山（2010）は心理面接の有効性が主観的に語られることを批判し，エビデンスという客観的評価によりはじめて近代化された社会における専門性の証明が成されると述べた。こうしたパラダイムシフトにより，エビデンスが認められた認知行動療法が日本においても注目され，普及することとなった。

　エビデンスを重視する見方は臨床の知への批判を含みつつも，従来の考えを補完し吸収しながら効果をめぐる議論を統一することを志向してきた。この傾向はナラティブ・アプローチとの関係性に表れている。ナラティブとは物語を指しており，ナラティブ・アプローチではクライエントが自己を物語ること（下山，2004）に注目し，理論や実践において物語性を中核に据えること（野村，2009）が重視される。下山（2004, 2010）はナラティブが従来の心理療法の考え方の基底にあるとした上で，エビデンスを補完するナラティブの重要性を示唆した。厳密な統制を徹底する効果研究と実践との乖離が指摘される中で（岩壁，2004），研究上もエビデンスとナラティブとの相互補完的な関係（野村，2004）が議論されている。エビデンスとナラティブとの連鎖を含む階型的構造が指摘されるなど（奥野，2011），両者を対立概念ではなく研究プロセスを構成するスペクトラムとして捉える考えも生じてきた。

　研究の変遷を概観すると，臨床の知にエビデンスが対置され，さらにナラティブという視点が加わることで弁証法的に両者が統合されていく過程が見受けられる。しかし効果に関する研究の変化は，研究者間の議論を包摂する社会・文化の変容というダイナミクスの中で生じるため，純粋な進歩とみなすことは難しい。下山（2010）は伝統社会から近代社会，ポストモダンと時代が進むことに呼応して社会や文化における人間観が変化し，心理面接に求められるものも，日本人の無意識の深層に働きかけることから，エビデンスの重視，そして協働の重視へと変容したことを指摘している。またより局所的にみると，厳密なエビデンスが求められるようになった背景要因として，米国では薬物治療の発展と医療費削減の圧力があり（岩壁，2004），日本でも心の空虚さを問題とした大量消費社会から費用対効果が厳しく問われるグローバルな経済社会への変化があったこと（東畑，2015）などが指摘されている。このような視点からみると，まさに「心の治療は時代の子」（東畑，2015）であり，心理面接もまた時代によって否応なく規定されるということが，その効果を定義づけることの難しさにも関連している。心理面接の効果をめぐる議論は，臨床実践と研究との接点で学問

的進歩を刻むのと同時に，学問と社会のニーズとの接点において揺れ動き続けているのである。

　文化・社会的影響を踏まえ，心理面接自体を相対化した上でその有効性を問う考えも提唱され始めた。東畑（2017）は心理面接をも文化的事象とみなした上で，クライエントや地域および臨床機関自体がもつ特有の文化と心理面接の文化的摩擦が絶えず生じ，それらとの交渉によってさまざまな治療的要素が妥協され混淆された「キメラ」としての心理面接が形成されるとした。この認識の下，東畑（2017）は文化的摩擦と妥協自体を検証し，相対化された先の臨床的意味を学問的に問う場として，新たに事例研究を位置づけた。これはエビデンスの考えを相対化する一方，エビデンスを含む知見を背景として支持されてきた折衷・統合的な介入において「セラピストがどのように単一理論を修正し，補っているか」（岩壁，2004）を知る新たな試みの一つであるとも捉えられる。

　このように心理面接の効果をめぐる議論は統合と相対化を複雑に繰り返しつつ，時代を超えた進歩と時代による流動という矛盾を同時に経験してきた。これは変化の中で，専門家たちが心の治療とは何かという時代の問いに主体的に応答することを試みてきたことを意味する。ではこの認識を踏まえ，私たちはどう心理面接と向き合えばよいのか。答えの一つは，私たち自身が「心理面接の効果とは？」という問いをまさに自分自身に向け続けることで「自分の立っている前提を意識し，それを疑い続ける姿勢を保持する」（河合，1992）ということなのだろうと思う。すなわちそれは，これまでの蓄積を深く理解するよう努めつつ，なおそこにとらわれず，自らの心理面接を時代の問いへの新たな応答として実践し，その実践がもたらすものを検証し続けるということである。今後，心理面接が時代に追随しながら変容していくのか，それともよりよく「時代精神を補償する」（河合，2002）ものたりえるのかは，私たち一人ひとりの応答によって方向付けられていくのだろう。

引用文献

岩壁　茂（2004）．効果研究　下山晴彦（編）心理学の新しいかたち　第9巻　臨床心理学の新しいかたち　誠信書房　pp.180-202.

河合隼雄（1992）．心理療法序説　岩波書店

河合隼雄（2002）．心理療法入門　岩波書店

中村雄二郎（1992）．臨床の知とは何か　岩波書店

野村晴夫（2004）．ナラティヴ・アプローチ　下山晴彦（編）心理学の新しいかたち　第9巻　臨床心理学の新しいかたち　誠信書房　pp.42-60.

野村晴夫（2009）．臨床心理学とは何か（2）　基本理論1―物語性（ナラティヴ・アプローチ）　下山晴彦（編）やわらかアカデミズム・〈わかる〉シリーズ　よくわかる臨床心理学　改訂新版　ミネルヴァ書房

奥野雅子（2011）．ナラティブとエビデンスの関係性をめぐる一考察　安田女子大学紀要，39，69-78.

下山晴彦（2004）．臨床心理学の発展に向けて　下山晴彦（編）心理学の新しいかたち　第9巻　臨床心理学の新しいかたち　誠信書房　pp.3-22.

下山晴彦（2010）．臨床心理学をまなぶ1　これからの臨床心理学　東京大学出版会

杉浦義典（2004）．エビデンスベイスト・アプローチ　下山晴彦（編）心理学の新しいかたち　第9巻　臨床心理学の新しいかたち　誠信書房　pp.25-41.

東畑開人（2015）．野の医者は笑う―心の治療とは何か？　誠信書房

東畑開人（2017）．日本のありふれた心理療法―ローカルな日常臨床のための心理学と医療人類学　誠信書房

コラム⑩ 心理面接の限界

　このテーマについて考えるようになったのは，筆者が今まで担当してきたケースの中で，どうしようもできない状況に遭遇したことがきっかけである。どうしようもない状況というのは，子どもを担当した時に本人の意思ではない理由でセラピーが中断になってしまったことや，筆者の卒業・転職に伴ってセラピーが終わりになったことなど，クライエントの望みによってではなくセラピーが終わりを迎えることを指している。そのような状況でのクライエントとの面接では，いつか訪れるお別れが見え隠れしていて，初心者としての筆者は，そのテーマがみえてくるたびに，寂しさや無力感，切なさを感じ，どのように扱えばいいのか，わからず迷っていた時期があった。

　最近，筆者は大学院の卒業を機に，たくさんのクライエントとお別れすることになった。これまでの自分の臨床活動を振り返る際に，心理面接の効果を感じた事例を思い出し，温かい気持ちになるときもあるが，先述のどうしようもない状況に遭遇した時のことが頭に浮かび，「カウンセリングというのは，限界があるんだなぁ」と痛感することもあった。このような限界は，心理臨床の分野で働く上で，避けては通れない道である，ということにも気がついた。また，これから心理臨床に携わっていくと，このような限界にずっと直面するだろうし，それと付き合っていく必要があるのだろう，ということも考えたのである。そこで疑問に感じたのは，心理面接において，どうしてようもない状況に遭遇したとき，いわゆる「心理面接の限界」にぶち当たったときに，私たちにセラピストとしてできることはあるのか，また，他のセラピストはどのようにその限界と向き合っているのだろうか，ということである。

　山口ら（2017）は，「（クライエントと）再会する機会の可能性が極めて低い点では，引き継ぎによる別れは死別と類似した体験である。一人一人のクライエントが彼／彼女らしくこの別れを体験し，筆者側もさまざまな思いを呼び起こされ，その時間は初期過程に匹敵する密度の濃いものだった」と述べている。ここから，筆者は，お別れをしないといけない状況になった後に，クライエントと濃い時間を過ごし，しっかりお別れすること自体が心理面接の一環であると考えた。振り返ってみると，クライエントとお別れすることになったからこそ，普段であればなかなか言えなかった本音や感情を共有したり，扱ったりできたこともあったと思う。つまり，心理面接の限界との遭遇は，絶好のチャンスであるともいえる。

　クライエントとのお別れが死別体験と類似しているのであれば，心理面接の限界をもっとも感じやすい現場として，ターミナルケアの現場がある。残りの命を知った上で，患者の最後の時間をどうサポートしていけるのか，そこでの心理職はどのようなことを求められ，どういうケアをしているのか。坂本ら（2006）は，ターミナルケアの目標について，患者とその家族ができる限り良好な QOL を保つことである，と述べている。また，河合（2017）は，末期がん患者に対する心理的援助のあり方として，患者との関係性を中心に「そばにいる」ことを心がけていた，と述べた。命のリミットを知ってしまうと，焦ってしまったり，どのように向き合っていくのか戸惑ったりすることもあると考えられるが，岸本（2008）では，患者の残された時間を気にしつつも，「焦らず，じっくり」という姿勢が大切となる，と述べられている。これらをふまえると，クライエントとお別れについて話し合うとき，セラピストはつい焦ってしまいやすいが，こういうときこそ心に余裕をもつことが大切になると考えられる。

　セラピストとしてクライエントと会っていくということは，クライエントとセラピストの現実的な状況や制約がある中で，つまり，いつお別れがくるかわからない状態で，ともに時間を過ごし，クライエントが抱えている課題をともに考えていく過程である。セラピストがクライエントと会えるのは，多くても週に 1 回の 50 分間である。過去に起きたことや現在の環境そのものを変えるのは難しい場合が多い。それが心理面接の一つの大きな限界であろ

う。しかし，心理面接では，クライエントが過去や現在の環境を受け入れたり，それらの意味づけを考えたりする作業をセラピストとともに行うことができる。

　筆者が最近読んで心に残ったあるやりとりがある。おそらく読者の皆様がほとんど知っているキャラクターである，スヌーピーとルーシーの会話である。ルーシーがスヌーピーに，「時々，私はどうしてあなたが犬なんかでいられるか不思議に思うわ」と言った時に，スヌーピーは「配られたカードで勝負するしかないのさ」と答えた。私たちも，スヌーピーのように，いま手元にあるカードのなかで，そのカードをどのように最大限生かすかを考えていくことが必要なのであろう。言い換えれば，私たちがセラピストとして「一緒にいられる時間を精一杯クライエントと一緒にいること」を日々実践していくことが大切になる。心理面接の限られた時間の中で，セラピストは精一杯クライエントのことを考え，クライエントの気持ちを受け止める。それでいずれお別れになったとしても，ともに過ごした時間，そこで話し合った内容，または支えられた感覚がクライエントに残り，クライエントが後に困ったときにそれらを思い出して自分の力で問題を解決したり，少しでも心が和らいだりしてまた次の日頑張っていこうと思う，そういう臨床をやっていけることを筆者は切に願っている。

引用文献

河合雅代（2017）．末期癌患者とその遺族への心理的援助について―「そばに居る」在り方の実践　心理臨床学研究，35（4），399–409．

岸本寛史（2008）．がんと心理援助　臨床心理学，8（6），779–790．

坂本洋子・小池眞規子・松尾真由美（2006）．看護とカウンセリング―緩和医療におけるカウンセリング　日本赤十字看護学会誌，6（1），37–41．

山口昂一・高澤知子・藤居尚子（2017）．初学者の経験から考える心理療法の導入について（3）―初期不安　京都大学大学院教育学研究科附属臨床教育実践研究センター紀要，20，75–86．

6

システミック・アプローチ

●システミック・アプローチとは

(1) はじめに

　システミック・アプローチ（systemic approach）とは，現象を理解するための認識論として，システム理論を主とした見立てとそれに基づいた介入を用いる心理支援の一群である（若島, 2018）。ここには，家族療法（Family therapy）やブリーフセラピー（Brief therapy）が含まれる。システミック・アプローチは，個人のものの見方や考え方，そのあり方自体を尊重しつつも，個人の呈する問題は，問題が生起する状況や環境，人間関係といった文脈と密接に関連し，それらは不可分な関係であると捉える観点，さらには対人相互作用の観点を切り口とする，と特徴付けてみる。

　システミック・アプローチは，家族を対象とした研究や臨床実践がその出自となるが，家族に適用範囲を限定することや適用対象となる人数，あるいは，短期という期間や時間制限を設けることが，このアプローチの本質的特徴ではない。問題の所在を，個人の生育歴やパーソナリティに帰属し，個人の内的な精神世界の探求や洞察を行うことを主たる目的とするのではなく，個人や問題を取り巻く人々の間で，今まさに展開している問題への取り組みに関する言動，さらに問題の捉え方や考え方の認知的な枠組みにも着目し，実用的観点から見立て，介入することを特徴とする。支援を行う対象については，問題に対して心身相関の観点から個人を対象とすることもあれば，家族や，職場や組織の問題を扱うこともあり，さらには問題とされる個人と直接会えなくとも，また会う必要がなくとも適用することが可能である。また，心理支援を行う期間についても，短期間の場合もあれば，長期間にわたり支援が行われることもある。加えて，適用範囲については，特定の心理的問題に特化していないものが多く，システマティックな方法論をもたないものも多い。それゆえ，かなりの柔軟性と駆動力を有するアプローチである。臨機応変でなんでもあり，と言ってしまえばそれまでだが，適用する対象の志向性や価値を基礎に据えた，人間の思考や行動理解に関する独自の認識論と哲学をもつ。

　多くの心理支援は，ある特定の創始者によって体系化され，展開しているものが多いが，システミック・アプローチの出自ともいえる家族療法の始まりは，1950年代頃から，同時多発的に，さまざまな研究者や実践家が，異なる場所で，家族の特性をシステムとして理解する取り組みを始めたこととされている（Hoffman, 1981）。しかし，そのような中でも，家族療法や家族心理学の発展において，現在でもこの領域のもっとも影響力をもつ専門誌の一つである1962年に発行された『ファミリー・プロセス』の影響は多大であった。この雑誌は，当時の家族療法や家族研究の主要な研究機関であるアッカーマン（N. W. Ackerman）を代表とするアッカー

マン・インスティチュート（Ackerman Institute）とジャクソン（D. D. Jackson）を代表とするメンタル・リサーチ・インスティテュート（Mental Research Institute：MRI）の協力により発刊され，この初版発行年をもって家族療法の出発点とされる（若島，2018）。また，後者の米国パロアルトに位置するMRI内に，1967年に開設されたブリーフセラピー・センターは，ブリーフセラピーの出自となる研究機関である。システミック・アプローチのさらなる特徴として，異なるオリエンテーションをもつ心理臨床の実践家や心理職のみならず，ケースワーカー，医師を含めた多職種，さらには，心理学という学問領域の諸概念にとどまらず，心理学ではあまり馴染みのない自然科学や社会科学，文化人類学，生態学，哲学などの諸学問領域が交差して展開したこともあげられる。本章では，システミック・アプローチを理解し，各自の臨床実践に援用するための基礎として，システム論やコミュニケーション理論といった現象を把握する認識論と独自の哲学について説明することから始めたい。

(2)　システム論によるものの見方，考え方

　システミック・アプローチの基礎理論であるシステム論は，家族を一つのまとまりをもった有機的システムと捉えるための認識論として発展した。システム論は，生物や無生物に関わらず，あらゆるシステム（細胞や脳，身体，こころ人間関係，家族，社会など）の過程に共通する概念や諸原理（同形性：isomorphism）によって紐解く理論であり，非線形の科学論として知られるフォン・ベルタランフィ（L. von Bertalanffy）の一般システム理論（von Bertalanffy, 1968）が参照された。システムとは，相互作用し合う諸要素から成る総体や複合体，組織，体系を意味する。物事の理解の仕方として，個人に起こる問題をそれが生起する人間関係や環境といった文脈と切り離して理解するのではなく，個人の問題や行為というものは文脈と不可分な関係にあると捉え，その複雑な関係性を排することなく理解していく。個人が呈する問題であれば，その個人を取り巻く人間関係や家族との関係，職場の人間関係などとの関係を含めて理解し，家族の問題であれば，地域やコミュニティといった家族を取り巻く文脈との関係を含めて理解する。

　また，システムは，閉鎖システム（closed system）として，システムの境界が閉ざされたシステムの内部だけで相互作用が行われるのもではなく，開放システム（open system）として，そのシステムが位置づけられている環境と相互作用し，情報交換を行うシステムを仮定する。家族システムにおいては，家族関係は個々のメンバーの影響を受け，その家族が位置づけられているコミュニティの影響も受ける。その逆もしかりで家族関係のあり方は個々のメンバーに影響を与え，より上位のシステムであるコミュニティにも影響を与える。つまり，これらの関係は一方通行のような直線的関係ではなく，相互に影響し合う循環的，円環的な関係である。

　この循環的，円環的な認識論のアイデアの一部は，数学者のウィナー（N. Wiener）による，サイバネティクス（cybernetics）から導入されている（Wiener, 1948）。とりわけフィードバック，正確には負のフィードバック（negative feedback）と呼ばれるシステムの性質に関する理解が重要である。負のフィードバックとは，目標とのズレを情報として感知し，その情報が回帰することによって，システム内で逸脱を制御（自己制御）するシステムの性質を意味する。この自己制御という性質は，システムの均衡状態を維持するメカニズムとされ，その内に自らを自らが修正する機能を有する，循環的，円環的な回路としてのシステムを説明する概念である。後に，文化人類学者のベイトソン（G. Bateson）は，この自己制御性のメカニズムに関心

を持ち，それを取り入れたシステム論を展開している（Bateson, 1972；Bateson, 1979）。ここでは，こころ（mind）を，個人に閉ざされた性質とみるのではなく，人々が相互作用するネットワーク上に位置づけ，人々を結びつけるパターンによって説明した。このベイトソンの認識論は，人間のこころをシステムとして考えるアイデアをもたらし，システミック・アプローチの草創期のみならず，今日に至っても多大なる影響を与え続けている。

　このシステムの自己制御性の概念は，システミック・アプローチにおける問題の捉え方に関して重要な意味をもつ。そもそもサイバネティクスは操舵という意味を持ち，船の舵取りが比喩として用いられる。船は目標にたどり着くため，ある航路を進み，しばらく船が進んだ時点で，現在の位置を計測する。目標に向かうための航路と現在の位置にズレ（差異）が生じている場合，そのズレを感知し，そのズレを低減すべく航路を修正する。この過程を繰り返し目標に到達する。これを人間の問題と対処行動に関連付けると，個人や家族，組織においても同様に，目標とのズレ（差異）が問題であり，その問題を感知した人物が，それを修正，低減，解消すべく，何らかの動きが生じることになる。心理支援の場でしばしば見聞きすることであるが，セラピストのところに，連れてこられた人物と連れてきた人物ではまったく問題の捉え方が異なる場合がある。その場合，連れてこられた人物は問題を問題だと思っておらず，感知していないため，行動変容は起こりにくい。一方，その人物を連れてきた人物は問題を感知している。それゆえ，問題とされる人物をセラピストのところに連れてくるという行為が遂行された，と考える。さらに，ある個人が呈する問題行動を，周囲の人々が行為者の統制可能な問題として捉えるならば，注意や叱責により行動変容を求めるかもしれない。一方，行為者には統制不可能な問題であり，行為者も困っていると捉えるならば，周囲の関わりとして，注意や叱責とは異なる方法を用いる可能性が想像できよう。このように，システム論においての自己制御性は，心理臨床場面で対象となる問題が，本人や周囲の人々の間で，どのように維持しているかということや，心理支援の場，特に複数の家族成員を対象としたセラピストのマネジメント（舵取り）について説明する重要な概念といえる。

　システミック・アプローチの確立に貢献したジャクソン（D. D. Jackson）は，家族全体がシステムとしてバランスを取るべく，逸脱を制御し，元の状態に戻ろうとするホメオスタシス（恒常性）のメカニズムについて指摘している（Jackson, 1977）。つまり，問題をもつ家族システムでは，問題をもつことでシステムが安定しているため，変化が起こりにくく，仮にあるメンバーの問題が解消されたとしても，別のメンバーに問題が起こり，システムが維持されるということである。たとえば，夫婦関係に困難を抱えているが，子どもが何らかの問題をもつことによって，夫婦がその問題を棚上げし家族全体の崩壊を回避する，といったメカニズムである。したがって，問題を呈する人はIP（Identified Patient）と呼ばれ，問題を含む家族システムがアプローチの対象とされた。このことから，家族システムに起こる問題には何らかの意味や役割があること，さらには，IPとクライエントが同一人物である場合と異なる場合があることが示唆される。

　さらに，マルヤマ（M. Maruyama）は，セカンド・サイバネティクスとして，負と正のフィードバックの均衡性に関するシステム論を主張している（マルヤマ，1987；Hoffman, 1981）。ここでは，システムが環境の変化に対応するため，負のフィードバックを通して恒常性を維持する形態維持（morphogenesis）のプロセスに加え，正のフィードバックとして，逸脱を増幅するように働き，システムの基本構造を変化させる形態発生（morphogenesis）のプロセスを

指摘している。形態発生はシステムの秩序の崩壊を導くよう作用するが，環境変化に適用する上で必要なシステムの再組織化のプロセスでもあるため肯定的な価値を見出している。

（3）システムの特徴と変化

　上記の自己制御性や基本構造の変化に関する諸理論を含め，長谷川（1997）による全体性と自己制御性，変換性という三つの特徴による理解が，システム論的観点から現象を捉える上で有用である。まず，システムとは「ある目的のために集められ組み合わされた諸部分からなるもの」（長谷川，1997）と定義される。この“目的”とは，家族システムのように，目的自体が曖昧な場合もあるが，基本的には何らかの目的をもったコミュニケーションによって要素間がつながっていることを仮定する。そして第一に，システムの特徴の全体性とは，システムを構成する諸要素は，個々に切り離せず，要素間の相互作用により一つのまとまりをもった全体として機能していることを指す。すなわち，全体は部分を単に足し合わせただけでは説明できない，一つの有機的システムとしての特徴をもつ。たとえば，メロディを一つひとつの単音に分解すると理解できないように，また，水を水素と炭素の原子に分解すると異なる性質のものになるように，家族システムも家族成員個人の特徴に分解した理解では，家族特有の問題解決のパターンや各自の役割といったものは理解できない。全体は部分の総和以上の機能があり，諸要素の相互作用により成り立つ，と考えるのである。次に，自己制御性とは，システム内外の変化と連動して，システム内の逸脱を抑え，現状のシステムの維持や存続に寄与する力であり，システムに対して求心的に作用する力を意味する。したがって，その逆が，変換性であり，システムの変化を増幅するように働く力であり，遠心的に作用する力である。たとえば，筆者の研究室では，研究室メンバーの研究進捗状況の報告や研究のディスカッションを行う指導会を設けている。この指導会は，上記の目的で集まったメンバーで構成されており，その目的に向かってこの会は進行する。しばらくこの会が進むと構成メンバーのいずれかが，親睦会を兼ねた飲み会を提案し実施される。しかし，次も，その次も，指導会の度に，飲み会が提案されたとする。おそらく，メンバーのいずれかが，「飲み会は指導会の目的ではない。研究に関するディスカッションをしたい」として飲み会の提案が却下され，本来の研究発表を行う，という目標に修正される（そうであることを願っている）。一方，飲み会の提案に対して，次々にメンバーが賛同し，毎回飲み会が開催されたとする。そうするとこの研究会は，当初の目的から離れ，お酒を楽しむ会といった会の目的自体が変わる。ここでは，もはや研究内容に対する鋭いコメントが重要ではなく，いかに面白いことを言うか，面白いことを言った者が重宝される，というルールが適用されるかもしれない。前者は自己制御性に基づく既存の目的やルール従ってなされる問題修正であるのに対し，後者は変換性に基づく目的やルール自体，言い換えればシステム自体の質的な変更によるものと説明される。前者は第一次変化，後者は第二次変化と呼ばれる（Watzlawick et al., 1974）。

　さらに，幼児の子育てに関して意見がぶつかる夫婦について考える。夫婦は，それぞれ自分が生まれ育った家族（原家族）の子育てに関する考え方や方針を前面に出して，どちらが子どもにとって良いか，ということが口論になり，ある時は母方の考えが採用され，ある場面では父方のそれが採用される。口論は日常でしばしば起こり，子どもの子育てに関する場面で，理にかなったものが適用される。しかし，どちらの方法がよいかに関する口論が続く中で，次第にどちらが正しいか，理にかなっているか，ではなく，夫婦として，どのような子どもに育っ

表Ⅱ-6-1　家族ライフサイクルの段階（McGoldrick et al.（2016）をもとに筆者作成）

	家族ライフサイクルの段階	情緒的な移行過程：前提となる姿勢	二次的課題／次の発達段階に向けたシステムの変化
第1段階	成人萌芽期	自分の情緒的，経済的な責任を受容すること	a. 原家族からの自己分化 b. 親密な仲間関係の発達 c. 職業や経済的自立面での自己の確立 d. コミュニティおよび社会での自己の確立 e. 自分自身の世界観や精神性，宗教，自然との関係性の確立 f. 成人した子どもとの関係において，親は相談相手のような役割へと移行すること
第2段階	夫婦関係の形成，両家族へのジョイニング	拡大した新たな家族システムへのコミットメント	a. 夫婦システムの形成 b. 新たなパートナーと拡大家族を含めるように，家族間の境界を拡張すること c. 夫婦や親きょうだい，拡大家族，友人，コミュニティとの関係を再構築すること
第3段階	幼い子どものいる家族	家族システムへの新たなメンバーの参入を受容すること	a. 夫婦システムに，子どもが入る余地ができるように調整すること b. 育児や経済的活動，家事の協力 c. 親役割や祖父母役割を含めるように，拡大家族の関係を再調整すること d. 新たな家族の構造や関係を含めるように，コミュニティや社会システムとの関係を再調整すること
第4段階	青年期の子どものいる家族	子どもの自立と祖父母の衰えを認めるように，家族の境界を柔軟にすること	a. 青年がより自立した活動や関係をもつこと，家族システムを柔軟に出入りすることを許容できる親子関係を変化させること b. 移行期にある青年が，コミュニティとの関係を築けるように家族が援助すること c. 中年期の夫婦関係やキャリアに関する問題に再び焦点を当てること d. 年配の世代の世話に移行し始めること
第5段階	子どもの巣立ちと中年期への移行	家族システムへの多くの出入りを受容すること	a. 二者関係としての夫婦関係の再調整 b. 親と成長した子どもとの親子関係を，大人同士の関係へと発展させること c. 姻戚や孫を含めるように，家族の関係性を再調整すること d. 家族関係における新たな集団を含めるように，より大きなコミュニティとの関係性を再調整すること e. 子育ての負担が軽減され，新しい関心事やキャリアを探すこと f. 親や祖父母の健康上のニーズや障害，死に対処すること
第6段階	中年期後期の家族	世代的な役割の変化を受容すること	a. 生理学的な衰えに直面し，自分自身や夫婦の社会機能や関心を維持，もしくは修正すること：新たな家族的，社会的な役割の選択肢を探すこと b. 中間世代の中心的な役割をサポートすること c. 年配者の知恵や経験を取り入れる余地を，システム内に作ること d. 年配世代に対して，過剰な介入にならない程度にサポートすること
第7段階	人生の終わりに近づく家族	家族メンバーの限界や死の現実，一つのライフサイクルの完結を受容すること	a. 配偶者やきょうだい，仲間の死に対処すること b. 死や遺産に向けて準備をすること c. 中間世代と年配世代との間の世話役割の逆転に折り合いをつけること d. ライフサイクルの変化を認めるように，より大きなコミュニティや社会システムとの関係を再調整すること

て欲しいのかを考えるようになり，夫婦独自の子育て感や子育てに関する方法が検討されていく。原家族のルールを適用する子育てが第一次変化による問題解決のあり方とすれば，夫婦独自の子育てに関するルールに変更されるが第二次変化である。そしてルールの変更はそれに基

づく行動にも影響を与える。臨床実践で問題とされる出来事の多くは，一次変化により問題を
解決しようと試みた行為が多く，それらは結果的に上手くいかない相互作用になることがしば
しばあるため，システミック・アプローチでは，二次変化を促す支援を重視する。

　また，家族システムに限定されるが，家族成員個人の発達，あるいは家族を取り巻く環境と
連動して，家族システム自体も発達していく。家族システムの発達について，個人の発達と同
様に，家族ライフサイクルと呼ばれる，ある程度の規則的な周期とそこでの課題が指摘され
ている。とりわけ，マクゴールドリックらの 7 段階モデルは広く知られている（McGoldrick,
Preto,& Carter, 2016）。今日では，多様な家族のあり方が指摘されるが，発達過程において，
ある段階から次の段階への移行期に家族危機は生じやすく（Haley, 1973），現在の問題が，家
族の発達の段階と関連しているのか，必要な二次変化とは何かについて，重要な示唆を与えて
くれる（表Ⅱ-6-1）。

（4）円環的認識論（circular epistemology）とプロセスの把握

　これまで，システム論を概観することで説明したように，システム内の要素間の相互作用は，
一方が他方に影響を与える，といった一方通行ではなく，回帰的で循環的な回路のように複雑
な相互作用に基づくことがわかる。よって，システミック・アプローチでは，ある出来事を，
原因と結果という直線的因果律（liner causality）により理解するのではなく，出来事 A は出
来事 B の原因にも結果にもなりうるような原因と結果が幾重にも連鎖する過程で理解する円
環的因果律（circular causality）に基づく円環的認識論（circular epistemology）による見方
をとる（図Ⅱ-6-1）。直線的因果律は，私たちが慣れ親しんでいる出来事の把握の仕方であり，
近代科学を支える思考でもある。ある問題や出来事（結果）には原因があり，（より細かい要
素に分解し）その原因を突き止めていくような理解の仕方であるため，「なぜ」という問いの
立て方，解釈の仕方を特徴とする。一方，円環的認識論では，出来事を円環的，循環的な双方
向による捉え方をするため，必然的に，その相互作用のプロセスの把握が重要となる。つまり
「どのように」問題が維持し，続いているのか，という問いの立て方を特徴とする。また，因
果関係は，出来事の円環的なつながりの一部を切り取った解釈として理解する。この円環的認
識論に基づく問題把握とそれに関連する相互作用の理解によって，問題の原因追及にはあまり
関心をもたなくなり，延いては，悪者探しから解放されることになる。システミック・アプロ
ーチでは，問題の原因が明らかなることと，問題の解決や解消は同義ではないと考える。しか
し，原因を追及してはいけない，ということではなく，問題の解決や解消の段階に，原因を明
らかにするという段階を必須としない，あるいは，変化における原因の理解を必ずしも必要と
せず，言い換えれば，それらのベクトルは異なる，と考える。よって，何らかの精神医学上の
疾患やパーソナリティの偏りに問題を帰属することなく，問題の捉え方や対処の仕方，相互作
用やそれに基づく人間関係のあり方に焦点を移行することになる。さらに，システムと問題は
円環的な関係にあるため，システムの何らかの状態が個人の問題として現れるとする説明では
なく，個人の何らかの問題が不均衡なシステムを構成していくと考えることもできる。このよ
うに，個人の呈する問題とシステムとの関連もまた共変関係にあるものとして捉えていく。

（5）セラピストを含むシステム

　1980 年代には，これまでのサイバネティクスのメカニズムから発展したさまざまなシステ

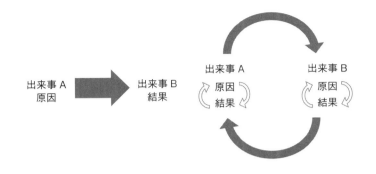

図Ⅱ-6-1　直線的因果律と円環的因果律

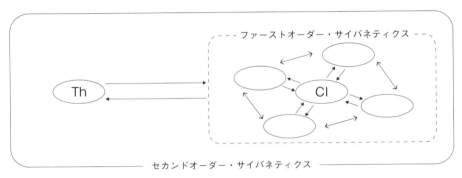

図Ⅱ-6-2　観察対象に観察者自身を含むシステム

ム論が，システミック・アプローチの認識論として議論された。その中でも，とりわけフォン・フォルスター（H. von Foerster）のファーストオーダー・サイバネティクス（first-order cybernetics）とセカンドオーダー・サイバネティクス（second-order cybernetics）の概念は，システムに対する考え方の新たな転換として（Hoffman, 1981），また，ポスト・モダンのアプローチとして，臨床場面におけるセラピストとクライエントの協働的な関係や，その関係で意味や変化を創出するという認識論の転換に貢献した（若島，2007）。ファーストオーダー・サイバネティクスは，観察者が，システムを対象化し，そのシステムの外側から観察したシステムを扱うという考え方であり，観察者はシステムの外側に位置し，その位置からシステムに介入する。一方，セカンドオーダー・サイバネティクスは，観察者もシステムの一部であり，観察者をもその内に含むシステムである。つまり，観察対象に観察者自身を含み，自己を含んだシステムを，いわば俯瞰的に観察するということになる。この視点は，クライエントやその家族は独立しているのではなく，セラピストもそのシステムの一員として，いわば治療システムを構成するメンバーとみなす（図Ⅱ-6-2）。したがって，クライエントの言動は，独立して成立せず，セラピストの言動が少なからず影響するため，セラピストとしての自身の振る舞い自体にも関心を向けることが求められる。クライエントの問題にまつわる語りについても，セラピストはどのようなことに関心を持ち，どのように反応し，質問したのか，といった相互のやりとりに関する説明が必要となる。

　ここまで，システム論について概観し，個から相互作用と関係性へ，直線的な認識論から円環的な認識論へ，さらには，観察対象としてのシステムから，観察する者をその内に含んだ

システムという視点の移行について説明した。さらに，システミック・アプローチは，現実は多様であり，また，つくられるものであるため客観的な現実は存在しないとする構成主義（constructivism）（Watzlawick, et al., 1974）や，現実は人々の相互作用，つまりコミュニケーションの過程によってつくられるとする社会構成主義（Social constructionism）（Gergen, 1999）の観点を取り入れている。この観点においては，現実や問題，そして解決に関する自己の経験は，社会的に構成されるもので，セラピストとクライエントが共に解決のストーリーを紡ぐことが強調される。しかし，複雑な現実を捉えるための思考の枠組みであるシステム論の価値が失われたわけではない。現実の多様な見方や社会構成の立場に立脚しながらも，出来事を相互作用やそれに基づく関係性といったシステミックな観点からも捉え，介入することがシステミック・アプローチの一つの特徴である。次に，システミック・アプローチの発展に貢献した，情報や拘束という概念，家族研究，およびコミュニケーション理論について説明する。

（6）情報による拘束（Bind）

　人々はコミュニケーションという情報の交換を通してつながっている。情報によって他者に影響を与え，またそれによって他者から影響を受ける。生命は，力や衝撃，エネルギーに反応するのではなく，情報に反応し，それによって行為が生まれる。ベイトソン（Bateson, 1979）は，ユング（C. G. Jung）のアイデアを参考に，力と衝撃によってのみ支配される物理的世界をプレローマ（pleroma），対比や差異によって支配される世界をクレアトゥーラ（creatura）とし，プレローマの世界の説明をクレアトゥーラの世界に持ち込むことやその混同を指摘している。たとえば，空き缶を潰そうと足で踏みつけたならば，その空き缶の形状は（どの程度つぶれるかは），空き缶を踏みつける力や衝撃によって物理学的に説明できる。この場合，空き缶は力や衝撃に反応したことになる。一方，生命の世界ではこうはいかない。寝ている番犬の横を通り抜けようとした時，犬の足を踏みつけてしまったとする。おそらく，犬は怒って吠える，噛みつくなどによって反応するかもしれない。犬は力や衝撃に反応していない。踏みつけられた（攻撃された）という，情報に反応したのだ。人間の精神過程や行為はクレアトゥーラの世界の現象であるため，情報に反応すること，またこの情報というものが必然的に重要になる。ベイトソンによれば，情報とは「差異を生む差異」（Bateson, 1972）や「差異の知らせ」（Bateson, 1979）を意味する。すなわち，二者関係において，一方が他方に何らかのメッセージを送るとすると，他方に情報として認識してもらうためには，他方が違いを認識できるだけの違いを伝達する必要があり，相手はその違いに反応する，ということである。反対に，違いがない情報には，相手は反応しない，と考える。たとえば，部屋が片付けられない一人暮らしのAについて考える。足の踏み場もないくらいのゴミが積み重なっている。心配した友人Bは，Aに，ゴミを片付けるよう，ときには厳しく，ときにはやさしく伝える。それでも片付けないため，Aの健康面を心配していることや，いかに片付いた部屋が素晴らしいか，またこのままじゃ彼女ができないことを説く（よけいなお世話かもしれない……）などを試みる。しかし部屋のゴミは減ることはなく，散らかったままである。ある時，Bは飲み会の帰りにA宅に寄り，しばし会話を楽しんだ後，手に持っていたスナック菓子の袋を酔った勢いで散らかったゴミの上に投げ捨てた。Aは声を荒げて「ちょっと，散らかさないでよ！」と言い，Bの散らかしたゴミだけでなく，部屋のゴミの整理を始めた。これまで，BはAに対してさまざまな言動を行っていたが，受け手のAには情報的に違いはなく，部屋を片付けよ，というメッセージ

であった。一方，Bの散らかすという行為は，Aにとって違いを認識する情報であり，Aがゴミを片付けるといった新たな行為を生み出すきっかけとなる情報と理解することができる。すなわち差異を生む差異となる情報である。

　人間関係はコミュニケーションによる絶え間ない情報交換による相互影響過程の連鎖を通して成り立つ。言い換えれば，コミュニケーションによって，お互いがお互いの行動を規定するような現象とみることができる。これはコミュニケーションによる拘束（Bind）という性質によって説明される。拘束とは，任意のメッセージはそれを受け取る者の反応を一義的には決定しないが，その選択幅（行動のレパートリー）を制限することを指す（長谷川，1991）。たとえば，授業の最後に「質問ありますか」という教員のメッセージに対して，学生は，手をあげる，指されないよう下を向く，あるいは授業内容の資料を見直すといったようなある程度の反応の幅に拘束されるかもしれない。そのような教員のメッセージに，学生が大爆笑する，あるいは，歌い始めるという反応は，ないとは言い切れないがきわめて稀な反応だろう。また，講義中，学生が教員をみながら，うなずくといったメッセージは，さらなる教員の説明を引き出し，授業を長引かせる，という反応を促すかもしれない。どのようにメッセージを受け取ったかという意味によって自身の反応が拘束され，またその拘束された反応は，さらに相手の反応を拘束する。よって，人間関係は相互拘束過程ということができる。さらに，メッセージの意味は，内容と文脈に規定される。先の例で，授業中，教員が説明している最中に（文脈），学生が熱心に頷いている（内容）という状況は，教員にとって，学生がよく話を聞いて理解してくれている肯定的な意味を受け取る。一方，誰もいない教室で（文脈），学生が熱心に頷いている（内容）という状況は，その状況を観察する者に異なる意味が伝達されることになる。このように，メッセージの内容は，文脈の理解なくして，その意味を理解することはできない。

(7)　二重拘束理論（double bind theory），および人間コミュニケーションの語用論（Pragmatics of human communication）

　ベイトソンの研究グループ（Bateson et al., 1956）は，精神分裂病（現在は統合失調症）の理論化に向けて（Towards a Theory of Schizophrenia）の中で，二重拘束理論（double bind theory）を提示した。二重拘束理論は，統合失調症をもつ患者とその家族を対象とした研究であり，統合失調症の症状をコミュニケーションの観点から分析し，説明を試みた理論である。ここでの主眼は，今の自分のこころや自他でつくる場において，自他のメッセージに関するコミュニケーション・モード（抽象度の異なる水準にあるメッセージ）の混同である。自他のメッセージは文字通りのものもあれば，何かを暗に示すようなもの，さらには冗談のように，メタ・メッセージとして笑みが付随したものまで複雑である。また，それが夢の世界の話なのか，現実の話なのか，願望としてのメッセージなのかという識別も伴う。ベイトソンによると，統合失調症をもつ患者は，①他者から受け取るメッセージ，②自分が発するメッセージ，③自分の思考，感覚，知覚に対して，適切なコミュニケーション・モードを振り当てたりすることが困難である，とされている。また，二重拘束の成立条件は，①2人以上の人間の間で，②繰り返し経験され，③第一次の否定的な禁止命令が出され，④第一次禁止命令と矛盾する，より抽象度の高い（抽象的な水準で矛盾する）第二次の禁止命令，⑤被害者がその二重拘束の状況から逃げ出すことを禁ずる第三次の禁止命令，⑥上記の条件を繰り返し経験し，生きる世界をそのようなものとして理解すると，上記の成立条件が揃う必要はなく，その一部を知覚するこ

とにより混乱が引き起こされる，というものである。例として，ベイトソンは統合失調症をもつ青年とその母親のやり取りの例を以下のように説明している。

　統合失調症をもつ青年のところへ，その青年の母親が見舞いに来た。喜んだ青年は，衝動的に母の肩を抱くと，母親は身体をこわばらせた。彼が手を引っ込めると，母親は「もう私のことが好きじゃないの？」と言う。青年が顔を赤らめていると「そんなにまごついてはいけない。自分の気持ちを恐れることはないのよ」と言い聞かせた。その後，青年は数分しか母親と一緒にいることができず，母親が帰ったあと病院の職員に襲いかかり，ショック治療室に連れていかれることになった（Bateson, 1972（佐藤訳，2000 から一部改変して引用））。

　この理論は統合失調症の病因論ではなく，コミュニケーションの複雑性やその影響過程を説明する理論である。二重拘束理論は，その後のコミュニケーション理論やラディカルな相互作用論を軸とした支援モデルの発展に貢献した。たとえば，親子関係において，親が子どもに対する，自発的に片付けなさい，というメッセージは，混乱と矛盾を含むメッセージである。すなわち，内容レベルでは，片付けすることを指示，命令しているにも関わらず，関係レベルでは，自発的に，といった，支配的な関係を否定し，子どもの主体性や自主性を尊重する自立した関係を求めるメッセージを伝えている。そして，子どもは，言われてから行う行為を自発的ではない，と否定され，また，片付けないならば否定される，といったどちらにしても非難される立場に追い込まれることになる。このような，持続が見込まれる対人関係においてみられるパラドキシカルなコミュニケーションの理解は，論理階型（logical type）の混同として理解される。

　コミュニケーション理論は，システム論と並び，人間のコミュニケーションの複雑性とメッセージの意味理解と創出のプロセス，さらには，人間の思考や感情，行動に及ぼす影響の体系的理解に使用される重要な理論である。このコミュニケーション理論とは，ワツラウィックら（Watzlawick et al., 1967）による人間コミュニケーションの語用論（Pragmatics of human communication）を意味する。ここでは，言葉だけでなく身振りや沈黙といった行動を含めたすべての行為がメッセージとして機能すること，メッセージは受け取る相手の反応の幅を制限（拘束）するため，コミュニケーションは相互拘束の過程であること，コミュニケーションは絶え間ないメッセージの交換過程であり，原因と結果，刺激と反応といった理解はどこをどのように区切るかによって異なること，などが提案されている。さらには，コミュニケーションは，言語の内容レベルであるデジタルモードのみならず，多くは非言語レベル（表情，抑揚，リズム等）で行われる関係についての情報の伝達を可能とするアナログモードに分かれ，それらの異なるモードが統合されて意味が伝達されることを指摘している。

　持続的な人間関係における相互作用を規定している一定の対人交流パターンや，それによって構成される関係性の概念化は，問題の維持を紐解く上で重要である。ここでは，関係性といっても仲が良いか悪いか，親密か否か，といったことではなく，人間関係を表す概念としての相称性（Symmetry）と相補性（Complementarity）という二つの枠組みを示している。相称性とは，互いの類似性に基づく人間関係であり，互いに拮抗し合う，同等な立場としての関係性を定義し保持すること，つまり，互いの主張に対抗主張を繰り返すような関係である。これは，青年期の友人関係をイメージすれば理解できよう。一方，相補性とは，相違性に基づく人間関係のことであり，互いを補足し合い，違いを享受し，受け入れるような関係を意味する。たとえば，幼少期の子どもと母親のような養育関係である。さらに相補性は，ワンアップとワ

ンダウンという二つの相対的位置に分けられる。前者が面倒をみる立場であれば，後者は，それを受け入れる立場にある。以上のように，コミュニケーション理論は，対人関係で取り交わされる複雑なやりとりや関係性について，その複雑さを失わずに理解する見方を示し，現象を相互作用（interaction）の観点から理解する具体的，実践的な方法を提供している。

●準拠するモデルと方法（技法）

（1）家族療法としての展開

　これまで説明したシステム理論，ならびにコミュニケーション理論を認識論に据えたモデルのいくつかを説明する。さらに，システミック・アプローチの主要なエッセンスに関する説明も補足する。

　1）多世代家族療法（Intergenerational Family Therapy）　　多世代家族療法は，家族システムの歴史的（発達的），文脈的側面に着目し，過去から現在に渡る多世代で繰り返される相互交流パターンやルールの理解を強調する。代表的なモデルとしては，ボーエン（Bowen, M.）のシステム理論があり，個別化と集団的な一体化のバランスに基づいて，独自の家族システムを体系化した。ここでは，主に家族関係の感情的な分化に着目し，自他が未分化な絡み合いや融合から，固体化や自己分化のプロセスを扱う（Thoburn & Sexton, 2016）。たとえば，夫婦関係に葛藤が生じている背景には，妻が原家族の問題に巻き込まれ，感情的に原家族と融合している，と見立てたり，そのような不安定な夫婦関係に，子どもが巻き込まれて形成される三角関係化から見立てる。そして，各家族成員が，感情的な融合や絡み合い関係から離れ，自己が分化し，理性的で自立的な関係に基づいて家族システムが機能することを目指す。主に多世代に渡るジェノグラム（Genogram）を用い，それをアセスメントやそれを用いた面接に使用する（McGoldrick et al., 1999）。

　2）構造的家族療法（Structural Family Therapy）　　ミニューチン（Minuchin, 1974）は，家族を家族メンバー間の相互交流パターンを通じて成り立つ一つのシステムとして捉え，家族構造（family structure）に焦点を当てる。家族構造とは，家族メンバーの相互作用を規定している可視化できないルールのようなものであり，夫婦や父子，母子関係といったサブシステム，ならびに，誰が，誰と，どのように関わるかを規定するサブシステム間の境界線（boundary）を重視する。境界線は，あいまい（diffuse）から固い（rigid）境界の連続線上のいずれかに位置づけられ，家族が適切に機能するためには，ある程度の境界の明瞭さが必要であるとされる。極端に固い境界は，メンバーの交流を阻害する，乖離した関係（disengagement）を構成する。一方で，あいまいな境界は，メンバーが相互に巻き込まれやすくなる絡み合った関係（enmeshment）を形成する。特徴的なパターンとして，夫婦サブシステムと子どもの境界線があいまいで，母子サブシステムが強固となる場合，親の子に対する影響力を低下させ，機能不全の交流パターンが発展する。それらへの介入として，セラピストは，家族の文化やパターン，明示的もしくは暗示的な家族の相互作用を規定するルールを尊重し，セラピスト自身がそれらに合わせて，溶け込み（ジョイニング），機能不全の交流パターンに変化を導入していく。

3)　戦略的家族療法（Strategic Family Therapy）　　ヘイリー（J. Haley）は，問題を取り

巻く対人相互作用の連鎖に着目しつつも，症状を対人関係における比喩とみなし，その機能的
側面を強調し，コミュニケーションがもつ対人関係上の力関係や階層性への影響にも着目した
（Haley, 1976）。すなわち，人間関係の葛藤は，その内容ではなく，どちらが上位に立つかとい
うポジション争いをしているとみなす。また，症状を理解する上で，家族の発達段階を考慮し，
その移行期において問題が顕在化しやすく，家族メンバー間の依存と分離の課題が生じること
も考慮した（Haley, 1973）。ミニューチンとの交流もあり，たとえば，子どもの問題に対して，
夫婦関係が利害関係で結び付くような夫婦連合の形成パターンといった見方も用いる。ちなみ
に，この「戦略的」という意味は，クライエントやクライエントが面接場面に持ち込む問題そ
れぞれに対して，特有の問題解決方法を考案する，という意味である。したがって，セラピス
トは，一元的な問題解決の方法を適用するのではなく，クライエントや問題の特徴に応じた，
またはそれを利用したユニークな問題解決方法を創造する必要性が求められる。つまり，実用
的観点から，具体的な問題解決を重視し，逆説的，間接的な介入が用いられる。例として，不
随意に起こる症状や問題を肯定的な側面から再度意味付けを行い，それを家族メンバーと共有
することを通して，症状や問題行動をむしろ意図的，積極的に表出するような方向性を推奨す
ること（症状処方）があげられる。また，ヘイリー（Haley, 1973）は，卓越した臨床家であっ
たエリクソン（M. H. Erickson）の技法や発想を研究することにより，多くの影響を受けた。
とりわけ，利用（Utilization）という考え方は，戦略的家族療法のみならず，後述するブリーフ
セラピーの性格も表している。すなわち，何らかの症状や問題行動，ものの見方などを含め，
クライエントによって心理臨床場面に持ち込まれ，セラピーの肯定的結果に役立ちそうなもの
は何でも利用するという考えである。クライエントの今ある資源やできることといった可能性
を見い出し，時には何かに向かう力を止めるのではなく，その力を活かし方向を変えることを
考える。

4)　ミラノ・システミック・モデル（The Milan Systemic Model）　　ミラノ・システミ

ック・モデルは，ベイトソンのシステム論を参考に，セルヴィニ・パラツォーリ（M. Selvini-
Palazzoli）が，イタリアのミラノの地に家族研究所を設立し，ボスコロ（L. Boscolo），プラタ（G.
Prata），チキン（G. Cecchin）らと共に発展させたモデル（以下，ミラノ・グループ）である。
ミラノ・グループは，神経性無食欲症（anorexia nervosa）の子どもを有する家族への接近法と
して，システミックな方法を取り入れた実践で知られており，彼らの面接構造は，クライエン
トやその家族と面接するセラピストだけでなく，そのセッションを別室で観察するセラピスト
のチームを含めた相互関係を一つのシステムとして面接を行う（Selvini-Palazzoli et al., 1975）
というものである。チームは 4 名で構成され，面接担当が 2 名，観察室に 2 名を基本とし，観
察室にいるチームのメンバーは，単に観察するだけにとどまらず，面接担当との意見交換や，
クライエント，ならびに面接担当のセラピストを含めたシステムに対してフィードバックを行
う。実践においては，仮説化（hypothesizing），円環性（circularity），中立性（neutrality）を
基本としており（Selvini-Palazzoli et al., 1980），クライエントやその家族からの情報に基づい
て仮説を設定し，面接システムの相互のフィードバック・ループを活性化させる（多様な視点
からの情報をつなげる）ことや，セラピストは，クライエントやその家族メンバーいずれに対
しても肩入れせず，中立性を保つことにより面接を進める。介入方法としては，とりわけ肯定

的意味付け（Positive connotation）と円環的質問法（circular question）が知られている。肯定的意味付けとは，これまで問題とされ，否定的に意味づけされている症状やそれに関連する行動について，肯定的に意味づけ，必要なものとして変えないように逆説的な介入を行う。たとえば，子どもの問題行動は，家族の行き過ぎた口論を収束させるために必要不可欠なものであるため，必要な時を見計らって，問題行動を表出した方がよいと思われる，という不変化でいるよう介入するということである。円環的質問法とは，たとえば，母親と父親それぞれに対して，「お子さんは自分の問題について，どう考えていると思いますか？」，「あなたがそのように行動した時，最初に家族の誰がどのように反応しますか。次は……」といったように，他者視点の推測，相互影響過程，関係性やパターンに関する質問を行い，家族メンバー間のふるまいやつながり，関わり方を確認していくことである。ミラノ・グループの革新的な面接構造やその基本姿勢，技法は，その後のポスト・モダンに分類される家族療法の礎を築いた。

　その他，ウィテカー（C. A. Witaker）による体験的家族療法（Napier & Witaker, 1978）では，セラピストが家族を健康な状態や価値観に近付けることや，症状や問題を除去することではなく，「いま，ここ」で体験される家族成員間の情緒的交流や問題解決の取り組みを重視する。セラピストは理論化することにこだわらず，家族の相互交流を促し，新たな体験を共有し，お互いを理解することを通してお互いの成長を目指すという介入を行う。

　以上のように，家族療法がもたらした重要な観点は，病いや症状，病態を個人内に還元し，それそのものの消失や解消のみをセラピーの目標にするのではなく，それらが人と人との間や文脈によって，どのような問題となり，各自にどのような影響をもたらしているのかに関心をもつことである。そして，それらの問題をその問題と関係する人々の間でどのように扱っていくか，という観点から理解されるのである。

(2)　短期療法（Brief Therapy）としての展開

1)　MRI モデル（Mental Research Institute Model）
　MRI モデルは，問題の所在を個人内の諸要因に見い出し，精神世界の探求や洞察を主たる支援の目的とするのではなく，問題を取り巻く人々とのやりとりに着目し，実用的観点から見立てや介入を行うものである。このモデルは，1959 年に米国パルアルトに設立された Mental Research Institute を出自とし，家族を対象としたコミュニケーション研究から発展した。1967 年，同研究所内に，フィッシュ（R. Fisch），ワツラウィック（P. Watzlawick），ウィークランド（J. H. Weakland）を主要メンバーとするブリーフセラピー・センター（Brief Therapy Center）が開設され，効率的，効果的観点から面接回数に制限を設ける取り組みにはじまり，さらなる精緻化されたモデルへと発展した。このような経緯から，コミュニケーションモデルやコミュニケーション派家族療法，ブリーフセラピーとして分類されるが，適用する対象を特定の問題，対象に限定しないため，非常に汎用性の高いモデルである。

　MRI モデルでは，インタラクショナル・ヴュウ（Interactional View）と称される，問題が維持してしまう相互作用に着目する（参考として，若島・長谷川，2018）。すなわち，問題を取り巻く人々のやりとりを通して，お互いがお互いに影響し合う相互作用（相互拘束過程）から構成される一定の交流パターンを把握していく。MRI モデルの見立てに必要とされる，とりわけ重要な情報は，誰が何を問題として認識しているか，そして問題を解こうとして行っている対処行動（解決努力）は何かについて，である。多くの場合，問題が生じれば，それを解決し

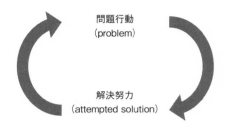

図Ⅱ-6-3　悪循環の相互作用（長谷川（1997）をもとに筆者作成）

ようと何らかの対処行動をとるが，この対処行動は，一般的，常識的，理に適ったものが用い
られることが多い。しかし，そのような対処行動にもかかわらず，問題が解消されない，ある
いはさらにエスカレートするといったことがある。MRI モデルでは，問題を解決，解消しよう
とする対処行動自体が，前述のように奇しくも問題を維持してしまうといった逆説的な相互作
用のプロセスに着目する。問題の維持に貢献してしまう対処行動を偽解決，それによって問題
が維持する相互作用自体を悪循環と呼ぶ。

　介入として，セラピストは，問題が生起する場面のエピソードを丁寧に観察したり，聞き取
ったりすることを通して悪循環を描き，介入課題によって，問題に対する対処行動を異なるも
のへ変える。介入は，主にリフレーミングと行動課題が用いられ，戦略的家族療法と同様，治
療的パラドックスと称される逆説的介入を主とする。時には，問題や症状を否定的で消失すべ
き対象とするフレーム（枠組み）から，それらを肯定的で意味あるものとリフレーミング（再
枠付け）し，あえて問題や症状を出すような介入（症状処方）やその頻度や状況を観察する課
題（観察課題）を出すこともある。先に説明した，二重拘束は，その状況に置かれている人物
が，どのような行動をとっても罰せられる，あるいは否定的な結果につながるコミュニケーシ
ョンによる拘束とみることができる。一方，セラピストがクライエントに用いる治療的パラド
ックスは，クライエントがどのような行動をとっても，その行動を肯定的に意味づけ，セラピ
ストとクライエントの信頼関係を保ちつつ，心理支援を続けることができる。

2）解決志向ブリーフセラピー（Solution Focused Brief Therapy）　　解決志向ブリーフ
セラピー（Solution Focused Brief Therapy：SFBT）は，ド・シェイザー（S. de Shazer）
とバーグ（I. K. Berg）を中心に，ミルウォーキーに開設されたブリーフ・ファミリーセラピ
ー・センター（Brief Family Therapy Center：BFTC）で発展した。創始者の二人は BFTC
設立以前は，MRI の研究員であったことから，MRI モデルから発展しているとみることがで
きる。SFBT は，人の強みや資源に関心をもち，クライエントの関心事やニーズに焦点を当
て，到達可能な目標を設定する未来志向であることや，問題そのものを解決を目的とするので
はなく，セラピストとクライエントの間で現実的な解決像を構築していくことを目的とする
（たとえば，de Shazer, 1985）。また，規則的な相互作用からの逸脱やゆらぎを意味する，例外
（exception）の探索と拡張も，SFBT の特徴を表す主要概念である。具体的には，問題が起こ
りそうで起こらなかったとき，少しでもマシだったときを分析し，例外に関連する諸条件をセ
ラピー場面に持ち込み，解決の構築に利用していく。つまり例外とは，新たに獲得するスキル
ではなく，クライエントの日常に埋もれている既存の小さな変化であり，解決を構築していく
ために必要な欠片であると捉える。

　SFBTでは，工夫されたさまざまな質問が用いられる。それら質問は，クライエント強みや資源を引き出し，例外の探索と拡張や，解決像のイメージ化，目標設定への貢献がなされており，質問というよりも，それ自体が介入の意味をもつことを理解されたい。代表的な質問には，話題の焦点を未来の解決後の状態へ移し，その様子を描写するきっかけを創る，スターティング・クエスチョン「今後，どのようなことが起こったら，今日ここに（セラピーを受けに）相談に来て，よかった，と思えますか」というものや，問題が解消された状況をイメージすることで，現在との違いを導き出すミラクル・クエスチョン「問題がなくなったら今と何が違ってくるか，どのようなことから，問題がなくなったことに気づき始めるか」というものなどがある。また，今の状態や状況に関する問題や解決の程度を数値化し，その差異をもとに，面接を展開させていくスケーリング・クエスチョン「最悪を0点として，理想の状態を10点とすると，今は何点。1点上がったら何が変わるか」というものも使用される（たとえば，日本ブリーフセラピー協会，2019）。SFBTは，ユニークな質問もさることながら，セラピー場面で話題の中心になりがちな問題に関する会話から，ソリューション・トークと呼ばれる解決に関する会話を発展，創造するといった枠組みの転換をもたらしたことこそが多大な貢献と言える。

　以上のように，ブリーフセラピーに分類されるMRIモデルとSFBTは，新たな一支援技法としての発展にとどまらない。これらは，セラピー場面で扱う内容や問題の見方，解決のあり方，セラピストやクライエントの存在とその関係性に至るまで，いわゆる心理支援として一般的に受け入れられ，自明のことや常識とされる多くの既存の枠組みに疑義を唱え，そこから脱却し，新たな枠組みで再構成したものと言っても過言ではない。しかし，その根底にはクライエントに対する敬意と尊重，人間に対する深い観察，そして効率的，実用的であろうとする一貫した哲学が存在する。

●面接の実際

　システミック・アプローチを用いた事例から面接の実際について説明し，実践に関する理解を深めていきたい。クライエント（CL）は，40代の母親であり，来談時中学2年生の子ども（女性，IP）の不登校の問題で相談機関を訪れた。事例は，個人情報保護のため，趣旨を損なわない程度に修正している。

(1) #1（初回面接）

　初回面接は，母親（CL）のみで来談した。面接の電話予約の際に，CLは「本人を連れていきたいのですが，行かないと言っています。話し合いになりません。私だけでもよいでしょうか」と確認した上で来談した。家族構成は父親，母親（CL），IP（長女），妹の4人家族である。CLは，ハキハキと話し，少し警戒したような様子でセラピスト（Th）の出方をうかがっているような印象であった。Thが相談内容について尋ねると，CLは早口で以下のように話した。5月ころからIPが学校に行かなくなった。中学に入ってから，潔癖の症状がひどく，長時間の入浴や一日に何回も手を洗う様子が見られた。1年生の3学期に担任の先生からリストカットをしているという連絡があり，担任の勧めでスクールカウンセラーに相談をしていた。それでも，1年生の時は学校に行けていた。2年生になると，新しい担任の先生に変わり，リストカットをしていることについて先生から注意されたことに怒って，帰宅したことがあった。

IP は「母親（CL）は妹をかわいがり，自分にはきつく当たる。母親（CL）に怒られたときにリストカットをしてしまう」とスクールカウンセラーに話していたようだ。その頃から，朝起きられなくて欠席することが増え，徐々に昼過ぎに起きてくるようになった。このままではいけないと思い，朝，IP の部屋に入り，本人を叩いて起こし，学校に行くよう声をかけている。最近，日中は部屋にこもり，夕食は家族一緒にとるが，それ以外はずっと部屋にいることが多い。学校のことを聞いても，IP に「うるさい」と言われるだけで，話し合いにならない。

Th が「潔癖」について尋ねると，IP は父親が触れたものは一切触れず，父の部屋にも入れない。最近では，妹や CL が触れたものも嫌がるようになった。IP は，一度部屋を出る必要があると，その後 20 分くらい手洗いをして，家族共用のタオルも触れられないため，手を濡らしたまま部屋に戻る。入浴も 1 時間半くらい入っているときもあるようだ。CL は「感情的になって，「こんなこともうやめなさい」と怒鳴ることもあります。このまま学校も行かず，自分の部屋に引きこもり，リストカットを続け，お風呂に何時間も入る生活をしていたら，あの子はどうなってしまうのかと思う。家族としてもどう接したらいいかわからない」と話し，疲労困憊している様子であった。

Th は，これまでの CL の苦労をねぎらい，「お話しいただいた問題が，今後どうなったら，ここで相談してよかった，と思えますか」と尋ねた。CL は「リストカットや強迫症状が少しでも落ち着いたら。それと少し落ち着いて話ができたら」と答える。Th は，「今後，ご家族がご本人にどのように接していくことが双方にとってよいのかを一緒に考える上で，お願いしたいことがあります。お母様に宿題を出したいのですが，できそうですか」と確認した上で，「娘さん（IP）は，普段，あまり状態がよくないときもあれば，少しでも落ち着いていられるときがあると思います。また，お母様ご自身（CL 自身）が，娘さん（IP）とのやりとりで，つい口論になってしまうこともあると思いますが，少しだけでも落ち着いて話せることがあると思います。次の面接までに，どちらもあると思いますので，お互いのやりとりについて観察して教えていただけますか。もちろん，お母様（CL）ご自身がどのようなことを言ったのかも含めてです」と伝えた。

（2）#2 〜 #6

CL は，まず観察の結果について話した。IP は普段は父のことを嫌っているのに，お金を要求する時だけ，自分から話しかけるが，それ以外は完全に父を無視していること，親が「こうしなさい」と言うときに，妹は「わかったー」とすぐ理解するが，IP は「じゃあこうして」とか「なんでこれはこうなの」とか反論してくるため，IP とはつい口論になり，「妹にばかり甘い」と言ってくることが話される。加えて，以下のことが語られた。IP は最近とても荒れていて，完全に昼夜逆転，夜中に長時間お風呂の音がするため，私も寝られずに困っている。先日，父が本人の部屋に誤って足を踏み入れたら，部屋を消毒したいと大騒ぎして，家のベランダから飛び降りようとしたことがあった。CL がそれに気づき，慌てて IP を止めたが，その後 CL が IP の体に触れてしまったため，お風呂にずっと入っていたようだ。しかし，IP 本人から，「辛い」という訴えがあり，CL と一緒に病院を受診した。処方された薬は効かなかったが，二人で一緒にいる時間ができた。それから，IP が「うさぎを家で飼いたい」と言ってくれた。CL は，ここ数日の出来事を通して，「IP は自分で自分を抑えられないくらい辛い状態なのかもしれない。多くは話しませんでしたが，こんなに IP と一緒にいる時間は久しぶりだった」と話す。

Th は，受診するまでに至った出来事と CL の苦労について言及した上で，「今，お話しされたように，IP の強迫的な行動や感情的な言動は，IP 自身でも制御できず，誰より IP 自身が苦しみ，そうせざるをえないように私は思いました。その意味で，今の強迫的な症状への対処行動は，今の IP を支えるために必要な部分があるのではないでしょうか。そのような視点から，IP の今の状態や強迫的な言動を見たときに，家族として，どのようなことができそうでしょうか」と質問し，Th と CL で話し合い，お風呂や手洗いの時間を本人と相談して決める事，さらに，それができたらうさぎを飼うという約束をすることを今後の方針とした。また，CL が心理面接を受けていることについて，IP が気にしていることが話された。Th は「当然，何を話しているか気になると思います。CL 自身のことを話していること，「おもしろいよ」といったように，この面接の感想を話すのはどうでしょうか。もちろん，つまらなかったら，そう言わなくてもよいのですが……」と伝えると，CL は「無理に連れてこないようにしますが，そういう話題になったときに話してみます」と返した。

　次の面接から，次第に CL は少しだけ明るい表情で話すことが増えていった。その理由として，IP が今後を見据えて，学校に行きたいと言い始めたこと，お風呂は 1 時間に設定し，それが 2 週間実行できたため，うさぎを飼ったという出来事が話された。最初は動物も触れられないのではと心配したが，IP は頑張って世話を続けている。その世話もあってか，少しずつ現実に目が向くようになった。CL が，なるべく IP の話を聞くようにしていると，IP から学校の話をするようになり，さらに，CL がこの心理面接のことを話すと，IP も「話したいことがあるので私も行きたい」と言ってきたようだ。Th は，別な担当者（Th2）を付け，次回に来談を待っていることを IP に伝えてもらうように CL に伝えた。

　その後の面接には，CL と共に IP も来談することが続いた。IP に対しては Th2 を担当として付け，母子の並行面接を行った。CL は，最近の IP について「学校に行くために，私（CL）や妹が触ったものに頑張って触れてみると言い出し，嫌がりながらも，何とか触れるようになってきた」と話した。Th は，IP の変化に驚きと関心を示し，どうしてそのように変わってきたのかについて，CL に尋ねると「IP の物に触れられないことにきつく言うことをせず，IP の言い分を聞くようにしている」というかかわりの工夫が報告される。

　一方，IP は，Th2 に対して，自分以外の人が触ったものが全部汚く感じてしまうこと，小学生の頃，母が妹ばかりかわいがっていることに耐えられなくなってきて，徐々に家族が触ったものにも触れられなくなったことについて話す。その一方で，学校には行きたい気持ちがあること，最近は，触れないことに母からきつく言われなくなったことから，リストカットはしてないこと，お風呂は頑張って短くしているといったことも話される。

（3）#7 〜 #10

　CL は，IP の大きな変化として，行事のときだけ学校に行くと言い出したこと，さらに，それに伴い，朝どうやって起きるかを二人で話し合い，CL が 3 回まで起こすということになったことを話した。CL は，「IP なりに病気を克服しようと頑張っているんだなと気づいて，私も少し協力してもいいかと思えるようになった」と話す。Th は，「急によくなっているように思いますが，CL も IP もこの変化に疲れてしまうのではないか心配しています。CL から IP へ「ちょっと頑張り過ぎじゃないか」とお伝えしてもよいと思います」と伝える。CL は，高校進学も考えているようなので，IP の人生だし，私からあれこれ言わないようにしていること，以

前よりも話ができるので，疲れたら言ってくれると思うといったことが話される。また，最近は妹とも楽しそうに話していることも増えてきたことも付け加えた。

　Th2 と IP の面接では，IP は行事だけのために学校に行ったこと，友達にも会いたいし，高校にも行きたいといったことが話される。さらに，最近，母や妹が触ったものに頑張って触るようにしているが，それほど気分が悪くなることが減ってきていること，少しずつ気持ち悪くなくなってきた気がすること，母が最近私に怒らなくなった気がして，見放されたのかと思うこともあるけど，自分のペースでできるからいいかと思うことが話される。Th2 より〈IP にとって自分のペースで過ごすということが大事。今頑張っていることを自分のペースで続けてほしい〉と伝える。

(4) #11 〜 #13

　CL は，IP が「今なら大丈夫な気がする」と言って，CL にハグを求め，それに応じた最近の出来事を話し，「久しぶりに A に触れることができて，涙が出た」と感想を述べた。さらに，この出来後から CL の思いが話された。IP は小学校の高学年くらいのときから，突然抱きついてくることがあったが，私は「もう大きいのに何でだろう」と思って，適当にあしらっていた。自分自身があまり母親に甘えた記憶がないため，IP のそういった態度がよくわからなかったが，IP はずっとそれを求めていたのかもしれない。学校は IP が行くと決めた日に行き，その時は，担任に個別に勉強をみてもらっていることが話される。

　IP との面接では，以前に Th2 に言われた「自分のペースでやる」ということを思い出し，自分のペースでできる通信制の高校に進学を考えていること，学校の制服を着るのが最近苦ではなくなってきたこと，父親の触ったものも時間がたてば嫌じゃなくなることもあるのではないかという思いが話された。

　その後，IP は通信制高校に入学し，強迫症状を多少抱えつつも，日常生活が送れる程度になった。また，CL から，IP を含め，家族で IP の問題を話し合えるようになり，何とかやっていけそうだ，という報告があったため終結となった。

●事例と面接過程の理解

　事例と面接過程を理解するため，これまで説明した理論や方法論をもとに，平易な表現を用いて説明したい。なお，事例は多様な観点から説明することができるが，導入期（初期），中期，後期の三つに時期に分け，SA の特徴のいくつかを強調した説明を行う。

(1) 導入期（初期）――誰を窓口するか，目標設定，情報収集について

　本事例では，IP の問題について，まずは CL のみが来談し，その後，親子並行面接を行った。システミック・アプローチ（以下，SA と記載する）では，家族合同面接を行い，面接の場で家族のやりとりに Th が介入していくことや，家族が揃って面接に来ること，あるいは誰がどのように誘い，他の家族成員を連れてきたのかといったプロセス自体を重視する場合もある。しかし，本事例のように問題とされる本人が来談できないというケースは稀ではなく，CL が疲弊していたり，子育てに関する自責感を抱いていたりする場合もある。そのため，連れて行こうとするが行かないといやり取りや，そのやり取り自体が，IP に対して「IP が問題で変

わる必要がある」という意味が伝達され，関係が悪化し，CL のさらなる無力感を助長したりする嫌いもある。仮に無理やり連れてきたとしても，葛藤的で話し合いにならなかったり，相談意欲に乏しかったりする場合もある。したがって，Th は，まず問題意識を強くもつ CL との信頼関係を築き，励まし，CL を窓口として IP や問題と関連する相互作用に働きかけていった。このことは，システム内の，一部の相互作用の変化は，他の相互作用に波及すると考えるので，その時の状況に応じて，Th が問題解決にとって重要と思える人物，つまり誰を窓口にして面接を進めるかを選択すると考える。その際，来談した CL の要望や意味付けが必要であること，さらには，来談したクライエントが，その面接後の日常に何を持ち帰るのか，どのように問題場面で振る舞うか，といったことを常に考える必要がある。とりわけ，後者においては，SA を用いた個人面接を行う場合は特に重要な視点である。端的には，Th は，目の前にいる CL を大切にしながらも，その奥に広がる，CL が日常で関わる人々との相互作用からなるシステムをイメージすることが必要である。この観点と共に，まずは誰が何を問題としているのか，ということを把握する。本事例においては，初期の段階で，母親が娘の不登校や強迫行動，事象等を問題としているため，母親は CL であり，問題を呈している人である IP は娘ということになる。本事例は CL と IP の関係がわかりやすいが，たとえば，CL が IP を連れてきた場合でも同様である。CL は問題意識をもっているが，IP は自分自身に問題があり変わる必要があると思っているか定かではない。この段階で Th が，IP に変わってもらうような方向性で面接を続けても，上手くいかないどころか，IP は面接から足が遠のくことになるかもしれない。CL と IP を明確にすることで，どのような設定や文脈で面接を進めればよいかのヒントが得られる。

　次に，一般的な流れとしては，面接の目標を設定していく。言い換えれば CL のニーズを明確にする。この事例では，紹介面接で CL が述べた，IP のリストカットや強迫症状が少しでも落ち着くこと，IP が落ち着いて話ができること，ということになる。SA では，目指すべき状態や望ましい人間やシステムのあり方というものを持ち合わせていないため，CL の主訴やニーズに即して，面接を進めていく。なお，CL からこのような目標が出てこない場合は，Th から提案することや時間をかけることがあってもよいが，ここで設定する目標は Th と CL が協力して進んでいくためのものであると共に，CL が抱く解決像のイメージにも寄与するためにも必要となる情報である。そのため，当然のことながら，到底到達することができないような目標を設定した段階で，その面接は上手くいかない方向に進み始め，Th に対する信頼を失うことにつながりかねない。

　多くの情報は問題を紐解く上で有益であるが，その情報の中に問題の維持にとって必要な情報が含まれているか否かが鍵となる。SA では，①CL や IP が問題をどのように捉えているかについての情報，②その問題に対して，本人や周囲の人々がどのように関わっているか，その言動とは何かといった，その問題を解こうとして行われている解決努力に関する情報（悪循環），③その問題が生起しないときや少しでも落ち着いているとき（例外（exception）と呼ばれる良循環）に関する情報が必要不可欠であり，これらをもとにどのように問題が維持しているのかを見立てる。この事例においては，まず，CL は，IP の問題となる行動を止めさせるべく，叩いて起こす，学校のことを聞く，感情的に洗浄行為をやめるよう怒鳴る，といった対処行動を行っていることがある。そして，この前提には，学校に行くことやお風呂，手洗いの時間，ふさぎ込むことといった IP の問題は，少なくとも IP 自身の意思によって，ある程度まで

制御やコントロールが可能な問題として CL が認識していることがうかがえる。また，初回面接で Th が CL に出したように，悪循環や良循環の探索を目的とした観察課題から情報を収取していくことも多い。ちなみに，観察課題は上記の意味もあるが，自分の言動を踏まえて観察すること自体が介入にもなりうるという意味も有する。とりわけ，問題が深刻であったり，葛藤的であったりする場合は，CL の思考や視野が狭窄し，問題の良し悪しの程度に気づかなかったり，自分自身の言動には注意が向かないことが多い。その点，観察課題は自他の相互作用を観察するという意味で，観察する者を，自他の振る舞いを俯瞰するような，より上位の視点（メタな視点）に持ち上げることがある。これらの前提には，目標の設定や観察課題には，実際に創意工夫を行い日々の困難に向き合い問題を解決する主体は，クライエント自身に他ならない，と考えられるため，CL やその家族の力を信じることも必要である。

（2）中　　期──枠組みの変更と共有，二次変化，例外の拡張

　面接の進行と共に，CL は観察から得られたさまざま出来事や思いを語ってくれた。特に，IP の昼夜逆転や風呂場に長時間いること，さらにはベランダから飛び降りようとするエピソードは特徴的であった。しかし，そのエピソードには，始まりもあれば終わりもあり，さらに CL の解釈も含まれる。始まりは，父親が IP の部屋に足を踏み入れたことであり，それによって IP が感情的になり，母親が押さえ，それによって風呂場にこもることになったが，その後，IP は CL に自身の辛さを訴え，CL と共に病院を受診している。さらに，CL は，この一連の出来事から，IP の問題を IP 自身でも抑えられないほど辛いことではないか，という気づきを得ている。この CL の語りから，Th は，IP 自身がコントロールできる問題という理解から，IP はコントロールできない問題で自分自身も苦しみ，IP の行っている行動は，そうせざるをえない理由から生じているのではないかという，新たな枠組み（フレーム）を提案している（リフレーミング）。そして，この新たな枠組みは，CL の気づきを後押しするように働き，CL はその枠組みを受け入れ，その枠組みに沿った話し合いが展開している。さらに，うさぎを飼いたいという IP の要望は，IP の主体性を尊重し，お互いが話し合って物事を進めるという，親子関係を規定しているルールの変更，つまりシステムの二次変化につながっている。このエピソードが語られる以前は，CL は IP の問題を改善させようと CL が主導的に関わっていた。しかし，このうさぎを飼うという話題を起点として，うさぎの世話，風呂の時間，学校へ登校することや進路のことなど，IP の主体性を尊重した関わりへと変わり，親子で話し合って決定するような変化がみてとれる。中期では，IP の肯定的な変化が生じているが，IP の主体性を尊重した関わりが功を奏しており，これを例外と捉えることができる。それには CL の IP に対する，日々の関わりが深く関わっているため，その例外を拡張すべく，Th は CL の関わり方を尊重し，支持する方向性で面接を進めていった。

（3）後　　期──パラドックス，CL 自身で問題を扱えるという感覚の醸成

　後期に入ると CL から IP の肯定的なエピソードが報告されるようになった。それを受けて，Th は，CL に対して，IP へ「ちょっと頑張り過ぎじゃないか」というメッセージを送ることを提案しているが，これはパラドキシカルなメッセージを含むリフレーミングを意図している。つまり，IP のさまざまな肯定的な変化について，"頑張りすぎ"というフレームにより再枠付けし，それを CL から IP に伝えることで，今後，IP が再度不安定な状態になったとしても，CL

と IP とのよい関係を保持しつつやり取りできるメッセージとなる。このように，システミック・アプローチでは，Th と CL との関係のみならず，さまざまな関係でパラドキシカルなメッセージを多用する。実際の心理面接の過程では，右肩上がりで問題が改善さることは少なく，良し悪しを繰り返しながら進んでいく。そのような中で，パラドキシカルなメッセージは，CL あるいは IP の良し悪しに振り回されずに，起こりうる出来事を肯定的に意味づけ，特に Th と CL，CL と IP との信頼関係を保ちつつ，心理支援を続けることを可能とする。

　さらに，心理支援においては，CL 個人や家族の自律性，問題解決の力を尊重し，それらを促進できたかどうかが重要なポイントとなる。システミック・アプローチでは，問題自体が軽減されたり，解決されたりすることだけでなく，CL や家族，問題を取り巻く周囲の人々が，その問題を理解し，自分のものとして受け入れ，自分たちでその問題を扱うことができるか，といった観点を含めた理解が必要となる。本事例においては，CL から，"IP を含め，家族で IP の問題を話し合えるようになり，何とかやっていけそうだ" という報告がこれにあたる。

●現代における社会的意義と課題（領域，テーマ，問題）

　システミック・アプローチは，適用する対象を特定の問題や対象に限定しないため，教育や医療，福祉，司法・矯正といったさまざま領域での実践が報告されている（たとえば，狐塚・若島，2016；板倉ら，2018）。さらには不登校やひきこもり，児童虐待，大規模災害など，現代社会で注目される諸問題にもアプローチできる（たとえば，若島，2019）。

　たとえば，児童虐待の問題に対し，解決志向ブリーフセラピーをベースとしたサインズ・オブ・セーフティ・アプローチ（菱川ら，2017）は，子どもと家族，援助者の関係性を重視し，家族と共に子どもの安心や安全の構築を目指す家族再統合プログラムの一つであり，児童虐待の問題においてもっとも多く利用されている（千賀，2019）。さらに，児童相談所がさまざまな理由で，被虐待児を保護，または家族に介入したケースに対し，再度，被虐待児が家族に戻る，もしくは家族と共に生活しながら，家族として機能できるように心理療法的介入を行うという家族再統合プロジェクト（たとえば，若島ら，2011）では，システミック・セラピーを援用し，外部機関としての援助の利点やラポール形成に関する工夫，保護者が問題であるという視点ではなく援助すること，子どもの気質や発達，ステップファミリーとしての家族関係の発達の視点を重視し，適用した事例やそのエッセンスを紹介している。

　さらに，大規模災害においては，個人，集団，コミュニティの多層的な水準において，システミック・アプローチをベースとした実践が報告されている（参考として，長谷川・若島，2013，2015）。ここでは，デシ（E. Deci）が示したこころの基本的ニーズである自立性，有能感，関係性を尊重し，避難所や支援チーム，被災者家族や組織に至るまでのさまざまシステムの自己組織性を信頼し，それを活性化することを基本理念として，避難所や仮設住宅，在宅避難者，地方自治体や行政機関への支援を展開している。ASD，PTSD 様の症状や悲嘆といった問題を呈する被災者との面接にも適用され，その実践例も報告されている（参考として，狐塚・若島，2015）。このように，本邦における実践では，適応する領域や対象に応じて，システミック・アプローチのエッセンスを部分的に選択し，柔軟に修正して使用していると思われる。しかし，そのベースには，システミックなものの見方や考え方，人や集団の強みや資源をいかに活用するか，という理念が根付いており，その認識論をもとにさまざまな対象や問題に適用している

と言える。

　次に，2017年9月15日に「公認心理師法」に基づき誕生した公認心理師は，日本初のこころの専門家として国家資格化された心理職であり，多岐にわたる領域で活動できる汎用性と領域横断性を特徴としている。さらに，多職種連携として，心理支援を要する者に対して他の関係者等との連携による支援も強調される。板倉ら（2018）は，システミック・アプローチの観点から，多職種からなるチームを一つのリソースとして扱い，誰（どの職種）の意見として，誰からどのように伝えるか，といった介入ルートの工夫によって，受け手に与える影響が異なることを指摘している。たとえば，身体的な問題を強調したい場合は医療従事者から専門性を強調する，児童虐待で保護した子どもの保護者と児童相談所職員の話し合いが上手くいかないのであれば，心理職がその間に介在するなど，誰がどのように関わるかも含め，受け手に与える影響は異なる。このように，システミック・アプローチでは，クライエントと問題，そのクライエントや問題が埋め込まれた文脈，そしてそれらを取り巻く人々の情報の流れ全体をセラピーの対象とする。そこでは自分自身の振る舞いを含めて，メタレベルの（より上位の）観点から現象を把握することが必要とされる。そのような中で，誰が前面に出るか，後方支援に回るかといった，その状況での自分自身の振る舞いも含め，援助システムが機能するために必要なアプローチが求められる。よって，システミック・アプローチは，多職種の専門性を尊重しつつも，情報を共有し，共通の目標に向かうために必要な，チーム全体の動きを考慮したアプローチにも貢献できよう。

　近年の家族療法の動向として，カップルや家族内で起こる問題を，それら取り巻く上位の社会的文脈や社会的公正の視点から理解し支援することが提案されている（参考として，布柴，2020）。家族は，子育て，教育，働き方など，所属する文化や社会システムの構造，規範や価値観に影響されるが，それは家族がオープンシステムとしての特徴をもつ故である。布柴（2020）が性やジェンダーを背景とする暴力（Sexual and Gender Based Violence）の支援に社会的文脈や社会公正を考慮することの必要性を指摘するように，個人や家族の諸問題を支援することにおいても，社会システムも含めた理解が必要である。

　さらに，欧米を中心にエビデンスに基づく臨床的介入モデルも発展している。たとえば，反社会的行動や深刻な感情障害を呈する青年とその家族を対象とするマルチシステミックセラピー（Multisystemic Therapy: MST）や非行や暴力，薬物使用等の外在化問題や不適応行動を呈する11歳から18歳までの青年とその家族を対象とした治療プログラムである機能的家族療法（Functional Family Therapy: FFT），青少年の薬物乱用や行動問題を個人や家族関係，社会システムの水準で介入する多次元的家族療法（Multidimensional Family Therapy: MDFT）といった洗練されたアプローチが展開している（Thoburn & Sexton, 2016）。

　総じて，システムミック・アプローチは，こころの問題を関係性や文脈とのつながりの中で理解し，アプローチするための認識論と方法論であり，クライエントを主体としながらも，セラピーをスリム化し，実用的で，効率的，効果的であろうとする理念をもつ。本稿を通して，システミック・アプローチを理解する一助となれば幸いである。

　さいごに，システミック・アプローチをより深く，体系的に学ぶための著書として，日本家族研究・家族療法学会（2013）の『家族療法ハンドブック』と日本家族心理学会（2019）の『家族心理学ハンドブック』を参照されたい。

引用文献

Bateson, G.（1972）. *Steps to an ecology of mind: Collected essays in anthropology, psychiatry, evolution, and epistemology.* The Chicago: University of Chicago Press.（佐藤良明（訳）（2000）. 精神の生態学　第2版　新思索社）

Bateson, G.（1979）. *Mind and nature: A necessary unity.* London: Wildwood House.（佐藤良明（訳）（1982）. 精神と自然　思索社）

Bateson, G., Jackson, D. D., Haley, J. & Weakland, J.（1956）. Toward a theory of schizophrenia. *Behavioral Science*, **1**, 251-264

de Shazer, S.（1985）. *Keys to solution in brief therapy.* New York: W. W. Norton.（小野直広（訳）（1994）. 短期療法　解決の鍵　誠信書房）

Gergen, K. J.（1999）. *An invitation to social construction.* London: SAGE Publications.（東村知子（訳）（2004）. あなたへの社会構成主義　ナカニシヤ出版）

Haley, J.（1973）. *Uncommon therapy: The psychiatric techniques of Milton H. Erickson, M.D.* New York: W.W. Norton.（高石　昇・宮田敬一（監訳）（2001）. アンコモンセラピー─ミルトン・エリクソンのひらいた世界　二瓶社）

Haley, J.（1976）. *Problem-solving therapy: New strategies for effective family therapy.* San Francisco: Jossey-Bass.（佐藤悦子（訳）（1985）. 家族療法─問題解決の戦略と実際　川島書店）

長谷川啓三（編）（1991）. 構成主義─ことばと短期療法　至文堂

長谷川啓三（1997）. 家族内パラドックス　第5刷　彩古書房

長谷川啓三・若島孔文（編）（2013）. 震災心理社会支援ガイドブック─東日本大震災における現地基幹大学を中心にした実践から学ぶ　金子書房

長谷川啓三・若島孔文（編）（2015）. 大震災からのこころの回復─リサーチ・シックスとPTG　新曜社

菱川　愛・渡邉　直・鈴木浩之（編）（2017）. 子ども虐待対応におけるサインズ・オブ・セーフティ・アプローチ実践ガイド─子どもの安全（セーフティ）を家族とつくる道すじ　明石書店

Hoffman, L.（1981）. *Foundations of family therapy: A conceptual framework for systems change.* New York: Basic Books.（亀口憲治（訳）（1986）. システムと進化─家族療法の基礎理論　朝日出版社）

板倉憲政・狐塚貴博・野口修司・森川夏乃・駒場優子（2018）. 公認心理師時代におけるブリーフセラピーの貢献　日本ブリーフセラピー協会（編）　Interactional Mind XI　北樹出版　pp.58-70.

Jackson, D. D.（1977）. The study of the family. In Watzlawick, P. & Weakland, J. H.（Eds）. *The interactional view: Studies at the Mental Research Institute, Palo Alto, 1965-1974.* New York: W.W. Norton. pp.2-21.

狐塚貴博・若島孔文（2015）. 学校トラウマへの支援─SCができること　子どものこころと学校臨床，**13**，26-33.

狐塚貴博・若島孔文（2016）. 解決の物語から学ぶブリーフセラピーのエッセンス─ケース・フォーミュレーションとしての物語　遠見書房

マルヤマ・マゴロウ（1987）. セカンド・サイバネティクス　北川敏男・伊藤重行（編）システム思考の源流と発展　九州大学出版会

McGoldrick, M., Gerson, R. & Shellenberger, S.（1999）. *Genograms: Assessment and intervention.* 2nd ed. New York: W.W.Norton.（石川　元・佐野祐華，・劉イーリン（訳）（2009）. ジェノグラム（家系図）の臨床─家族関係の歴史に基づくアセスメントと介入　ミネルヴァ書房）

McGoldrick, M., Preto, N. G. & Carter, B. A.（2016）. *The expanding family life cycle: Individual, family, and social perspectives.* 5th ed. Boston: Pearson.

Minuchin, S.（1974）. *Families & family therapy.* Cambridge : Harvard University Press.（山根常男（監訳）（1984）. 家族と家族療法　誠信書房）

Napier, A. Y. & Witaker, C. A.（1978）. *The family crucible.* New York: Harper & Row.（葵橋ファミリー・クリニック（訳）（1990）. ブライス家の人々─家族療法の記録　家政教育社）

日本ブリーフセラピー協会（編）（2019）. Interactional Mind XII　北樹出版

日本家族研究・家族療法学会（編）（2013）. 家族療法テキストブック　金剛出版

日本家族心理学会（編）（2019）. 家族心理学ハンドブック　金子書房

布柴靖枝（2020）. 性やジェンダーを背景として生じる暴力　家族心理学研究，**33**，118-122.

Selvini-Palazzoli, M., Boscolo, L., Cecchin, G. & Prata, G.（1975）. *Paradosso e controparadosso.* Milano: Feltrinelli.（鈴木浩二（監訳）（1989）. 逆説と対抗逆説　星和書店）

Selvini-Palazzoli, M., Boscolo, L., Cecchin, G. & Prata, G.（1980）. The problem of the referring person. *Journal of Marital and Family Therapy*, **6**(1), 3-9.

千賀則史（2019）. 家族で発生する心理的危機─虐待と親子関係の修復　河野荘子・金子一史・清河幸子（編）こころの危機への心理学的アプローチ─個人・コミュニティ・社会の観点から　金剛出版　pp.113-124.

Thoburn, J. W. & Sexton, T. L.（2016）. *Family psychology: Theory, research, and practice.* California: Praeger.（若島孔文・野口修司（監訳）（2019）. 家族心理学─理論・研究・実践　遠見書房）

Von Bertalanffy, L.（1968）. *General system theory: Foundations, development, applications.* New York: George

　　Braziller.（長野　敬・太田邦昌（訳）（1973）．一般システム理論—その基礎・発展・応用　みすず書房）

若島孔文（編）（2007）．社会構成主義のプラグマティズム—臨床心理学の新たなる基礎　金子書房

若島孔文（2018）．第8章　システミック・アプローチ　野島一彦・岡村達也（編）公認心理師の基礎と実践3　臨床心理学概論　遠見書房　pp.99–112.

若島孔文（2019）．短期療法実戦のためのヒント47—心理療法のプラグマティズム　遠見書房

若島孔文・長谷川啓三（2018）．新版　よくわかる！短期療法ガイドブック　金剛出版

若島孔文・長谷川啓三・狐塚貴博（2011）．東北大学臨床心理相談室における家族再統合プロジェクトについて　東北大学大学院教育学研究科臨床心理相談室紀要，**9**，17-20.

Watzlawick, P., Bavelas, J. B. & Jackson, D. D.（1967）．*Pragmatics of human communication: A study of interactional patterns, pathologies, and paradoxes.* New York: W.W. Norton.（尾川丈一（訳）（2007）．人間コミュニケーションの語用論—相互作用パターン，病理とパラドックスの研究　第2版　二瓶社）

Watzlawick, P., Weakland, J. H. & Fisch, R.（1974）．*Change: Principles of problem formation and problem solution.* New York: W.W. Norton.（長谷川啓三（訳）（2018）．変化の原理—問題の形成と解決　法政大学出版局）

Wiener, N.（1948）．*Cybernetics, or, Control and communication in the animal and the machine.* Paris : Hermann.（池原止戈夫・彌永昌吉・室賀三郎・戸田　巌（訳）（2011）．サイバネティックス—動物と機械における制御と通信　岩波書店）

コラム⑪ 心理臨床における終結

「始まりのあるものにはすべて終わりがある」と言われるように，「出会い」に「別れ」は避けられず，私たちは人生の中で何度も「出会い」と「別れ」を繰り返しているのだろう。心理療法においても，セラピストとクライエントという「出会い」には遅かれ早かれ「別れ」がやって来る。

これまで，終結をあまり体験していない筆者は，予期しない中断に不安を感じつつ，始めることしか考えていなかったような気がする。数年の臨床経験を積んだ今，クライエントと心理療法の終わりについて話し合ったり，終わりのない主訴を抱えるクライエントに出会ったりなどといった体験をし，心理療法の終わりやクライエントとセラピストの別れについて考えてみたいと思った。また，クライエントと心理療法を終わることについての話し合いを避けてしまうあまり，十分に別れの作業に取り組むことなく終結に至った経験から，別れることが自身にとって不得意だと感じたこともきっかけの一つである。そこで，この機会に，クライエントにとっての別れの体験について考え，望ましい終結のあり方について探求したい。

依拠する学派によってどのように考えるかは異なるかもしれないが，心理臨床における終結とは単なる終わりではなく，大切な機能をもつ重要な課題と考えられるだろう。特に，精神分析では，フロイト（Freud, 1964）の「終わりある分析と終わりなき分析」が広く知られるように，古くから終結が注目され，議論がなされてきた。終結は，クライエントにとって（セラピストにとってもだが）重要な他者を失う喪失体験や離別体験であり，痛みや悲しみを伴う体験であると考えられる。特に，クライエントはセラピストからの拒否感や見捨てられる不安から怒りを抱いたり（Martin & Schurtman, 1985），セラピストとの別れがこれまでの喪失体験と結びつき（Levinson, 1977），悲しみや抑鬱感を体験したりするなど，心理療法の終結に際してクライエントはさまざまな負の感情を抱くと言える。一方，クライエントにとって終結は，これまでの面接を振り返り，それを通じて得たものをより確固にする大切な機会（Roe et al., 2006），心理療法によって得られたことを自分自身の中に取り込む変化成長の機会（Quintana, 1993）であるともされている。さらに，終結はクライエントが心理療法を通じて得た体験を「将来さらに実を結び豊かなものにするか，時には引き裂かれ，見捨てられたという外傷的な体験にするのかという岐路にもなる」と指摘されている（穴井，2011）。では，クライエントが心理療法を終えて，その後の人生をより円滑に歩み出すために，終結の過程で大切なことは何であろうか。

そもそも，心理療法において，終結の過程はさまざまだろう。たとえば，終結について話し合いを重ね，別れを迎えることもあれば，いつの間にか終結となることもあるだろうし，セラピストの事情（転居や病気，妊娠など）や，クライエントの事情（進学や転居，病気など）によって終わりを迎えることも少なくないだろう。また，教育機関で心理療法を行う場合のようにあらかじめ終わりの時期が決まっていることや，短期療法のように終わりを迎えるまでの回数が決まっていることもあるだろう。このように終結の過程は多様であるため，終結の作業に取り組むにあたり，セラピストには柔軟さが求められるが，セラピストが心得ておくべきポイントはいくつかあげられるだろう。

杉原（2015）は終結の作業として①終結を話題にし，終わることへの合意を形成する，②終結についてのクライエントの思いや気持ちを探索する，③心理療法の経過を振り返る，④終結後の生活をイメージする，という四つのポイントを指摘しながら，終結の際に生じる特有の課題として，治療関係の解消とそれに伴うクライエントの感情的な問題への取り組みをあげている。さらに，この一連の作業を通して，クライエントは，心理療法が終わることを自覚し，その終結を受け入れ，セラピストから独立し，自立した自分を確認し，希望を抱きながら心理療法のない生活に踏み出すイメージをもつことができるのではないかとしてい

る。杉原（2015）の論をもとにすると，終結は終わりというよりもむしろ「新たな出発の時」であることを強く感じる。心理療法が終結だけで成り立つ訳もなく，それまでの過程があってこそ終結があるのだが，終結の過程は，クライエントが新たなスタートを切ってより豊かに生きていく上で大切であるのは間違いないだろう。

　また，穴井（2011）は，終結の作業において，治療者とクライエントが「二人で」治療を終えることの重要性を指摘している。自身にとって初めてのクライエントとの別れの作業を振り返ってみると，終結に際してしなければならないことや自身の伝えたいことが To Do リストのようになってしまい，とても一方的に終わってしまったと感じる。穴井（2011）に指摘されるように，筆者は一方的にではなく，クライエントとのそれまでの体験を振り返りながら，クライエントの思いに耳を傾け，一緒に別れの作業に取り組むことが何よりも必要であったのだと思う。その意味で，終結に際してセラピストは「これをしなければ」と型にはまるのではなく，目の前に存在するクライエントとのやりとりを大切にすることは忘れてはいけないだろう。

　最後に終結の目安について考えたいと思う。終結に関する問題として「早すぎる終結」や「遅すぎる終結」が議論されていることからもわかるように，何をもって終結とするのが妥当かという問題は常にセラピストを悩ませており，確固とした答えがないものである。終結の目安としてもっとも望ましいのは，クライエントの内的な変化と共にクライエントの主訴（表面的な問題）が解消され，それらをセラピストとクライエントが共有できていることだと考える。しかし，実際には，セラピストやクライエントが心理療法の意義や効果が見出せないままに終結となることも多いのかもしれない。終結のタイミングに関して，筆者自身が大切だと思うのは，クライエントだけでなく，セラピストにとっても面接の終結について切り出すことは躊躇しやすいものであるということを自覚しておくことだと思う。少なくとも，上述した体験のように筆者自身は避けてしまいやすい。だからこそ，終わりについて考えることや話し合うことを回避しないということは意識しておく必要があるのではないかと思う。

　終結だけに限らないが，心理療法の中でセラピストとクライエントがどのような選択をするかはクライエントだけでなく，セラピストの人生観や価値観の影響も大きいため，セラピストによる自己理解への取り組みは欠かせないだろう。

引用文献

穴井己理子（2011）．面接の終結　臨床心理学，11(6)，819-824.

Freud, S.（1964）．*Analysis terminable and interminable*. Standard edition Vol. 18. London: Hogarth Press.（馬場謙一（訳）（1970）．終わりある分析と終わりなき分析　フロイト著作集 6　自我論・不安本能論　人文書院　pp.377-413.）

Levinson, H. L.（1977）. Termination of psychotherapy: Some salient issues. Social casework, 58(8), 480-489.

Martin, E. S. & Schurtman, R.（1985）. Termination anxiety as it effects the therapist. *Psychotherapy: Theory, Research, Practice, Training*, 22(1), 92-96.

Quintana, S. M.（1993）. Toward an expanded and updated conceptualization of termination: Implications for short-term, individual psychotherapy. *Professional Psychology: Research and Practice*. 24(4). 426-432.

Roe, D., Dekel, R., Harel, G., Fenning, S. & Fenning, S.（2006）. Clients' feelings during termination of psychodynamically oriented psychotherapy. *Bulletin of the Menninger Clinic*, 70(1), 68-81.

杉原保史（2015）．終結—終える技術　臨床心理学，増刊第 7 号，179-183.

III 事例の理解

心理支援の理論と方法を用いて事例を理解するとはどういうことなのだろうか。

第III部では，提示された一事例について，事例の経過を丁寧に追った解説，そして異なるオリエンテーションが交わるディスカッションから理解を深める。その後の事例提供者による振り返りも含めて，一つの事例に真摯に向き合い，妥当と思われる見方や，別の事例にも適用可能な知見が醸成されることを示す。

1

事例の提示

　第Ⅲ部においては，事例の経過を丁寧に追うこと，そして複数の視点からディスカッションすることを通して，一つの事例の理解を深めることを試みる。本章では，題材となる事例を，第Ⅲ部の第一著者である清水から提示することにしたい。

●事例概要

(1) クライエント

　来談時50代後半の女性Aであった。信仰する宗教団体が運営するカウンセラー養成講座を受講してカウンセラーを目指しながら，児童センターに勤務していた。

(2) 主　訴

　相談申込書に"①息子の心配"，"②私自身の今と姑との関係"と記入した。

(3) 家族構成

　3年前に夫に先立たれてから，80代の姑と20代半ばの息子との3人暮らしであった。息子は大学中退後バイトが続かずに引きこもっている状態であった。他のきょうだいは大学を卒業して独立していた。

(4) 生育歴

　男尊女卑の考え方が強い地域で，「面白いくらい儲かっていた」「やんちゃな親」のもとに次女として生まれた。身体の弱かった姉と跡取りである弟は大切にお金をかけて育てられたのに対して，自分は大切にされている感覚がなく「いつも僻む要素が十分にあった」。近所のおじさんが本当の父親だと本気で思うほど「家は居心地の悪さがあった」。結婚は好きな人としたいと思っていたため，反対する親を押し切って「私は親を脅して結婚した」。

(5) 問題の発生と経過

　6年前から民間資格のカウンセラーを目指して勉強しており，4年前から「傾聴ボランティア」を始めた。養成講座で複数人からスーパーヴィジョンを受けて「自分の抱えていることを聴いてもらう必要がある」「逆転移が起きている」「10回以上は有料のところでクライエントの役をした方がいい」と指摘されたことをきっかけに来談した。5年前にAはがんに罹患して治療を行い，3年前には夫が突然の病気で倒れて闘病1ヵ月で亡くなった。同時期に息子にも，

大学でいじめに遭う，強盗暴漢の濡れ衣で警察沙汰になるなど，問題が立て続けに起こり，複数の医療機関を受診して服薬もしていたが改善せず引きこもり状態であった。さらに，結婚前から折り合いの悪かった姑との関係でも長年悩んでおり，途方に暮れた状態であった。

（6）治療形態

　毎週の契約で1回50分，有料の心理面接を行った。Aはセラピスト（Th）が大学院生であることを承知していた。Thは20代半ばの女性であった。

●面接経過

　本事例はX年4月より全38回行われ，X+1年3月に終結した。以下では，心理面接の過程を4期にわけて報告する。Aの言葉は「　」，Thの言葉は〈　〉で示した。

（1）第1期（#1〜#9）

　#1では来談に至るまでの経緯を他者との会話を再現する形で話す。台詞とそのときのAの感情がまとまりなく怒涛のように語られるため，Thは何がいつ起こったのかを理解できない。Aの中のThはすべてを知っている存在のようで，Thとの間に境界がないと感じる。「素晴らしい人」の誘いがきっかけでカウンセラーを目指したと誇らしげに話したかと思うと，夫の発病から急死までを涙ながらに語り，次の瞬間には夫が上司からも部下からも尊敬される見事な人間だったと自慢げに話す。また，息子は夫に似た好青年であると言いながら，優秀なきょうだいより劣る点を列挙する。Thは夫との離別が過去のことではなく生々しい体験のままであり，権威的存在に大切にされていると思うことで存在意義を見出していると感じる。#2では羽振りがよく自信満々だった親の反対を押し切って結婚するまでの経緯を話す。夫が知人の借金をかぶって水道代も払えなくなったときに，姑から「さっさと子どもをおろして働け」と言われたことが今でも残っている。ひどい仕打ちを受ける自分と大切にされる義弟嫁を比べてみじめだった，夫は「女神様（姑）」を責めず「すべて私が悪いことになった」，自分が病気になったときは姑のせいだと思ったと涙を流すのと交互に夫の素晴らしさを力説する。唐突にカウンセリングの勉強をしてから夫婦関係は激変して夫が愛おしくなった，「私の意見は通らない」という意味で父と夫が似ていると話す。Thは良い夫と悪い姑という分裂があると感じる。また，夫の死によってAが主体的に選択しなければならない状況となったが，夫に従う妻として生きてきたため混乱が生じて自己を捉え直す必要が出てきたと考える。#3では腹が立っても「相手に直接言っていない」ことに気づいたと話す。直接言っても「泣きっ面に蜂」で，宗教団体の上役に話してもみじめになるばかりだった。「信仰でも勉強でも自分のほしい言葉はもらえない。自分でみつけるしかないけど，自分のことがわからない」というAに〈良い気持ち，悪い気持ち，気づいてない気持ち，バラバラでまとまらない。ここでこれまでの人生を振り返ることで，自分を捉え直していくことができると考えている〉と提案する。また，スーパーヴァイザーに言われた面接回数を気にするAに〈十分に自分のことを考えたとAが感じるときまで〉と伝える。#4では入信のきっかけを振り返る。「あんなにひどい姑が信仰しているところなんて信じるもんか，信仰なんてくそくらえ」と勧誘に啖呵を切ったが，夫の借金のことを父親に話せと諭された。「そんなことするなら死んだ方がましだ」と思いながら従った

ところ，父が肩代わりしてくれて「不思議」だった。「どうしてこうなるか知りたい」と思って入信した。また，夫は恵まれない生い立ちで苦労したため，「責任感が強い」「愚痴をこぼさない」「子どもの部分が少ない」人だったと話す。#5では勉強したカウンセリングの知識についてThが知っていることが前提であるかのように話す。ThはAが張り合おうしている，知らないと言ったら上下関係になってしまうという思いが自分の中にあることに気づく。また，Aはカウンセラーとして話を聴いていると，自分とクライエントが重なって「関係が親密になるほど事実を大切にできずに無意識に盛ってしまう」と気づきを語る。「ここではどんな話し方をしていても聴いてもらえて居心地がいい。誘導されているわけでもなく思ったままに話すことができる」と心理面接の感想を話すため，〈感情を抑え込まずに，距離を置いて自分をみようとしている〉とThの理解を伝えると，「姑から受け入れてもらっていないという感覚からどうしても出発してしまう」ために，悩んでいる人に「応援しているよ」「気持ちわかるよ」と伝えたくなると内省する。#6では生育歴をうかがう。「お父ちゃん嫌い，お母ちゃんはもっと嫌い」だったため，「窮屈で反発したかった」が，「気持ちの中では叫ぶけど言葉に出せない」関係だったと話す。父が病気になってから思っていることが言えるようになり，人望が厚い地域の中心人物であった父の仕事は「見事」であったと涙ながらに語る。#7では「失敗」して姑が激怒したと話す。姑に受け入れられない「悲しさ」，義弟嫁と比べて蔑ろにされる「妬み」「僻み」を繰り返し語りながらも，その理由を「想像と妄想」と事実を切り分けて話す。Thには納得できる道筋を模索してもがき苦しんでいるように感じられる。唐突に父と夫の死に際を咽び泣いて語ってから笑顔で面接を終える。#8では他者の助言通りに息子に関わってもうまくいかず，「言いたいのを我慢しているから心がわさわさする」と話す。「この子を信じられる私になりたい」と言いながら，息子と喧嘩のやりとりを再現し続けるAに対して，Thははじめてうんざりした気持ちになる。「丸ごと受け入れるんじゃなくて，丸ごと否定してしまう」という言葉を拾って，〈息子さんのことを丸ごと受け入れなきゃいけないと思っている〉と伝え返すと，Aははじめて語りを止めて難しい表情で考え込む。#9ではスーパーヴァイザーから「何を考えてカウンセリングしているのか」と問われて何も答えられなかったと報告する。Thは，「クライエントと自分は何もかも似ている」と繰り返すAから"何を考えてカウンセリングしているのか"と問われているような気がして，AとThの関係という視点を投げかけるべきか迷うが，まずはAの体験を理解したいと腰を据えて話を聴く。

(2) 第2期（#10〜17）

　#10では夫の三回忌を振り返りながら，臨終の瞬間を生々しく語る。また，夫の遺品整理中に自分の死ぬ日を定めて遺影を用意したことを告白する。「夫が亡くなって自由時間は多いけど気持ちは自由じゃない，自由になる条件はそろって縛る人もいないのに自由さを感じない」と話したあと，2年間毎日みていた夫の夢をみなくなった，見境なく人を捕まえて話を聴いてもらうことがなくなったと最近の変化を報告する。「同じ"聴く"でも全然意味が違うのね，本当にありがとう」としみじみ言う。これまで夫の発病から急死までの経緯は曖昧であったためThは置いてけぼりにされている感覚だったが，#11では一つの体験としてまとまりが出てきたことで，Thの中でAの体験を一緒に味わっている感覚が生じる。姑との関係に「がんじがらめ」で「自分を喜ばせることなんてしてこなかった」と振り返りながら，4人目の女の子が死産だったことをぽつりと話す。#12ではカウンセラー養成研修での出来事を報告する。他者

の意見に耳を貸さない参加者に対して，Ａは「ダメなものはダメ」とストレートに主張することしかできなかったが，まったく別の方法で主張している人がいて驚いた。その人は自分の思いを伝えているのに棘がなかった。#13 では夫に「教育」「しつけ」されてきた「苦しかった思い出」を語る。「自分が夫を病気にした」という思いに対して，信頼する友人が「そんなことはない」と言ってくれたことで「荷物が軽くなった」。友人が姑との間を取りもってくれたときに姑が別人のように感じられて「私の受け取り方が違うのかな」と思った。「選択肢が広がった」「私が決める権利がある」と思えたことが「お守りみたいな感じ」と振り返る。〈実際に行動するかどうかではなく，選択肢が自分の中にあると感じることが大切〉と伝えると，友人にカウンセリングの効果が出ていると言われたと話す。#14 ではスーパーヴィジョンで「学がない」「知的レベルが低い」「思い込みが強い」と繰り返し叱責されて，「心臓がとまりそうになるくらい苦しかった」と報告する。また，息子とスーパーヴァイザーの言葉が重なって落ち込んでしまった。Th はＡが感じたことを受け止めながら事実を確認していくが，Ａは混乱状態のままであった。#15 ではクライエントの語りが「主体的」になってきたと報告する。頭ではクライエントと自分は違う人間とわかっていても気持ちがついていかない，息子に対して「すべがなくて困っている」と話すＡに，Th は解決策を提示するのではなく，Th が理解したＡの気持ちを伝え返す関わりを続ける。#16 では懐かしい歌手をみて夫のことを思い出したと開始直後から涙を流す。なぜ夫と重なるのかが Th には理解できずに詳細を確認していくが，Ａも重なった理由はわからず，「曲を聴いていたら思ってもみなかった自分の気持ちが入り込んじゃってた」と恋しい気持ちだけが語られる。スーパーヴィジョンで疲弊していたところに，夫への恋しさが募って「もう太刀打ちできない」と苦笑する。事実がはっきりしないエピソードが続き，Th はＡと一緒に混乱していると感じる。#17 では「落ち着かない感じが落ち着いてきた」「動揺が落ち着いていく経過を自分でみていると報告する。カウンセラー養成講座受講の経緯，夫を愛おしく思ったきっかけなど，これまで不明瞭だった語りの時系列が整理される。夫は何を言っても姑第一で，自分を教育する存在であったが，カウンセラー養成講座で出会った男性が子どものように泣いている姿と夫が重なって感じられた。それから「自然体でいられる関係」になって夫が愛おしくなった。また，「心を扱うのってすごく大変じゃない？」「木から木に心が動くものが自分の中にあって，しんどい人の話に私は持ちこたえられない」「自分が落ち着かないうちは動揺しそうなものには関わらないようにしようと思った」と気づきを語る。自分はカウンセラーに向いていないため，「職場での子どもとの関わりの中で，その子の気持ちと向き合っていく」と決意を語る。

(3)　第3期（#18 ～ #28）

　#18 では職場の同僚は先生として子どもに指導や注意をしているが，「私の発想は年の離れたきょうだい喧嘩」と比較する。「反省したり夢をもらったり，関わりによって変化していく面白い仕事」で，「対等でいたい」と思っている。「自分の子を育ててない，自分の子と関わってない」ため，子どもと関わる仕事は自分に合わないと思っていた。「私は軍隊的に育てた。気持ちなんて聴かない。子どもの都合ではなくて私のペースだった」と子育てを振り返る。#19 ではカウンセラー養成講座で得た心理学の知識を説明する。Th はＡが張り合おうとしているのではなく，順を追って整理しながら話していると感じる。自分が学んだ知識を伝えたところ，いつも落ち着いている友人が「パニック状態」になったのをみて，「脳みそがとまって，息が

とまって，震えてきてしまった」ことを報告する。友人の様子の変化と自分の気持ちを整理して，〈友人の異様な姿をみて動揺した〉と伝えると，「私が加害者って思ったから動揺したのかもしれない」と内省する。Th は混乱した体験を1回の面接で整理できるようになった A に大きな変化を感じる。#20 では息子とのいざこざがあったが，他のきょうだいに A の問題ではないと言われたと落ち着いて報告する。#21 ではカウンセラー養成講座を修了したことを報告する。上級講座もあるが「やらない方がいいなという思いがある」。自分とクライエントは「本当に違うってことがわかった」と力強く言う。自分がクライエントを「充電してあげないといけない」と思っていたが，「本当は聴くだけでよかった，弱いと思っていたのは大きな間違いだった」と話す。息子に「不信感」があり，息子のことを考えていると「苦しくなる」という A に対して，〈息子の調子が悪いと A も調子が悪くなる，他者の調子に影響を受けやすい〉と Th の理解を伝えると，「息子にどっぷりつからないように，共倒れにならないように意識している」と変化を語る。#22 では前回の面接後に考えたことを話す。家を出ていくことを真剣に考えて，息子との関係に悩んだことがカウンセリングの勉強を始めたきっかけだったことを初めて息子に伝えた。「私はどこまでいっても正義の刃を振りかざしている，息子を守ってやろうという気がない」「息子は私を望んで恋しがって認めてほしいと思っているという知識はあるけど，心がついてこない」と困惑しながらも「ここで話せていることがありがたいです」とまとめる。#23 ではカウンセラー養成講座の卒業式で「思いっきりバカやれて楽しかった」と笑顔で報告する。「いやらしい部分が晴れ渡るようになりたい，気にならない，こだわらない，引きずらない人間になりたいと勢い勇んで，何とかするために勉強にきた。結局爽やかなおばちゃんにはならない。仕方ない，これが今の私なんだから。いっか！　そんな自分に付き合っていくか」という語りから，A が自分を受け容れていると Th は感じる。苦しみしかない世界からまったく苦しみのない世界になると思っていたが，苦しみがなくなるわけではないと「自分の心の捉え方」の変化があった。「一直線じゃなくて常にそういうものがある，あたふたしている自分でいいんだ」と確信できた。〈天国か地獄かみたいな世界だった〉と Th が伝えると，本当はこういう話を夫としないといけなかったんだと思うとつぶやく。「自分が苦しいから悪いことの相談は親身に聴いた。共感じゃなくて一緒だって同感し合うんです」と信仰生活を振り返る。姑を悪く思うことが減って，思いやる言葉をかけられるようになったと言う A に〈楽になった感じ〉と伝えると，「楽になって，楽になじんできた，こういう自分と付き合っていけたらいい」と話す。翌週は急遽面接をキャンセルされる。#24 では「何でうっかりしちゃったんだろう」と笑いながら，夫の月命日を忘れていたことがキャンセルの理由と話す。夫の供養に関して姑に腹が立つことばかりだったが，最近は嫌な気持ちになることが減って「自分が主体になっている」と感じる。姑と息子の話を交互に話す A に〈姑と息子の似ているところ〉という視点を投げかけると，考えたことはなかったが似ていると内省されるため，〈A が引っかかる部分が共通していると感じた〉と Th の理解を伝える。#25 では息子との温かいやりとりが報告される。息子は家庭に縛られずに自由に生きていくお母さんの方が好きだと言ってくれた。息子には嫌なところもあるが，「いいところもいっぱいあった」と思えた。「そういう風でもいいんだ」と息子の捉え方を受け容れることができた。また，職場の子どもとの関わりを報告しながら「最後まで関わる」と責任感をのぞかせる。「子どもから夢と希望をもらった気がした。今は自分のために仕事をしている」と言う A に，〈嫁，妻，母という役割をもった A ではなく，ありのままの A として主体的に生きていこうとしている〉と Th の理解を伝える

と，「前は人のせいにする自分がいたけれど，今は主体的になっていると思う」と涙を流す。#26 では「みじめ」な感情を思い出して「もんもんとしている」が，どうしてみじめになったのか，どうしたらみじめな気持ちがなくなるのか，A なりに考えていることを話す。また，以前 Th に投げかけられた視点について，考えてきたことを話す。Th は A が一方的に話すのではなく，Th の言葉を A なりにかみ砕いて考えていると感じる。#27 では息子への不満や不安が減ってきたと話す。Th は A が自分の気持ちと息子の気持ちを分けて捉えていると感じる。「緩める」「手放す」という言葉が頻繁に登場する。また，「言いたいことを言えた」と報告する。#28 では「自分はお金のことにとらわれていた」とこれまでの人間関係を振り返る。バイトが続いている，大学に戻りたい気持ちが出てきたと息子の変化が報告される。「私は自分のやり方になるように相手に仕向けていたけれど，どこかすっきりしなかった。先手を打って入り込みすぎていた。怒りながらやっていた。今は夫がいないから自分の意見を言っていかなきゃいけない。夫の影で怒っているだけではいかなくなった」「自分が疲れている，嫌を抱えているのがわからなかった。信仰していることは悪いこととは思わないけど，そういう時間を過ごしていたのは事実で，嫌でもやらなきゃいけなかった」と信仰生活を振り返る。また，家族関係を振り返って，「自分ばかり損している気がして腹が立つ」「姑のことで私は関係ないって分けた方がいいのかな」と考える。

（4）第 4 期（#29 ～ #38）

#29 では信仰とは無関係の「ほのぼのあったかい」「嫌な感じがまったくしない」友人が増えたと報告する。「私ってどんな風に心理が"発達"しているんだろう」と Th に投げかけるため，〈A にとっての"発達"を一緒に考えたい，自分ではどう思っている？〉と尋ねると，発達した部分としていない部分があると話す。Th が〈さまざまな体験の中で発達し続けてきたと感じている〉と伝えると，「教育されてきたと表現していたけど，それだって発達だと思った。別のものではなくて，統合されていく。それが自分らしさだって思った」と Th の発言を A なりに受け止める。#30 では「先週話した"発達"を考える 1 週間でした」と夫，姑，息子との関係を振り返る。夫や姑には思っていることを言わずにきた一方で，息子とは「本性と本性のぶつかり合い」「対等なきょうだい喧嘩みたい」で「意外といいのかもしれない」。夫は闘病中も「理性の壁が厚かった」ため最期まで姑に甘えることはなかったが，A の前では母親に甘える子どものようだった。「子どもの部分がなかった夫が子どもの修行をして逝ったように，私もこの修行が終わったら逝くのかもなあ」とつぶやく A に〈みんな違った側面をもっている〉と伝えると，「みんな大胆な部分と繊細な部分を持ち合わせている。そう考えていると自分の頭が空中分解しているのか，一つになっているのかわからなくなってくる」と穏やかな表情を浮かべる。Th は A の人生に尊敬の念を抱くとともに，良いか悪いかに分裂していた対象と A 自身が統合されてきたと感じる。#31 ～ 32 では「楽しかった」「いい時間だった」と旅行を振り返る。「べたべたねっとりじゃない」関係の友人といると「すごく心地いい」，友人の「ゆったり具合や緩さ加減」に刺激を受けて「心配ごとや気になることを持ちながらやっている」と話す A に，〈これまでの関係性や距離感から変わってきている〉と伝えると，信仰上の対人関係は「粘着型，密着型」で，「自己犠牲」の上に成り立っていたと振り返る。密着していると心地よかったが，夫が亡くなって「自分には自分の意志がある」と気づいた。また，姑との間では「余計なことまで思い通りにしたい自分だった」こと，「カッとすると見境がなく

なる」ことを反省した。仕事中に子どもの胸ぐらをつかんでしまったが，子どもとの対話の中で「あったかい気持ちになってほっとさせてもらった」。「失敗だらけできないことだらけだけど，大人にも子どもにも対等でいたい」「違いは違いとして受け止めて相手の問題に入り込まずに距離を置けるようになりたい」と話す。#33〜34では「特に話さなきゃいけないことはない」と前置きしながら，対人関係が密着型から心地いいと感じる距離感へ変化していると報告する。親戚から嫌なことを言われたが，「愚痴ばかり言っていた自分の責任」という思いもあり，「カッとせずに」話せた。息子は自由にさせている。「今までにないことを確実にやっている。手探りですけど，確実に変わってきている」「カウンセリングを続けてきたことで，自分の考えを受け容れて，分別して，整理されてきた」と振り返る。#35では姑からの金銭的援助があり，「お互いに思っていることを話せた。姑との関わりがあって嬉しかった。私ちょっと乗り越えられたのかもって思った」と嬉しそうに報告する。また，親戚との旅行を楽しめたこと，息子と共通する新しい趣味ができたことを生き生きと話す。〈解放されて自由に楽しんでいると感じる〉と伝えると，「沈むこともあるけど仕方ない。沈没しっぱなしにならないように。前は自由だけど不自由だった。今は不自由もあるけど自由な時間を使っている。勉強してきたことが一つになってきたような感覚」と笑顔をみせる。#36では「幸せ」「楽しい」「面白い」「おしゃれ」「きれい」「かっこいい」「素敵」と感じる出来事を報告する。職場の気難しい職員について，「私が関わったときにどうなるのかな？　カッとするのかな？　そんな風になってもないことを思っている」という話から，ThはAの現実と想像，事実と感情が整理されていると感じる。「自分の中に起きていることと他の人から見えることってこんなに違うんだな，しみじみといい仕事をしているんだなと思った」と振り返る。#37では，「ちょっともやもやしたものがあったけど，今は言わんほうがいいなと思った。自分をくっつけだしたらよくないなと思った。話しているうちに嫌な気持ちにとらわれなくなった」と姑とのやりとりを報告する。〈もやもやを自分の中に留めて，よく観察して，距離感を探って，嫌な気持ちをコントロールした〉と理解を共有する。その後，「3月いっぱいで区切りにしてみようかなって気持ちがあって」と終結を切り出す。「話しやすかった」「やっぱり私が聴いてもらいたい場所はここだった」と涙を流し，「感情と行動がずれていて，自分のことをうまく扱いきれていなかった。頭でっかちになっちゃっていた。ここに来て，自分のことがわかって，言われたんじゃなくて，私が原因だって自分でわかって嬉しかった。姑のせいではなかった。息子はカウンセリング受けてみようかなって言い始めて，どうするのかはわからないけど，私は1年通ってよかったよって言った」と噛みしめるように話す。〈Aから終結の話が出るだろうと思っていた，なぜならThが終結してもいい段階に来ていると感じていたから〉と伝えて，翌週を最終回とする。#38では1年間の面接を振り返る。カウンセリングについて学べば学ぶほど心配事が増えて途方に暮れていた。姑との関係にとらわれて「がんじがらめ」で「被害者意識」ばかりだった。勉強しても消化できなかったことを面接で吐き出して，息子を過剰に心配することがなくなった。「ここでは適当に悩まずに思いっきり悩んだ。本当に泣けちゃったり，情けなくなったりを味わいながら。悩みも相手も変わらないけど，自分の中のアイテムが増えてきて，緩みが出てきて。楽しむ時間をもてたり，信仰ばかりの環境から社会に出ている人と触れて自分の意志が刺激を受けた。気持ちのゆとり，隙間ができた。緩めていく順序次第があるんでしょうね。全部含めての経過をたどってここにたどり着いた」と話す。Thにかけられた言葉を繰り返し思い出して，そのときの気持ちを整理することを1年間続けたことで余裕が生まれた。時間が

経ってから Th の言葉の意味がわかったこともあった。〈息子を信じられる自分になりたいという思い〉に Th が言及すると，信じるか信じないかにとらわれなくなったと自分の変化に驚きながら「息子は血のつながりがあって放っておけない」と笑う。最後に，胸ぐらをつかんでしまった子どもの保護者に「お詫び」して和解できた，「言わずにきたことがちゃんと言えて，この話ができてよかった」と自ら話を締めくくる。

2

事例の経過を丁寧に読み解く

　本章では，事例の展開を意識しつつ，本事例の経過において何が生じており，Aさんがどのように変化したかについて，編者の一人である田附が丁寧に理解することを試みる。

　まず，AさんとThによる約1年間の心理支援は，Aさんにとって非常に有意義だったのではないかと率直に思った。その心理支援がどのように有意義だったかについて，事例の流れに沿って筆者なりに言葉にしてみたい。

●第1期

　来談当初，Aさんは，目の前に起こった出来事を体験としてまとめ，主観的に意味づけていくことが難しかったのだろう。語りとは，語り手の視点から出来事を捉え直し，ストーリーの形で再構築したものと理解することもできるが，Aさんの話は，そのような意味での「語り」，つまりストーリーになっておらず，出来事の「再現」（#1，8）であった。語りがストーリーであれば文脈があり，ある程度の一貫性があるため，矛盾するエピソードがあったとしても，その矛盾を埋めるための理解が示されるはずである。しかし，Aさんの話において，出来事は実際の出来事のままであり，非常に混沌としていた。そのため，#2では，夫は素晴らしい人物でありつつ，カウンセリングの勉強をするまでは夫婦関係に溝があったという矛盾するような話もそのままThに伝えられた。

　語り手の視点は，出来事そのものの垂直方向に位置し，そこから出来事を眺め，加工してストーリーとしての構造をつくると考えられる。語りに構造があるからこそ，語り同士に区別がつき，語りと語りの間に境界が生まれる。語りをその人の心をあらわすイメージ表現と捉えると，語り同士の区別は，自他の区別と理解することもできる。Aさんは，イメージの次元において，どこまでが自分であり，どこまでが他者であるかを実感をもって認識することが難しかったのだろう。だからこそ，「Aさんの中でThはすべてを知っている存在」（#1）であり，「自分とクライエントが重なる」（#5）のだと考えられる。本来，「重なる」とは，あるものの上に別のものが加わることを意味するが，Aさんがこの言葉を用いて表現したかったのは「自分とクライエントが同じものとして感じられる」ということなのではないかと思う。

　Aさんは，困難に直面したとき，自分のほしい言葉をもらいたい，問題解決の方法を知りたいという気持ちから，宗教の信仰やカウンセリングの勉強に救いを求めていた。出来事を自らの視点から捉え直すことが苦手なAさんは，困難の性質や意味，理由などについて自分なりに考え，解決に向けて一つひとつ試行錯誤することを避けていたというよりも，それらを実行することが本当にできなかったために，問題解決を外部委託しようとしていたのではないだろ

うか。しかし，Aさんは問題解決を外部委託しようとしてもうまくいかず，「信仰でも勉強でも自分のほしい言葉はもらえない。自分でみつけるしかないけど，自分のことがわからない」（#3）との思いに突き当たった。この言葉は，亡くなった夫への整理されない気持ち，息子や姑とのこじれた関係，カウンセラーの勉強の行き詰まりなどの問題が山積していることに途方に暮れて絞り出されたものであろう。しかし，この言葉は，Aさんにとって単純な苦しみの吐露ではなく，出来事や自らを，自分の目で確かに捉えようと決意したことによってこそ生まれた悩みであるともいえるだろう。Aさんのこの言葉に対して，Thは〈ここでこれまでの人生を振り返ることで，自分を捉え直していくことができると考えている〉と返した。筆者には，Aさんの中にこうした決意と悩みが生じたこと，そしてそれらを漏らすことなくThが受け取ったことが，Aさんの変化の始まりだったように感じられた。

　その後，Aさんは，まとまりをもった語りとしてではないものの，家族のことやカウンセリングの勉強についてThに懸命に話した。Thは，問題解決を請負，今後の行動を助言するのではなく，語り手の視点を獲得しようとするAさんを保証あるいは補助するような返答をした（#5, 8）。それに呼応するかのように，Aさんは，語りを止めて考え込むなど（#8），少しずつ自分で物事を考えようとし始めるようになってきたといえるだろう。

◉第2期

　#10において，Aさんは，「自由になる条件はそろって縛る人もいないのに自由さを感じない」と話した。一般的に，自由とは一定の枠組みのなかで自らの振る舞いを思うように選択することを指す。先述のようにAさんは，自他の区別，すなわち，あるものとあるものの間に内的な境界をつくることが不得手であるため，自由を規定する枠組みを設けることができず，自由を感じられなかったのだろう。しかし同時に，逆説的ではあるが，こうしたことへの言及それ自体が，Aさんの中に自他を区別しようとする萌芽が生まれてきていることも意味している。同じセッションでAさんは「見境なく人を捕まえて話を聴いてもらうことがなくなった」と話しているが，周囲の人に対して「見境」をつけられるようになってきたこともまたこの萌芽の存在を示唆している。さらにこうした変化は，夢の見方にもあらわれている。Aさんは，「2年間毎日みていた夫の夢をみなくなった」ことを報告した（#10）。Aさんがこれまでみていた夫の夢は，Aさんの話と同様，出来事の再現だったのではないかと筆者には思われる。Aさんにおいて自らの視点から出来事を象徴化しようとする動きがわずかながら起こってきているために，この時点では多義的な夢をみるには至っていないものの，出来事の再現の夢は止まったと考えられる。

　ここから第2期は，Aさんの変化とこれまでの特徴のどちらかがエピソードごとにみられるような形で展開していく。カウンセラー養成研修における他の参加者（#12），信頼する友人（#13），Aさんのクライエント（#15）に関する話からは，Aさんが彼らの言動を彼らとは異なる他者としてみつめたことによって，学びや気づきを得たりしたことがうかがえる。一方，スーパーヴァイザーの言葉と息子の言葉が重なること（#14），クライエントと自分が違うことに気持ちがついていかないこと（#15），懐かしい歌手と夫が重なること（#16）は，Aさんが自分と他者の間に線を引くことができず混乱していることを示しているといえるだろう。Thは，こうしたAさんの話に丁寧に耳を傾け，時にAさんの混乱に身を投じながら，ぶれるこ

となく A さんの状態や気持ちを返していった（#15, 16）。

　すると，#17 では，A さんは「落ち着かない感じが落ち着いてきた」，「動揺が落ち着いていく経過を自分でみている」「木から木に心が動くようなものが自分の中にある」と話した。自他の区別をつけて他者をみる視点をもてたことと，自他の区別がつけられず混乱したことがそれまで別個に表現されていたが，ここにおいてそれらが合わさり，A さんは，自他の区別をつけられないことによって混乱する自分がいるということをみつめる視点，つまり語り手の視点を獲得したと推察される。同じとき，カウンセラーの勉強を始めてから夫との関係が変化したきっかけが初めて明らかになった。それは，研修で出会った人と夫が重なり，夫を愛おしく思ったことであるという。やや唐突と思えるタイミングでこの理由が話されたのには，A さんがストーリーを語れるようになってきたこととともに，ある人と別の人を重ねることに関して俯瞰的に理解することができるようになったことも関係しているといえるだろう。

◉第 3 期

　この時期において，A さんは，自身の語り手の視点をより確かなものにしていったことに加え，心理支援の枠組みをより強く意識するようになったと感じられた。

　A さんが伝えた知識によって友人がパニック状態になった話（#19）や息子の話（#21, 22）では，A さんは強く動揺したり，苦しくなったりしていたが，Th とともにその経緯やその時の感情を追うことで落ち着き，自身の動揺や対応に対する理解を述べることもできた。さらに，クライエントと自身が「本当に違うんだってことがわかった」（#21），と明言できるほどに，A さんのなかで境界の意識が強くなってきたと考えらえる。

　そのような変化と連動して，A さんにとって心理支援の場は，日常と密接に関わりながらも，日常とは地続きではないところであり，Th との対話を通して自分の考えを集約させ，熟考し，新たな理解を生み出す場所となっているように筆者には思われた。これは，これまでの面接から考えたことを面接に持ち込んで話したり（#22, 26），これまでキャンセルがなかったのにもかかわらず，#23 の後に面接を急遽キャンセルしたりしたことにあらわれていると考えられる。

　心理支援の場が構造をもったものとして認識され，そのなかで A さんの語り手の視点が育まれたからこそ，「仕方ない，これが今の私なんだから。いっか！　そんな自分に付き合っていくか」（#23），「今は自分のために仕事をしている」，「前は人のせいにする自分がいたけれど，今は主体的になっていると思う」（ともに #25）というように，A さんは来談当初には考えられなかったような自己理解に至った。

◉第 4 期

　この時期において，A さんは，自身の中に発達した部分としていない部分があることに言及したり（#29），夫に子どもの部分を見出したり（#30）していた。A さんは自分と他者の区別だけではなく，それぞれの中にも区分けがあり，ある部分とそれとは別の部分が存在していることを実感するようになったといえる。A さんの心はさらに分化してきたものと考えられる。#30 において，A さんは「みんな大胆な部分と繊細な部分を持ち合わせている。そう考えてい

ると自分の頭が空中分解しているのか，一つになっているのかわからなくなってくる」と穏や
かな表情を浮かべながら述べている。出来事をストーリー化して語る場合と同様に，同一人物
の異なる側面を認識しようとするとき，異なる側面を統合したり，それらが共存していると捉
えたりするなどのように異なる側面を組織化する視点をもたないと，一人の人物であるのに各
側面が並列されるだけになってしまい混乱が生じる。来談当初のＡさんであれば，このように
して「頭が空中分解」してしまいそうになっていたであろう。しかし，この時期になると，Ａ
さんは，まだ同一人物の異なる側面を瞬時に組織化することは難しいが，そうした異なる側面
を把握した上で「一つになっている」と理解することは可能であり，また，混乱に陥ってしま
いそうになることを冷静に把握できる目ももっているといえる。これはＡさんにとって非常
に大きな変化であろう。Ａさん自身も「カウンセリングを続けてきたことで，自分の考えを受
け容れて，分別して，整理されてきた」(#34)，「勉強したことが一つになってきた」(#35)，
「自分の中のアイテムが増えてきて」(#38) と話すように，こうしたＡさんの変化がこの心理
支援の意義を端的に示しているように筆者には思われる。

　#35では，Ａさんは「前は自由だけど不自由だった。今は不自由もあるけど自由な時間を使
っている」と話した。以前，Ａさんが自由について言及したときと異なり，Ａさんは，一定の
枠組みのなかでの本来的な自由を感じているからこそ，「不自由もあるけど自由」と表現したの
だろう。また，#36において，Ａさんはさまざまな感情を伴う出来事を報告した。その各エピ
ソードが十分なストーリーになっていたかは定かではないが，それらは少なくとも出来事の再
現ではなく，Ａさんなりに意味づけされたものだったのではないだろうか。#37には，Ａさん
は心理支援の終結を切り出した。自他の区別が課題であったＡさんが，心理支援の区切りを
自らつけようとしたことは非常に意味があるだろう。Ｔｈもその重要性を認識していたからこ
そ終結を歓迎したと考えられる。そして最終回において振り返りがなされ，この事例は終結に
至った。

　Ａさんは，約１年間という短い期間のなかで，Ｔｈと一緒に懸命に自らの課題に取り組まれ，
大きく変化されたように思う。そして，この変化の著しさは何に由来するのか知りたいと思っ
た。筆者としては，Ａさんのもともとの潜在能力が高かったこと，Ａさんの努力を惜しまない
姿勢，長年カウンセリングの勉強をされていたこと，Ｔｈのあたたかくも芯の通った態度，そ
のどれもが密接に絡み合ってこの変化は成し遂げられたのではないかと感じた。

　最後になったが，現在，Ａさんが夫との夢をみておられることを願う。そして，夢の中で，Ａ
さんと夫が現実では経験したことのないストーリーを生き生きと体験していてほしいと思う。

3

事例を異なる視点から読み解く

　本章では，事例提供者，異なる視点をもつ心の専門家である編者二人がディスカッションすることを通して，事例理解をさらに深める。

●ディスカッション

(1) 事例を振り返って

田附：私は分析心理学の何らかの資格をもっているわけではないので，分析心理学の立場からというよりも，分析心理学に関心のある自分としては，ということになりますが，この事例は，物事を捉える自分なりの視点をもつという，人の心の根本ともいえるようなことをどうやってできるようにしていくかという事例だと感じました。"症状が無くなっていく"という，多くの人が想像するいわゆるカウンセリングとは違った経過を辿っていたように思いました。クライエント（Cl）はカウンセリングの前提となるような，物語を構成して相手に語ることが難しい方だったのではないかと感じます。Cl は，Th との間で，経験した出来事を自分なりに噛み砕いて，考えたことを相手と共有して，これからどうしていくかを話し合うことを必死に繰り返していたように思いました。自分と他者が重なって混乱してしまい，どうしようもなくなっていたのが，「そうやって混乱してしまう自分もいる」と気づき始めて，起こってきた問題について，自分はどうしていけばよいのか第三者的視点をもって考えられるようになったことが大きな変化だと感じました。その変化を支えるために，Th はぶれずに，一歩引いた視点から Cl の置かれている心理的な状況を伝え続けていたと理解しました。

狐塚：田附先生と方向性や焦点化するところは同じようなところだと感じました。その一方で，思考のプロセスの違いも感じました。システミック・アプローチ（SA）は利用という考え方があり，Cl の問題の軽減や心理面接場面の進行に有益となりそうなものは何でも用いるということ，また，Cl が新しいことを学習してもらうということよりも，すでにあるものをいかに用いるか，広げていけるか，という発想をします。この観点からみると Cl のスーパーヴァイザーから言われてきたという文脈をそのまま動機付けに利用しているところが素晴らしいと思いました。SA だと主訴について，もう少し具体的な質問によって，過去や現在に実存する，あるいは近い未来に起こる可能性のある変化について意識してもらうことをするかもしれません。たとえば，〈十分に自分のことを考えたと感じられるようになったら，自分が変わったことにどんなことから気づかれると思いますか〉と問い，それについて具体的に話し合うかもしれません。つまり，Cl の考えが変わったら，行動の水準で日常生活にどんな変化が起こるのかについて関心があります。また，Th のアドバイスや助言をしない関わり

が功を奏しているように感じました。ところどころに Th の覚悟と方針の一貫性が垣間見れて，このような態度が Cl の安定につながったのではないかと感じました。聴きに徹する姿勢，アドバイスや助言をしないことがあらゆる Cl に有効だといいたいのではなく，この Cl には，そういった関わりが，Cl の洞察を促し，自分自身を受け容れることにつながっていると考えました。

田附："Cl はスーパーヴァイザーに勧められて来談していて，主体的な来談動機に乏しいから望ましくない" と考えることもできますが，"自分の意思や考えをもちにくい人だからこそ，こうならざるをえなかったのかもしれない" というように，何事も Cl を理解するために用いていくことが大切だと思っています。このことは，狐塚先生がおっしゃった利用の視点とも関連すると思います。また，Th は何でも解釈したらよいわけではないし，ただ待てばよいというわけではないという狐塚先生の考えにもしっくりきました。"そのときに一番重要だと思ったことをやる" ということは私も同じく重要だと感じます。あと，Cl の話の中から，今までとは違う欠片をみつけることは，私も大切にしています。心の中では，問題を維持する方向と変えていこうとする方向の両方の力が働いていて，維持する力が強いと問題は改善されません。でも，その人の中には前向きに問題をどうにかしようとしている部分も必ずあると思っています。それがいろいろなエピソードから垣間見えることがあるので，問題を変えようとする力が無理なく強くなることを期待して，これまでとは違った部分をみつけて Cl と共有することが心理支援を進展させる上で重要だと考えています。

狐塚：Cl が周囲の人達と楽に会話できたり，対等に友人と関われるようになったりしたことが後半にみられました。特に第4期で顕著に報告されましたが，急に Cl がそのようなことができるようになったというよりも，これまではおそらくどこかに埋もれていたエピソードなのだと思いました。姑や息子はいつも嫌な感じのコミュニケーションではなかったのではないでしょうか。部分的に実存する肯定的なエピソードは，問題が深刻であればあるほどメインの否定的なストーリーの中に埋もれてしまっていてみえにくくなってしまいます。SA では，問題中心の悪循環から，例外的に垣間見ることができる肯定的なパターンを積極的に聴くことをします。第4期で，そういったコミュニケーションが語られたときに，なぜそういったことが起こったのか，その条件を話し合うことをするかもしれません。

清水：自分の考えがまとまらずに Cl と一緒に混乱しているときもありましたが，丁寧に聴く，焦らずじっくりと待つ，Th の理解を伝えるなど，Cl を理解するためにそのときに大切だと思った関わりを感覚的に選択していました。理論というのは，Th の関わりがどのような意味をもっていたのかを振り返るためのポイントになると感じました。

狐塚：SA のモデルはすごくシンプルで，誰が何を問題にしていて，悪循環は何で，良循環は何か，ということを見立ての中心に捉え，即興で描いていきます。多くの知識や情報をもつことによって，情報過多になり，面接が難しくなってしまうこともあると思います。

田附：私の見方もシンプルです。内的な意味で，Cl はどういう人で，この面接ではどういうことに取り組んでいて，どういう風に変わっていっているのかをみようとしています。あとは，その内的な変化が外的な状況の変化とどのように関わっているかという視点も大切にしています。

（2）セラピストの態度について

田附：Th に一つ聞いてみたいことがあります。経過の中で，Th はここぞというところで腹を
　くくる感じがあるように思いました。3 回目の面接で〈ここでこれまでの人生を振り返るこ
　とで，自分を捉え直していくことができる〉と言う場面や，9 回目の面接で，"何を考えて
　カウンセリングしているのか"と問われているような気持ちを抱きながら，腰を据えて話を
　聴くことを選択する場面から，そう感じました。ここぞというときのぶれない覚悟は，事例
　の流れを読む力とか，その場面で大事なことをキャッチする力とも関わっているように思い
　ますが，こういう覚悟を決めることは意識せずにやっていましたか。もしくは，何となくで
　も，こうする方がよいだろうと自覚してやっていましたか。

清水：この Cl の場合は，"Th の中に迷いがあったら待つ"というところは一貫していたのか
　もしれません。面接中に迷ったことがあれば，面接後に振り返って考えることを繰り返して
　いました。そうやって，Cl を理解するためのさまざまな可能性が自分の中に蓄積されていっ
　たように思います。

田附：SA ではぶれない Th の態度については，どう考えますか。

狐塚：Th も治療システムの一部と考えます。たとえば，親子で来談されたとき，親の力が強
　くて子どもが発言できない場合は，積極的に子どもに肩入れして発言できるようにするとい
　ったように，Th は第三者的立場から親子のやり取りに入っていくことをします。その意味
　では Th みたいに，今回は話を聴こうとか，積極的に介入しようとか，問題提起しようとか，
　状況に応じて柔軟に関わると思います。予測不可能性を享受する，という表現を用いると当
　てはまりがよさそうです。

清水："Th の中に迷いがあったら待つ"というのは，この Cl だからこその関わりだったと思
　います。混乱しやすい Cl に対して，Th が連想したことを次々に投げかけてしまったら，さ
　らに混乱させてしまう，スーパーヴァイザーとの関係の再現になってしまうと考えていたの
　で，Th が理解や考えを伝えるときは，Cl の表現を借りてお話する，Th が感じたことである
　と主語を明確にするなど，Cl が受け取りやすいように工夫していました。

狐塚：親が子育てで疲弊して，思考がまとまらない場合とか，むしろ行動を指示してあげた方
　がよい時期もありますね。これってペアレントトレーニングもそうかと思います。発達の問
　題をもつお子さんの親が，子どもの対応に疲弊していているときに，熟考を伴う課題を避
　け，わかりやすい行動の指示，できるものを提案する。だから，Th が言うように，この時
　期の Cl に関しては，Th のこういった振る舞いがよかったかもしれないけど，違う時期の異
　なる状態にある Cl に対しては違った関わりをする，そういう感じなんじゃないかなと思い
　ます。SA では抵抗という概念を，Th と Cl の交流の一形態として理解します。

（3）やりにくさを感じるクライエントについて

清水：面接を重ねると気にならなくなりましたが，"援助者になりたい"という Cl に対して少
　し構えてしまうところがありました。そして，自分の世界に入り込んで話している Cl に対
　して，はじめは一生懸命聴くという関わりしかできませんでした。一方的に自分のことを話
　す Cl に対して，先生方だったらどのような関わりをしますか。また，その場をどう読み解い
　ていくでしょうか。

狐塚：この Cl さんが Th に伝えている，自分はカウンセリングを学んでいるとか，カウンセリ

ングの知識があるというのは，Th との関係で考えると，ポジション争いとも考えられますね。どちらが上位に立つかといった相互作用に陥りやすいと思いました。そこに Th は乗らなかったということが重要かと思いました。

田附：大学院生が事例を担当するとき，子育ての相談のためにお母さんが来談されたり，カウンセリングを勉強している方が来られたりすると，相手の方が知識をたくさんもっているのではないかと思って，自信がなくなったり，戸惑ったりすることがあると思います。それで，Cl とのやり取りがパワーゲームのように，どっちが優れているのかっていうことに終始してしまうことがあります。でも，この事例に関しては，Th としては不安だから，初めは二人の関係がパワーゲームになっているように見えていたのかもしれませんが，この Cl は果たして本当にカウンセリングの知識で Th と競いたかったのだろうかと考えてみると，「自分なりに必死にやってきたけど，どうにもならないんです」ってことを懸命に Th に伝えていたのではないかと思いました。

狐塚：自分はこんなに大変で，こんなに努力してきたことを認めて，といった必死な訴えでもあると思います。矢継ぎ早に話すってことはそういう解釈もできるのかもしれない。〈今，いろんなことを一気にお話されましたけど，それをお聴きすると今まですごく大変な思いをして，でもここまで頑張ってこられたんですね〉っていうようなメッセージは Cl にフィットするかもしれませんね。遮るよりも，そういう関わりの方がマシンガントークは切れるのかもしれない。もう一つは，カウンセリングの知識があったり，スーパーヴァイザーがいたりするのは，大学院生や初学者にとっては脅威に感じるかもしれないけれど，これも利用したらよいと思いました。〈ご自身のようなクライエントさんの相談を受けたら，どのようにアドバイスしますか〉といったように，そのままお返しするような感じです。自分を理解するために来ている文脈も活かし，内省につながるのではないでしょうか。

田附：利用の点から言えば，この方は短期間で変化されたと思いますが，その理由の一つに，カウンセリングについて必死で勉強してこられたことがあるのかもしれないと思いました。Cl は心について考えるモチベーションがすごく高い人で，実際にその機会が多かったのだと思います。でも，勉強して得た知識に自分の感覚や体験が裏打ちされていなかったようにも感じました。カウンセリングを勉強することによってただ至らない自分があらわになったというのではなく，この方が努力してきて，知識を得てきたからこそ，変化することができたと捉えてもいいように思いました。

清水：Cl はまるで教科書を音読するかのように，学んだ知識や教義をお話していました。私は Cl が語る知識や教義を Cl の体験に置き換えて伝え返すという関わりを続けました。実際の知識や教義と合致していたかはわからないですが，Cl の中で知識と体験が結びついて，納得していくことが積み重なって少しずつまとまりがでていったように感じます。

田附：話が途切れない Cl に対しては SA ではどのように関わっていきますか。

狐塚：遮るというよりも，そのように話される意味を解釈し共有すること，もう一つは，Cl の語りに対して Th がどのように対応しているのかということが重要かと思いました。Cl が話しているときに，Th がすごく頷いていたりすれば，〈もっと話して〉というメッセージが伝達されている可能性があります。

田附：たくさん話をする Cl に Th が口を挟むと余計混乱される場合もあると思います。この Cl は，何が起きて，どういうことになっているのかを理解できていないままに自分の目に映

っている情景を話されている感じがしたので，私だったら自分なりにお話をつなげて聴くかなと思います。こちらの頭の中で，まとまらないいくつかの情景をつなげて，一つのストーリーにしていこうとします。聴けそうなタイミングがあれば，それぞれのエピソードが一つのお話になるように質問していきます。

狐塚：SA は治療的二重拘束という考え方があって，どのように話が展開しても Cl にとって有利になるように，また面接の進行に悪影響を及ぼさないように工夫します。たとえば，話を遮るにしても〈ちょっと待ってください，今お話になったことってすごく重要だと思うのでもう少し詳しく聴かせてください〉といった言い方をすることがあります。これは話を遮られたとしても，それは重要なことだという意味を伝えることができるかと思います。ほとんどの Th の言動は，このような治療的二重拘束のエッセンスが組み込まれているともいえます。

田附：そうやって話を遮られると，Cl としては Th に「どういうところを聴きたいですか」って尋ねたくなる気がしますね。

狐塚：その話は聴きたくないから止めるのではなく，もっと聴きたいから止めるというメッセージを伝えるということになるかと思います。事例の異なるポイントでは，最後の方に肯定的なことがたくさん出てきているので，このような起点に，〈ちょっとよくなるのが早すぎるんじゃないですか〉というコメントをするかもしれません。こんなに早く上手くいくことはあまりないのではないか，ということを田附先生もお話しされていましたが，このことをそのまま伝えるということになります。そのまま上手くいけばよいと思いますが，すんなりと上手くいくことばかりではなく，躓いたり，もとの考えに戻ってしまったりすることがあります。そうなったとしても〈頑張りすぎですよ，もっとゆっくりやりましょう〉という感じで進めることができます。

田附：私の担当章（第Ⅱ部2章）のところで二律背反について書きましたが，狐塚先生がおっしゃったことは，その考え方とも近いと思います。Cl がよくなっていくことと，問題が繰り返されることはどちらも起こりえます。結局は，どっちに転んでどうなるかはわからないまま進んでいくしかないので，そのわからなさをちゃんと引き受けられるかが大事だと思います。SA はそれを具体的なやりとりに落とし込んでいると感じました。私が心理面接を実践する上で大切にしているのは，Cl の話を丁寧に聴いて見守るのが基本だけど，大事な局面が来たら，Th も思ったことをどんどん言って Cl とぶつかるということで，その局面がセラピーの転機になる場合もよくあります。SA とは具体的なアプローチは違いますが，物事の二重性に注目して重視するところは共通点だと感じました。

（4）終結について

清水：終結していいのだろうかという迷いはありました。課題はまだ残っているけれど，人生のある部分を振り返って，"自分はこういう側面がある"と捉え直すことができているから，終結していいだろうと思って背中を押しました。Cl の中で新たに取り組みたいことがでてきたときは，再度契約をしてやっていけばよいだろうと考えました。

狐塚：Th が面接場面でできることは，Cl が日常生活の中で問題を解くきっかけにつながるようなものを一緒に考えていくことだと思います。Cl の全部の問題を扱っているわけではなくて，主訴を通して Cl と出会い，Cl の日常生活の一部分に影響を与えることということに

なるかと思います。

田附：Cl は区切りがつけられない人，自分と他者の間に線を引くことが難しい人と考えると，Cl が自分から終結を切り出してカウンセリングに区切りをつけようとしたのはすごいことで，その思いを尊重したいと率直に感じました。この方が特に難しかったのは問題を解決することよりも，問題に取り組むことだったのではないかと思います。そういう意味では問題の要点を自分なりに考えたり，解決に向けて試行錯誤したりするという，問題に取り組むための準備は整ったのかなと思いました。そう思うと，終結はこのタイミングでよかったように感じました。

清水：院生という立場だったことで，本来は気にしなくてもいいようなことまで考えてしまうところもあったのかもしれません。たとえば，終結を切り出すときに菓子折りを持ってこられて，葛藤しながら受け取ったということがありました。贈り物は受け取らないという原則はわかっていましたが，Cl は礼儀を重んじる方であると理解していたので，Th が受け取ることで Cl は受け容れられたと感じるだろうと考えました。

狐塚：事例が難しくなるときって，Th が何かしてやろうとか，自分が何かしないといけないとか，Th が自分で勝手にハードルを上げてしまうことに起因することもあると思います。院生の立場で面接する場合，バカにされたくないとか，専門家としてみられたいとか，そういう思いから勝手に難しくしてしまうこともありますよね。むしろ院生という立場を利用化し，教えてくださいという姿勢で関わり，Cl の主体性に働きかけることもできると思います。

清水：素直に〈教えてください〉と聴けたときと，専門家としてみられたいという思いに邪魔されたとき，恥ずかしながらどちらもあったと思います。

狐塚：今だからそのように考えられるのかもしれませんね。私も院生の頃は，きっと Cl に頼りにならないと思われているに違いないという思いを感じながら面接していたこともあったように思います。

田附：私も何回もそう思ったことがあります。利用の視点は，院生が事例を担当して，躓いたり，どうしたらよいかなと不安に思ったりしたときに，もっておくと楽になれるかもしれません。それから，院生は，Th はあまり自己開示してはいけないとか，菓子折りをもらってはいけないとか，心理臨床における暗黙の掟に縛られていることが多いと思います。もちろん，そういう掟は，事例を守るためや，枠から逸脱することの意味を考えるために非常に重要ですが，ただやみくもに優等生的に掟を守れば Cl に役立てるわけじゃないですよね。事例によっては，掟を破るリスクを背負うことも重要になってきます。定石を知った上で，個々の局面でのその必要性について十分吟味し，定石とは違う判断をする勇気をもつこと，それは院生に学んでほしいことかもしれないです。

狐塚：強引に面接を一対一にしようとせずに，家族やカップルを対象にすることで，コントロールできない要因が増えることはありますが，その一方でできることがすごく増えるし，何より面白くなります。たとえば夫婦で来談されたとして，妻の話が切れないということについて，〈○○さん（妻）がいろんなことをお話してくださったけれど，今までやっていきたことが認められない寂しさやくやしさが伝わりました。□□さん（夫）はどう思われますか〉と返したら違う展開になってきますね。妻が矢継ぎ早に話すことに対して寂しさのメッセージという文脈に移行するかもしれない。夫婦間でこれまでの言動に対する新たな意味や相互作用が生まれる可能性がありますね。

田附：私は一対一の心理面接が基本という考え方をしてきましたが，それこそ来談する人が増えると考えることが複雑になってしまって難しいみたいな暗黙の考えに縛られていたってことですね。実際，考えてみると，そうじゃないこともたくさんあるように思います。

●ディスカッションを受けて

　Aは面接の中で出来事を繰り返し語ることで自分の体験を捉え直していったが，Thは面接過程を振り返ってまとめることでAと出会い直すことができたように思う。また，AがThとのやりとりを通して自他を切り分けたり，第三者的視点を獲得していったことと，Thがディスカッションを通して自分にはなかった視点を発見できたことはリンクするように感じる。ThにとってAとの面接過程は忘れられない大切な体験であり，今後セラピストとして壁にぶつかり躓くたびに思い出して，何度もAと出会い直すことになるのだと思う。

　異なる視点からのコメントおよびディスカッションを受けて，初学者であるTh（清水）があらためて事例を振り返ってみたい。

(1)　Aの中で何が起こっていたのか

　Aの内的世界は良い対象と悪い対象に二分されやすく中間がなかった。夫は見事な人であるのに対して，姑や息子は自分の思いとは一致しない存在であった。特に，姑は自分を虐げる存在であり，姑との関係の中ではいつも妬みでいっぱいのみじめな自分があらわになってしまっていた。しかし，実際は姑だけではなく，夫にも自分の意見は聞いてもらえず，言いたいことを抑え込むしかない関係性であった。家族に蔑ろにされる，軍隊のような子育て，宗教団体での訓練や教育など，Aの対人関係は支配するか支配されるかというような対等ではないものであったため，蔑ろにされる悲しさや怒り，嫉妬や妬ましい気持ちにいつも苦しんでいた。こうした価値のない存在のように扱われる自分を補うためにも，宗教団体の素晴らしい人や社会的地位のある強い人に必要とされていることを拠り所とするしかなかったのだと思われる。

　また，Aは自分と他者を重ねて捉えてしまうことが多かった。他者の体験を自分のことのように喜び，悲しみ，怒ることができる情に厚い人であったからこそ，宗教団体や地域の中で信頼されて多くの役割を果たしてきたのであるが，負荷がかかると他者との境界がなくなって，混乱してしまう。両親の反対を押し切って結婚したり，信仰に救いを求めたり，カウンセリングの勉強をしたりと，行動を起こしてがむしゃらに頑張ってきたAだったが，自身の闘病，夫の死，息子の躓きといった家族のバランスが崩れるライフイベントが立て続けに起こったことでこれまでのやり方ではどうにもならずに途方に暮れている状態であった。

(2)　面接場面で何が起こっていたのか

　面接開始時，Aの語りは目の前で起こっていることかのような生々しさがあった。自分の中にあるものを何とかよい話にまとめようとしたり，身につけた知識によって納得しようとしていたが，どうにもならずに混沌とした中でもがき苦しんでいた。Thは断片的な情報をつなぎあわせてAの体験を理解していこうと，繰り返し語られるエピソードに必死で食らいついていった。Thとのやりとりは生々しいままの断片だったものをつなぎ合わせて，一つの体験として捉え直していく作業となったのではないだろうか。こうした体験の捉え直しと意味づけを

積み重ねていったことで，自分と他者を分けて語る，語りに起承転結（ストーリー）が生まれる，面接時間内に語りをおさめるといった変化が起こったと考えられる。

（3）Th の中で何が起こっていたのか

Th は A の勢いに圧倒されるとともに，A の話をすべて理解しなければならないように感じていた。A にとって Th は自分と一体の存在であったからこそ，Th の中に A を完璧に理解しなければならないという思いが沸き起こったのだと考えられる。はじめは A も Th も何がわからないのかがわからないというような混乱状態であったが，やりとりを重ねる中で体験がまとまりを持ち，わからないことがわかるようになっていった。こうした過程の中で，Th はわからないことを率直に聞けるようになっていったのではないだろうか。

また，わからないと Th が意思表示することは Th と A は別の人間であるというメッセージを伝えることでもあったように思う。Th との分離がなければ，Th の質問や解釈は A の中で咀嚼されることなく丸呑みされてしまう。だからこそ，Th は自分の理解を A に伝えることに迷いが生じたのだろう。A の中で Th が本当の意味で他者となったとき，Th の言葉を他者の言葉として受け止めることが可能となる。対等な関係であったからこそ，Th が感じたことや理解したことを A に伝えるという関わりが意味をもったのだと考えられる。

（4）現実場面で何が起こっていたのか

非の打ちどころがない存在かのように語られていた夫との苦しかった思い出が語られるが，夫が良い存在から悪い存在になってしまうことはなかった。苦労しながら必死に生きてきた夫の生い立ちに思いを馳せ，夫はそうあるしかなかったのだと思い至ったことで，良い側面も悪い側面もすべて含めて A は夫に愛おしさを感じる。同じように息子や姑の捉え方にも変化が生まれて，息子との微笑ましいやりとり，姑からの金銭的援助といったエピソードが報告されるようになっていった。ストレートに言うか，言わずに我慢するかという方略しかもたなかった A は避ける，距離を取るなど，対処の幅が広がっていき，アサーティブに自分の思いや意見を伝えることができるようになっていった。

こうした家族関係の変化は職場での対人関係や友人関係に波及し，対等な関係の中でまったりとした時間を過ごす，楽しかった出来事を共有する，美しいものと触れ合うといった心地よい体験が積み重ねられていった。また，面接の中で話すことがなくなる，夫の月命日を忘れるなど A の中に余裕や空白が生まれていった。面接の中で語られたのは A の人生の一部に過ぎないが，Th との共同作業を通して自分の意志で選択する，A 自身の人生を主体的に生きる力を取り戻していったのではないだろうか。

事項索引

人名索引

【著者一覧】（五十音順，＊編者）

井出しほり（いで　しほり）
木漏れ日こころのクリニック
担当：第Ⅱ部第6章

伊藤　拓（いとう　たく）
名城大学学生相談室
担当：コラム②

狐塚貴博（こづか　たかひろ）＊
名古屋大学大学院教育発達科学研究科准教授
担当：第Ⅰ部第1章，第2章，第Ⅱ部第6章，第Ⅲ
部第3章

小橋亮介（こばし　りょうすけ）
名古屋大学学生支援本部
担当：コラム①

酒井麻紀子（さかい　まきこ）
名古屋大学心の発達支援研究実践センター臨床助手
担当：コラム⑤

肖　瀛子（しょう　えいこ）
豊田加茂福祉相談センター
担当：コラム⑩

清水麻莉子（しみず　まりこ）
長野県立こども病院こころの支援科
担当：第Ⅲ部第1章，第3章

鈴木健一（すずき　けんいち）
名古屋大学心の発達支援研究実践センター教授
担当：第Ⅱ部第1章

田附紘平（たづけ　こうへい）＊
名古屋大学大学院教育発達科学研究科准教授
担当：第Ⅰ部第1章，第2章，第Ⅱ部第2章，第Ⅲ
部第2章，第3章

鶴田裕子（つるた　ゆうこ）
名古屋大学大学院教育発達科学研究科博士後期課程
担当；コラム⑥

永田雅子（ながた　まさこ）
名古屋大学心の発達支援研究実践センター教授
担当：第Ⅱ部第3章

長野郁也（ながの　いくや）
公認心理師
担当：第Ⅱ部第5章

中原睦美（なかはら　むつみ）
鹿児島大学大学院臨床心理学研究科教授
担当：第Ⅱ部第4章

原田雅也（はらた　まさや）
ともこころのクリニック
担当：コラム⑨

福田律子（ふくだ　りつこ）
名古屋市教育委員会　なごや子ども応援委員会
総合援助職（SC）
担当：コラム④

深谷麻未（ふかや　まみ）
立命館大学学生部
担当：コラム⑪

古橋健悟（ふるはし　けんご）
科学警察研究所
担当：コラム③

横山佳奈（よこやま　かな）
名古屋大学心の発達支援研究実践センター特任助教
担当：第Ⅱ部第3章，コラム⑧

吉田翔子（よしだ　しょうこ）
名古屋大学大学院教育発達科学研究科博士後期課程
担当：コラム⑦

［監修者］
森田美弥子（もりた　みやこ）
中部大学人文学部教授
名古屋大学名誉教授

松本真理子（まつもと　まりこ）
名古屋大学名誉教授

金井篤子（かない　あつこ）
名古屋大学大学院教育発達科学研究科教授

心の専門家養成講座　第 4 巻
心理支援の理論と方法

2022 年 10 月 10 日　初版第 1 刷発行　（定価はカヴァーに表示してあります）

　監修者　森田美弥子
　　　　　松本真理子
　　　　　金井篤子
　編　者　狐塚貴博
　　　　　田附紘平
　発行者　中西　良
　発行所　株式会社ナカニシヤ出版
　☎ 606-8161　京都市左京区一乗寺木ノ本町 15 番地
　　　　　　　　　　Telephone　075-723-0111
　　　　　　　　　　Facsimile　075-723-0095
　　　　　Website　http://www.nakanishiya.co.jp/
　　　　　E-mail　iihon-ippai@nakanishiya.co.jp
　　　　　　　　　　郵便振替　01030-0-13128

装丁＝白沢　正／印刷・製本＝中村印刷
Copyright © 2022 by T. Kozuka, & K. Tazuke
Printed in Japan.
ISBN978-4-7795-1691-7　C3011

心の専門家養成講座

監修　森田美弥子・松本真理子・金井篤子

B5 判並製。表示は本体価格です。